महामन्दी की वापसी

महामन्दी की वापसी

पॉल क्रुगमैन

अनुवाद

अरविन्द मोहन

वाणी प्रकाशन

प्रकाशन के उत्कृष्टतम 63 वर्ष

सजिल्द पहला संस्करण : 2009
सजिल्द दूसरा संस्करण : 2026

vaniprakashan.com

वाणी प्रकाशन

4695, 21-ए, दरियागंज, नयी दिल्ली-110 002
फ़ोन : + 91 11 23273167, 23275710
शाखाएँ
अशोक राजपथ, पटना-800 004, बिहार
कॉफ़ी हाउस कैम्पस, महात्मा गांधी मार्ग, प्रयागराज-211 001, उत्तर प्रदेश
महात्मा गांधी अन्तरराष्ट्रीय हिन्दी विश्वविद्यालय, वर्धा-442 001, महाराष्ट्र
sales@vaniprakashan.in
vaniprakashan@gmail.com

Mahamandee Ki Vapasee
by Paul Krugman
Translated by Arvind Mohan

ISBN : 978-93-5000-128-8
Sociology / Economics

मूल्य : ₹ 500

जी.एस. ऑफ़सेट, दिल्ली-110 095 में मुद्रित

वाणी प्रकाशन का लोगो मक़बूल फ़िदा हुसैन की कूची से

भूमिका

अधिकांश अर्थशास्त्री 1930 के दशक की महामन्दी को इतिहास की एक गैर जरूरी त्रासदी भर मानते हैं—अगर वे कभी इस पर सोचते भी हैं तब। अगर हरबर्ट हूबर आर्थिक गिरावट को देख कर बजट को संतुलित करने का प्रयास न करते, अगर फेडरल रिजर्व घरेलू अर्थव्यवस्था की कीमत पर गोल्ड स्टैंडर्ड को बचाने का प्रयास न करता, अगर अधिकारी मुश्किल में पड़े बैंकों को जल्दी नकदी उपलब्ध करा देते और 1930-37 में बैंकों को लेकर मची भगदड़ और अफरा-तफरी थम जाती और फिर तो 1929 में शेयर बाजार में आयी गिरावट अर्थव्यवस्था में मामूली सुस्ती लाकर रह जाती और लोग उसे भूल भी गये होते। और चूँकि अर्थशास्त्रियों और नीति निर्माताओं ने अपने सबक सीख लिए हैं इसलिए उसे कोई आधुनिक वित्त मंत्री एंड्रू मेलोन की उस चर्चित सलाह को नहीं दोहरा सकता कि, ''लिबोर को खत्म कर दो, शेयर को खत्म कर दो, किसानों को खत्म का दो, जमीन-जायदाद को खत्म कर दो, व्यवस्था में से सड़न को निकाल दो'' और अब महामन्दी जैसी कोई चीज फिर घटित नहीं हो सकती।

या यह घट सकती है? 1990 के दशक के आखिरी दिनों में एशिया के कुछ देशों में—जहाँ दुनिया के उत्पादन का एक चौथाई हिस्सा पैदा होता है और जहाँ एक अरब की दो तिहाई आबादी रहती है—जो भारी आर्थिक गिरावट आयी वह

काफी कुछ महामन्दी में मिलती-जुलती थी। मन्दी की तरह ही यह संकट अचानक आ धमका जबकि ज्यादातर आर्थिक पंडित आर्थिक रफ्तार सुस्त होते जाने के बावजूद तेल विकास की बात कहते थे; 1930 में दशक वाली महामन्दी की तरह यहाँ भी बचाव की परंपरागत आर्थिक औषधियाँ बेअसर ही नहीं हुईं, उल्टा ज्यादा नुकसान करा गयीं। इस तरह की घटना आधुनिक विश्व में भी घट सकती है, यह बात इतिहास बोध रखने वाले हर आदमी को कँपकँपा गयी।

निश्चित रूप में इसने मेरी रीढ़ भी कंपकंपा दी थी। 1990 के दशक में एशियाई संकट के संदर्भ में ही इस पुस्तक का पहला संस्करण लिखा गया था। जहाँ कुछ लोगों ने इसे एशिया की अपनी परिघटना भर माना वहीं मुझे यहां हम सभी के लिए अपशकुन और इस बात का प्रमाण लगा कि मन्दी की अर्थव्यवस्था की समस्या आधुनिक विश्व से गायब नहीं हुई है। और यह कहना दुखद पर सही है कि मेरी बातें सही साबित हुईं : पुस्तक का यह संस्करण जब प्रेस में जा रहा है अमेरिका समेत दुनिया का अधिकांश हिस्सा गहरे वित्तीय और आर्थिक संकट में जूझ रहा है और यह संकट 1994 के दशक के एशियाई संकट की तुलना में महामन्दी में ज्यादा मिलता-जुलता लग रहा है।

एक दशक पहले एशिया ने जो आर्थिक मुश्किल झेली थी और जिसे हम सभी आज झेल रहे हैं वह ठीक वही बीमारी है जिसे हम काबू में आ गया मान रहे थे। हमें लगता था कि हम मन्दी को टालना-सँभालना जान गये हैं। पुराने बुरे वक्त में बड़े और आर्थिक रूप में विकसित देशों की टिकाऊ सरकारों—जैसे 1920 के दशक का ब्रिटेन—के पास अवस्फीति और आर्थिक विकास थम जाने की लम्बे दौर जैसी बीमारियों की दवा नहीं हो सकती थी, उन्हें अंदाजा नहीं हो सकता था कि कौन सा सही कदम उठाएँ लेकिन जान मेनार्ड कीन्स से लेकर मिल्टन फिएडमैन के बीच ठीक हमने सोचा कि हम मन्दी को फिर से न आने देने का कौशल जान गये हैं। छोटे देश—जैसे 1931 में आस्ट्रेलिया—भले ही आर्थिक तूफान में थपेड़ों की मर्जी पर रह गये हों और अपने आर्थिक प्रारब्ध को नियंत्रित न कर पाते हों पर आजकल माना जाता है कि अतिकुशल बैंकर और सरकारी अधिकारी (अंतर्राष्ट्रीय मुद्रा कोष का तो खैर जिक्र किये जाने की जरूरत नहीं है) संकट के ज्यादा बढ़ने से पहले ही बहुत ही व्यवस्थित किस्म का राहत और बचाव पैकेज लेकर सक्रिय हो जाते हैं और संकट को सँभाल लेते हैं। सरकारें भले ही—जैसा कि 1930-31 में अमेरिका में हुआ था—राष्ट्रीय बैंकिंग व्यवस्था को असहाय भाव में गिरते देख सकती हैं पर आज की

आधुनिक दुनिया में जमा बीमा और संकट में पड़ी संस्थाओं की मदद के लिए तत्पर फेडरल रिजर्व जैसी चौकस व्यवस्थाओं में बारे में माना जाता है कि वे संकट नहीं आने देंगी। कोई भी समझदार आदमी यह तो नहीं मान सकता था कि आर्थिक दुश्चिंताओं के दौर समाप्त हो चुके हैं लेकिन हम यह मान चुके थे कि जो छोटे मोटे संकट भविष्य में आयेंगे भी तो उनका 1920 और 1950 के दशकों से संकटों में कोई मेल नहीं होगा।

लेकिन हमें एक दशक पहले ही यह एहसास हो जाना चाहिए था कि हमारा भरोसा गलत है। 1990 के दशक में अधिकांश हिस्से में जापान जिस आर्थिक फंदे में फँसकर परेशान रहा वह कीन्स और उनके समकालीनों के लिए एकदम अनजान न था। इसके उलट एशिया के छोटे देशों की अर्थव्यवस्थाएँ तेज विकास करते-करते रातोंरात रसातल में चली गयीं-उनकी बदहाली की कहानी पढ़ते हुए यही लगता है कि इसे तो 1930 के दशक में वित्तीय इतिहास में सीधे-सीधे उठा लिया गया है।

मैंने तब इस बारे में कुछ इस तरह सोचा था; यह किसी उस तरह के बैक्टरिया जैसा है जो कभी बहुत नुकसान पहुँचाया करता था, लेकिन माना जाता था कि आधुनिक दवाओं ने उस पर काफी पहले जीत हासिल कर ली और अब वह उसी एंटीबायोटिक के प्रति अपनी सहनशक्ति बढ़ाकर फिर से उभर आया है। मैंने पहले संस्करण की भूमिका में लिखा था, अभी तक इलाज से बाहर रहने वाले इस नई बीमारी की चपेट में असल में कम ही लोग आये हैं; या इससे बचे रहे हम भाग्यशाली लोग भी इसका नया इलाज ढूँढ़ने की कोशिश नहीं करेंगे तो मूर्ख ही कहलाएँगे क्योंकि इलाज न हुआ तो अगला शिकार हमीं बनने वाले हैं।

हाँ तो हम मूर्ख ही साबित हुए हैं। यह रोग हमें भी अपनी गिरफ्त में ले चुका है।

इस नए संस्करण के काफी बड़े हिस्से में 1990 के दशक में एशियाई संकट की चर्चा है जो वैश्विक संकट में रिहर्सल जैसा साबित हुआ। लेकिन मैंने इसमें काफी सारी नई सामग्री जोड़ी है—यह बताने के लिए कि एक दशक पहले किस तरह अमेरिका ने खुद को जापान जैसी स्थिति में पाया आइसलैंड ने खुद को थाईलैंड जैसी स्थिति में पाया और अब 1990 के दशक का संकट भोग चुके देश खुद को नए संकट के कगार पर पा रहे हैं।

यह किताब

शुरुआत में ही मैं यह स्वीकार करता हूँ कि यह किताब एक विश्लेषणात्मक ब्यौरे जैसी है। इसमें क्या हुआ की जगह क्यों हुआ पर जोर है; मुझे लगता है कि यह

समझना महत्त्वपूर्ण है कि यह तबाही किस तरह हो सकती थी, इसकी चपेट में आये लोग किस तरह बच सकते थे और हम किस तरह इसे फिर से घटित होने से रोक सकते हैं। इसका मतलब है कि इस किताब को लिखने का असली उद्देश्य इस विषय में एक सिद्धान्त को निरूपित करना है—यह सुनिश्चित करना कि इस विषय पर किस तरह से सोचा-देखा जाए।

लेकिन मैंने इसे शुष्क और बेस्वाद सैद्धान्तिक चर्चाओं की किताब बनने से बचाया है। इसमें न भारी भरकम समीकरण है, न डायग्राम, न मुश्किल पारिभाषिक शब्दावली। ठीक-ठाक पढ़ा-लिखा अर्थशास्त्री होने के चलते मैं भी ऐसी किताब लिखने में सक्षम हूँ जिसे कोई पढ़ न सके और पढ़ भी जाए तो समझ न सके। दरअसल इन्हीं अपढ़नीय लेखनों—मेरा अपना और दूसरों का भी—ने ही मुझे यहाँ रखे गये विचारों तक पहुँचाने में मदद की है। लेकिन आज दुनिया को जानकारीपूर्ण कार्रवाइयों की जरूरत है और इस तरह की कार्रवाई के लिए विचारों को इस तरह प्रस्तुत करना होगा कि संबद्ध लोग तो उसे समझ लें और बात सिर्फ अर्थशास्त्र के पी-एच.डी. लोगों तक ही न रह जाए। खैर, अर्थशास्त्र के समीकरण और डायग्राम तो अक्सर और काफी कुछ बौद्धिक दिखावे का ढाँचा खड़ा करने के ही काम आते हैं। एक स्तर तक वहाँ ढाँचा बन जाए तब बात को सीधी-सरल भाषा में कहा जा सकता है।

पर लिखने के क्रम में यह भी हुआ कि अंतिम लक्ष्य भले ही विश्लेषणात्मक हो लेकिन अधिकांश लेखन विवरणात्मक हो गया। इसका एक कारण तो यह है कि घटनाओं को क्रमबद्ध रखे बिना कोरा सिद्धान्त बताने से कुछ भी पल्ले नहीं पड़ता (जैसे, आर्थिक संकट के बाद में नैतिकतावादी या मौलिकतावादी नजरिया कहता है जिन अर्थव्यवस्थाओं ने गलत-शलत ढंग से तेज विकास किया उसे तो उचित दण्ड मिलना ही था पर ऐसे लोगों को भी इस विचित्र संयोग का स्पष्टीकरण तो देना ही होगा कि एकदम अलग ढंग और अवस्था की अर्थव्यवस्थाओं को आर्थिक संकट ने कुछ महीनों के अन्दर ही किस तरह अपनी चपेट में ले लिया।) लेकिन मुझे इस बात का अंदाजा भी है कि व्याख्या की किसी भी कोशिश में लिए ब्यौरे एक जरूरी सन्दर्भ बनाते हैं और अधिकांश लोग पिछले अठारह महीनों में आर्थिक जगत की हर चीजों का ही गौर करते रहे हैं। ना ही यह हर किसी को याद है कि अगस्त 1997 में क्वालालम्पुर में प्रधानमन्त्री महातिर ने क्या कहा और वह किस तरह साल भर बाद हांगकांग में डोनाल्ड त्सांग के फैसलों से जुड़ता है तो यह किताब आपकी यादों

को भी ताजा करेगी।

बौद्धिक शैली के बारे में एक टिप्पणी; अर्थशास्त्र पर लिखने वालों को अक्सर यह लाभ होता है–खासतौर से तब जब विषय गंभीर हो कि वे जरूरत से ज्यादा भाव खाकर बात करें। अब ऐसा नहीं है कि हम जिन चीजों पर बातें कर रहे हैं वे हल्की हैं। कई बार तो ये जीवन-मरण का मसला बन जाती हैं। और अक्सर जानकार लोग मान लेते हैं कि चूँकि विषय गंभीर है इसलिए इसे हल्के ढंग से, हल्की समझ में आने वाली भाषा में कैसे कह दिया जाए। यहाँ कोई अनौपचारिकता, कोई ढीली-ढाली बात नहीं चलेगी। लेकिन नई और अनजानी परिघटना को बताने समझाने के लिए हमें विचारों से खेलने के लिए भी तैयार रहना चाहिए। खेलना शब्द का इस्तेमाल मैंने बहुत सोच समझ कर किया है। भारी भरकम लोग अगर हल्की-हल्की बातों पर न आयें तो शायद ही कभी नए विश्लेषण, नए नतीजों तक पहुँचते हैं–अर्थशास्त्र हो या कोई भी गंभीर विषय सब पर यह बात लागू होती है। मान लीजिए मैं आपसे कहूँ, जापान मौलिक असंयोजन की समस्या से जूझ रहा है क्योंकि शासन संचालित विकास मॉडल संरचनात्मक जड़ता की ओर ले जाता है।' अब जरा अंदाजा लगाइए, मैंने क्या कहा है : मैंने तो कुछ कहा ही नहीं। मैंने ज्यादा से ज्यादा इतना भर जताया है कि समस्याएं काफी गंभीर हैं और उनका कोई बहुत आसान समाधान नहीं है–संभव है यह भाव भी एकदम गलत हो–मान लीजिए कि मैं बेबी सिटिंग को-ऑपरेटिव काम-काज में सुधार गिराव के दिलचस्प किस्सों वाले (जो दरअसल इस किताब में कई बार आया है।) माडल के माध्यम से जापान की समस्याओं को बताऊँ। संभव है यह आपको बचपना लगे, हो सकता है आप इसे हल्केपन पर खीझें लेकिन इस खिलंदड़पने का भी एक मतलब है; सबके दिमाग को हल्के झटके से अलग चैनल, अलग स्तर पर ले जाना और इस वाले उदाहरण में यह सुझाव देना कि जापान की समस्या का आंशिक समाधान निकालना आश्चर्यजनक हल्के ढंग का भी हो सकता है। इसलिए इसे एक धीर-गंभीर, उपदेशात्मक किताब मानकर मत पढ़िए। यहाँ उद्देश्य तो पर्याप्त गंभीर हो सकते हैं लेकिन लेखन उसी हल्के और सरल ढंग का होगा जैसा विषय की मांग है।

और आइए इसी के साथ हम अपनी यात्रा शुरू करें, अभी कुछ वर्ष पहले ही दुनिया जैसी लग रही थी, वहीं से शुरुआत करें।

अनुक्रम

1

केन्द्रीय समस्या सुलझ चुकी है

वर्ष 1995 के नोबेल पुरस्कार (अर्थशास्त्र) विजेता और शिकागो विश्वविद्यालय के प्रोफेसर राबर्ट लुकास ने 2003 में अमेरिकन इकानॉमिक एसोसिएशन की वार्षिक बैठक में अध्यक्षीय भाषण दिया। 1930 के दशक की आर्थिक महामन्दी के जवाब में 'मेक्रोइकानॉमिक्स' (बृहद् अर्थशास्त्र) आया था, यह बताने के बाद उन्होंने कहा कि अब अर्थशास्त्रियों के नये क्षेत्रों में काम करने की जरूरत है क्योंकि "व्यावहारिक रूप से मन्दी रोकने वाली केन्द्रीय समस्या को सुलझाया जा चुका है।"

लुकास ने यह दावा नहीं किया कि मन्दी और विस्तार का जो अनियतकालिक व्यवसाय चक्र हमारे जीवन में पिछले करीब डेढ़ सौ वर्षों में काफी हलचल मचा चुका है, वह भी समाप्त हो गया है। लेकिन उन्होंने यह जरूर कहा कि इस चक्र की रफ्तार इतनी थाम ली गयी है कि आगे इसमें और कटौती करना कोई ज्यादा लाभदायक नहीं रहेगा। उन्होंने दावा किया कि आर्थिक विकास के रास्ते में आने वाली सिकुड़नों या कुलबुलाहटों को दूर करने का भी सार्वजनिक कल्याण के हिसाब से नगण्य लाभ ही होगा। इसलिए अब वक्त आ गया है कि हम दीर्घकालिक आर्थिक विकास जैसे मुद्दों पर ध्यान देना शुरू करें।

मन्दी रोकना अब एक सुलझ चुकी समस्या है, यह दावा करने वाले लुकास अकेले नहीं थे। साल भर बाद प्रिंसटन के पूर्व प्रोफेसर और जल्दी ही अमेरिकी

केन्द्रीय बैंक फेड रिजर्व का प्रमुख बनने वाले—बेन बेरनान्के ने 'द ग्रेट मोडरेशन' (विमन्दन) नामक उत्साह भरा व्याख्यान दिया जिसमें उन्होंने लुकास की तरह ही तर्क दिया कि आधुनिक बृहद् आर्थिक नीतियों ने व्यवसाय चक्र की समस्या सुलझा दी है या अधिक स्पष्ट शब्दों में कहें तो इस समस्या को इतना छोटा बना दिया है कि यह कोई समस्या न होकर एक दिखावटी परेशानी भर रह गया है।

इन बयानों के कुछ वर्षों बाद ही जब दुनिया 1930 के दशक की महामन्दी की याद दिलाने जैसे वित्तीय और आर्थिक संकट में फँसी दिखती है, ये आशावादी कथन अविश्वसनीय दंभ जैसे लगते हैं। इस आशावादी बयानबाजी के सन्दर्भ में जो बात हैरानी पैदा करती है, वह है कि 1999 के दशक में ही आर्थिक महामन्दी की याद दिलाने वाली आर्थिक समस्याएँ अनेक देशों में—जिनमें दुनिया की नम्बर दो आर्थिक महाशक्ति जापान भी शामिल है—सिर उठाने लगी थीं।

पर इस दशक के शुरुआती वर्षों में मन्दी जैसी समस्याएँ अमेरिका में प्रकट नहीं हुई थीं जबकि मुद्रास्फीति—जो 1970 के दशक में तबाही मचाए रहा था—नियन्त्रण में आ गयी दिखती थी। और राजनैतिक सन्दर्भों में जड़ी खबरें आती रहती थीं जो अर्थव्यवस्था के आराम से काम करने की सूचना देती थीं और आशावादिता को बढ़ाती थीं : ऐसा लगता था कि अब नब्बे वर्ष पहले की तुलना में दुनिया बाजार अर्थव्यवस्था के ज्यादा अनुकूल बन गयी है।

पूँजीवाद की जीत

यह किताब अर्थशास्त्र से सम्बन्धित है : लेकिन आर्थिक कार्यव्यापार राजनैतिक सन्दर्भों से ही चलता है, और 1990 के दशक के राजनैतिक तथ्यों पर विचार किये बिना कोई भी कुछ वर्ष पहले की दुनिया की स्थिति को नहीं समझ सकता। साम्यवाद का पतन सिर्फ एक शासकीय विचार का बेमानी होना नहीं था, यह मनुष्य मस्तिष्क को संचालित करने की शक्ति से लैस विचार का पतन भी था।

पर इसकी शुरुआत सोवियत संघ से न होकर चीन से हुई। यह बात अभी भी दिमाग चकरा सकती है कि वियतनाम में साम्यवादी जीत के मात्र तीन वर्ष बाद और चीन में दोबारा सांस्कृतिक क्रान्ति शुरू करने का प्रयास करने वाले अतिवादी माओवादियों की आंतरिक पराजय के मात्र दो साल बाद 1978 में देंग श्याओ पिंग ने अपने मुल्क को पूँजीवादी की राह का मोड़ दिया। सम्भवतः देंग को भी इस बात का पूरा एहसास न था कि यह राह कहाँ तक जाने वाली है; पर निश्चित रूप से

दुनिया के लोगों को इस बात को पूरी तरह पचा पाने में वक्त लगा कि एक अरब लोगों ने चुपचाप मार्क्सवाद से हाथ झाड़ लिया है। दरअसल 1990 के दशक के शुरुआत तक चीनी बदलाव पर कहीं कोई चर्चा नहीं होती थी; इस समय पढ़ाई-लिखाई और चर्चा में सिर्फ यूरोप, अमेरिका और जापान की होड़ ही रहा करती थी—अगर कभी चीन पर चर्चा भी हुई तो इसे उभरते 'येन ब्लाक' का हिस्सा या सहायक खिलाड़ी के तौर पर ही रखा जाता था।

लेकिन हर किसी ने महसूस किया कि 'कुछ' बदला है और यह 'कुछ' था सोवियत संघ का पतन।

सच कहें तो कोई भी नहीं समझता कि सोवियत व्यवस्था को असल में क्या हो गया था। अब काफी वक्त निकलने की लाभदायक स्थिति में होने के चलते हमें यह लगता है कि यह पूरा ढाँचा ही फटीचर था और उसे तो बैठ ही जाना था। लेकिन यही वह शासन था जिसने गृहयुद्ध और अकाल जैसी स्थितियाँ न आने दीं; लाख मुश्किलें उठाकर नाजियों को पछाड़ने में सक्षम रहा था और अपने वैज्ञानिक तथा औद्योगिक संस्थानों के बल पर अमेरिकी परमाणु श्रेष्ठता को लगातार चुनौती देता रहा था। ये अचानक इस तरह कैसे विदा हो सकता था—वह भी बिना किसी धमाके के उसका फुस्स होकर खत्म होना राजनैतिक अर्थशास्त्र की सबसे मुश्किल पहेलियों में एक माना जाना चाहिए। सम्भवतः वह सिर्फ वक्त का इन्तजार कर रहा था—ऐसा लगता है कि क्रान्तिकारी उत्साह कुछेक पीढ़ियों के ज्यादा लम्बा नहीं चल सकता— बृहत्तर हितों के नाम पर अपने प्रतिद्वंदी को समाप्त करने का भाव लिए लोग पीढ़ियों तक नहीं चल सकते। या फिर यह भी सम्भव है कि इस शासन प्रणाली ने पूँजीवाद की जीवनशक्ति या जिद्दीपन को कम आंका जो अपनी गिरावट को जाहिर नहीं कर रहा था; यह मेरा एक निजी सिद्धान्त है, जो किसी प्रमाण पर आधारित नहीं है, कि एशिया की पूँजीवादी अर्थव्यवस्थाओं के उभारने खामोश लेकिन गहरे ढंग से सोवियत शासन का मनोबल एकदम गिरा दिया और अब इतिहास उनके पक्ष में है, यह दावा करना उनके लिए मुश्किल होने लगा। अफगानिस्तान की न जीती जा सकने वाली और निरन्तर कमजोर करने वाली लड़ाई ने इस प्रक्रिया में मदद की होगी जो कि सोवियत उद्योग द्वारा रोनाल्ड रीगन की सशस्त्र तैयारी का मुकाबला न कर पाने से भी जाहिर था। कारण जो भी रहे हो पर 1989 में पूर्वी यूरोप से सोवियत साम्राज्य अचानक सिमट गया और 1991 में सोवियत संघ खुद विदा हो गया।

इस बदलाव का प्रभाव दुनिया भर में महसूस किया गया, कई बार बहुत प्रत्यक्ष ढंग से तो कई बार परोक्ष रूप से और ये भी प्रभाव पूँजीवाद के राजनैतिक और वैचारिक प्रभुत्व के लिए उपयुक्त थे।

निश्चित रूप से पहला बदलाव यही हुआ कि पहले जो कई करोड़ लोग मार्क्सवादी शासकों के अधीन रहते थे वे अब ऐसी शासन व्यवस्थाओं के नजदीक हो गये थे जो बाजार को मौका देने को तैयार थीं। पर, आश्चर्यजनक ढंग से यही चीन सोवियत पतन की सबसे कम महत्त्वपूर्ण परिणाम साबित हुई। और अधिकांश लोगों की सोच के विपरीत पूर्वी यूरोप की ये बदलाव वाली अर्थव्यवस्थाएँ न तो ढंग से विश्व बाजार की प्रमुख शक्ति बनीं और ना ही वे विदेशी निवेश का पसन्दीदा ठिकाना बनीं। इसके उलट इन सबको इस बदलाव के दौर में ज्यादा समय बहुत मुश्किलों से होकर गुजरना पड़ा : जैसे पूर्वी जर्मनी उसी तरह का जर्मन इलाका बन गया जैसाकि इटली का मेज्जोगियोर्नो है जो न सिर्फ पिछड़ा रहा है बल्कि सामाजिक और वित्तीय चिन्ता का विषय भी बना रहा है। साम्यवाद के पतन के लगभग दो दशक बाद अब जाकर कुछ देश–पोलैण्ड, इस्तोनिया, चेक गणराज्य–आर्थिक सफलता के उदाहरणों की तरह बनते लगते हैं। और खुद रूस आश्चर्यजनक ढंग से दुनिया भर में वित्तीय और राजनैतिक अस्थिरता का शक्तिशाली स्रोत बन गया है। लेकिन इस कथा को अध्याय 6 के लिए रहने दिया जाए।

सोवियत व्यवस्था के पतन का दूसरा प्रत्यक्ष प्रभाव यह पड़ा कि जो सरकारें उसमें दान या सहायता पर निर्भर थीं वे अब अपने साधनों के ऊपर जीने को बाध्य हुईं। चूंकि इनमें से कुछ मुल्क अपनी प्रतिद्वन्द्वी पूँजीवादी व्यवस्था को आदर्श मानने और उसके अनुरूप खुद को ढालना चाहते थे–और साथ ही पुरानी निर्भरता को समझने लगे थे–उन्होंने अब ऐसे सारे आन्दोलनों की वैद्यता को मानने से इंकार कर दिया। जब क्यूबा बहुत बहादुर मुल्क लगता था क्योंकि नन्हें आकार के बावजूद अमेरिका के खिलाफ बंधी मुट्ठी उठाये तना खड़ा था तो यह पूरे लातिनी अमेरिकी क्रान्तिकारियों के लिए बहुत ही आकर्षक प्रतीक था। सोवियत संघ के पतन के बाद क्यूबा का पस्त पड़ना न सिर्फ स्वयं के लिए भ्रान्ति तोड़ने जैसा है बल्कि यह इस चीज को भी स्पष्ट करता है कि पहले की बहादुरी की मुद्रा उन्हीं नौकरशाहों से मिलने वाले विशाल अनुदानों के बल पर टिकी थी। इसी प्रकार 1990 के दशक में उत्तर कोरिया की सरकार, अपनी सारी डरावनी कार्यशैली के बावजूद क्रान्तिकारी समूहों- खासकर दक्षिण कोरियाई किशोरों और छात्रों के लिए कुछ आश्चर्य और

रहस्य वाली भी लगती थी। अब सोवियत मदद बन्द होने के बाद जब यहाँ के काफी सारे लोग सचमुच भूखे रहने को मजबूर हैं तो यह रहस्य-रोमांच भी समाप्त हो गया है।

सोवियत संघ के पतन का एक अन्य असर अनेक क्रान्तिकारी आन्दोलनों का विदा हो जाना भी था। ये आन्दोलन विशुद्ध क्रान्तिकारी भावना की चाहे जो दावे करते हों या उनका अस्तित्व मास्को से मिलने वाली मदद, हथियार और प्रशिक्षण शिविरों पर टिका था। यूरोप के लोग बताना चाहते हैं कि सत्तर और अस्सी के दशक में जर्मनी के बाहर-मिनोफ और इटली के रेड आर्मी ब्रिगेड्स जैसे क्रान्तिकारी आतंकी जमात अपने को विशुद्ध मार्क्सवादी और रूस के पुराने भ्रष्ट कम्युनिस्टों में खुद को अलग बताते रहे हैं, लेकिन अब हम जानते हैं कि वे सोवियत खेमे की मदद पर काफी हद तक आश्रित थे और जैसे ही यह मदद आनी बन्द हुई वे आन्दोलन भी बिला गये।

पर सोवियत संघ के पतन का सबसे बड़ा प्रभाव समाजवादी स्वप्न का खत्म हो जाना था। डेढ़ दशक तक समाजवाद—जिसका बुनियाद सूत्र था कि हरेक को जरूरत भर साधन और हरेक से क्षमता भर काम—उन सभी लोगों के लिए सोच-समझ का केन्द्र था जो बाजार की अर्थव्यवस्था और कार्यशैली को पसंद नहीं करते थे। राष्ट्रवादी नेता विदेशी निवेश पर रोक लगाते या विदेशी कर्ज रोकते हुए समाजवादी आदर्शों की बातें करते थे; मजदूर संगठन अपने सदस्यों के वेतन भत्ते बढ़ाने की मांग के साथ समाजवादी नारे लगाते थे; यहाँ तक कि व्यापारी भी सब्सिडी या करों में छूट की मांग करते हुए समाजवादी सिद्धान्तों की दुहाई दिया करते थे। सबका असर उन सरकारों पर भी रहा करता को बाजार अर्थव्यवस्था को पूरी तरह या लगभग पूरी तरह मानती थीं। उन्हें लगता था कि बाजार को 'मनमानी' करने देश के कोई समाज-विरोधी और क्रूर नीति चला रही है, कुछ अमानवीय अनैतिक काम कर रही हैं।

पर आज कौन सीना तान कर समाजवाद के उन्हीं नारों और आदर्शों की बात कर सकता है? मुझे भी अपने किशोर दिनों की याद है जब क्रान्ति का विचार, बहादुर लोगों द्वारा इतिहास को सही दिशा में ले जाने के दावों के प्रति एक सहज आकर्षण भाव था। इन बातों का अपना ग्लैमर था। सारे 'गुलग' चलाने और 'सफाई अभियान' चलाने के बाद भी रूस उतना ही पिछड़ा और भ्रष्ट रहा; सारी सांस्कृतिक क्रांतियों और 'महान छलांगों' के बावजूद चीन को भी अच्छा लगा कि

पैसा बनाना ही सबसे भला काम है। सो आज समाजवाद एक भद्दे मजाक से ज्यादा कुछ नहीं रह गया है। पर दुनिया में अभी भी कई जगहों का क्रान्तिकारी वामपन्थी जमात हैं जिनका दावा है कि असली समाजवाद का प्रयोग तो अभी तक कहीं हुआ ही नहीं; फिर ऐसे नरमपन्थी, वामपन्थी भी है जिनका दावा है कि मार्क्सवाद–लेनिनवाद को ठुकराया जा सकता है, उनकी कमियाँ देखी जा सकती हैं, पर इसके लिए सीधे मिल्टन फ्रेइडमैन का शिष्य बन जाने की जरूरत नहीं है। लेकिन सच्चाई यही है कि पूँजीवाद के विरोध की असली आत्मा गायब हो गयी है।

1917 के बाद पहली बार हम एक ऐसी दुनिया में रह रहे हैं जिसमें मुक्त बाजार और सम्पत्ति के अधिकार जो बुनियादी सिद्धान्त मानने के साथ बाजार व्यवस्था की अग्रिम चीजों, असमानता, बेरोजगारी और अन्याय को जीवन की सच्चाई के तौर पर कबूला जा रहा है। विक्टोरियाई भूल की तरह आज पूँजीवाद सिर्फ अपनी सफलताओं के चलते सुरक्षित नहीं है–जिसे हम आगे देखेंगे कि ये एकदम वास्तविक सफलताएँ हैं–आज यह इसलिए भी सुरक्षित है कि उसका कोई विश्वसनीय विकल्प नहीं है।

पर यह स्थिति सदा नहीं रहेगी, निश्चित रूप से अन्य विचारधाराएँ होंगी, अन्य सपने होंगे; अगर मौजूदा आर्थिक संकट बना रहता है और गहराता है तो ये विचारधाराएँ जल्दी ही उभरेंगी। पर अभी तो पूँजीवाद का दुनिया भर झण्डा बुलन्दी से फहरा रहा है और उसे कोई चुनौती नहीं है।

व्यापार चक्र का धीमापन

युद्ध और मन्दी पूँजीवादी स्थायित्व के बड़े दुश्मन रहे हैं। और यह अलग से बताने का विषय नहीं है कि युद्ध की समस्या आज तक हमारे साथ चली ही आ रही है। लेकिन जिन युद्धों ने बीसवीं सदी के मध्य में पूँजीवाद का लगभग अन्त ही कर दिया और जिनमें महाशक्तियों की भिड़न्त हुई थी उस तरह की लड़ाई निकट भविष्य में छिड़ने की अब कोई सम्भावना दिखाई नहीं देती।

पर मन्दी? महामन्दी तो पूँजीवाद ही नहीं लोकतन्त्र को भी लील जाने के काफी करीब आ गयी थी और कमोबेश इसी के चलते महायुद्ध हुआ भी था। लेकिन, इसके बाद औद्योगिक दुनिया में एक टिकाऊ आर्थिक विकास का लम्बा दौर चला जिस दौरान मन्दी के छोटे-मोटे दौर आये पर अर्थव्यवस्था ने और बेहतर प्रदर्शन करके न सिर्फ उनसे पार पाया बल्कि तेज विकास भी किया। 1960 के

दशक के आखिरी दिनों तक अमेरिकी अर्थव्यवस्था ने बिना किसी मन्दी या झटके के इतने लम्बे समय तक निरन्तर विकास किया कि अर्थशास्त्री 'इज द बिजनेस साइकिल आव्सोलेट? (क्या व्यापार चक्र की बात-बाबा आदम जमाने की चीज है) जैसे शीर्षकों से विचार गोष्ठियों और आयोजन करने लगे थे।

यह सवाल वक्त के पहले ही उठाया गया था; 1970 का दशक 'स्टैगफ्लेशन' अर्थात् आर्थिक गिरावट और मुद्रास्फीति के मिले-जुले प्रभाव वाला था। 1973 और 1979 के दो ऊर्जा संकटों के बाद जो मंदियाँ आयीं वे 1930 के दशक की महामन्दी के बाद सबसे ज्यादा नुकसानदेह थीं। 1990 के दशक में यही सवाल फिर से पूछा जाने लगा; और जैसा हमने देखा है राबर्ट लुकास और बेन बेर्नान्के ने कुछ वर्ष पहले ही रिकॉर्ड पर यह कहा कि भले ही अर्थव्यवस्था में कभी-कभार हल्की गिरावट आयेगी पर महामन्दी की कौन कहे भारी मन्दी भी अब नहीं आने वाली है।

अब इस तरह के दावों पर आपकी क्या राय होगी? आज ज्यादा से ज्यादा यही मान सकते हैं कि अर्थव्यवस्थाओं में इधर कुछ समय में बड़ी मन्दी नहीं आयी है। इस सवाल का जवाब देने के लिए इसे सिद्धान्त से अलग होकर खुद से यह सवाल पूछना होगा कि आखिर यह व्यापार चक्र किस बारे में है, किस चीज से जुड़ा है। और खास तौर से इस बारे में सोचना होगा कि बाजार अर्थव्यवस्था मंदियों की चपेट में आती ही क्यों हैं?

आप चाहे और जो करें, पर कम-से-कम यह जवाब मत दीजिए कि इसका जवाब स्पष्ट है—कि मन्दी × के चलते आती है, जिसमें × आपके पूर्वाग्रह का नतीजा है। असलियत यह है कि अगर आप इस सवाल के बारे में सोचते हैं—खासतौर से तब जबकि आप समझते और आम तौर पर मानते हैं कि बाजार प्रायः मांग और आपूर्ति को सँभाल लेता है—जो पाते हैं कि मन्दी एक विचित्र चीज है। क्योंकि आर्थिक मन्दी, खासकर जो ज्यादा बड़ी हो, में आपूर्ति ही आपूर्ति दिखाई देती है और मांग कहीं नजर नहीं आती। मजदूर काम करने को तैयार होते हैं पर काम नहीं होता, सामान बनाने वाली फैक्टरियाँ, एकदम ठीक हाल में होती है पर ऑर्डर नहीं होते। दुकानें खुली रहती हैं पर ग्राहक नदारद होते हैं। यह समझ सकना आसान है कि कुछ चीजों की मांग में कमी आ जाये; अगर निर्माताओं ने काफी बड़ी संख्या में बार्बी गुड़िया बना दी है लेकिन ग्राहक ब्राट्ज की मांग करते है, तो काफी सारी बार्बी गुड़िया बिन बिक्री रह सकती है। पर सारी चीजों की मांग खत्म सी हो जाए, यह कैसे सम्भव है? क्या यह स्थिति इसलिए आती है कि लोग

किसी और चीज पर पैसा खर्च कर चुके होते हैं?

इस बारे में कुछ मुश्किल तो इस चीज में आती है कि लोग यह नहीं समझ पाते कि मन्दी के दौरान असल में क्या होता है। वे इसे अपने या आम लोगों के दायरे तक लाकर नहीं समझते। लेकिन इसको लेकर एक कहानी बार-बार सुनाता हूँ इससे में मन्दी क्या, यह तो बता ही लेता हूँ। साथ ही मैं इससे अपने विचारों के लिए उत्प्रेरक का काम लेता हूँ। यह एक सच्ची कथा है पर अध्याय 3 में जापान की समस्या को समझाने के लिए इसमें कल्पना का भी सहारा लेकर कुछ चीजें जोड़ी गयी हैं।

यह कथा जोआन और रिचर्ड स्वीनी ने 'मोनेटरी थ्योरी एंड ग्रेट कैपिटल हिल बेबी-सिटिंग को आप. क्राइसिस' शीर्षक से 1978 में प्रकाशित करायी थी। इस शीर्षक से जगने वाले हल्केपन पर मत जाइये : यह गम्भीर कथा है।

स्वीनी दंपती 1970 के दशक में अपनी युवावस्था में एक बेबी सिटिंग कोऑपरेटिव के सदस्य थे। कांग्रेस (ससंद) में काम करने वालों ने ही यह सहकारी बनायी थी और वे सभी बच्चों को साथ करके बारी-बारी से उनकी देख-रेख की जिम्मेवारी उठाते थे (स्वीनी दंपती भी ऐसा करते थे, इसमें आप हैरान हों तो अचरज की बात नहीं है।) यह सहकारी संघ काफी बड़ा और इसमें करीब 150 दंपती थे। इसका सहकारिता के हिसाब से व्यावहारिक मतलब था कि बच्चों की देख-रेख के लिए उपलब्ध सम्भावित लोगों की कोई कमी न थी और ना ही संगठन को चलाने में कोई मुश्किल आनी चाहिए थी। हर दंपती अगर अपने हिस्से का काम ठीक से कर दे, तो ऐसी सहकारी व्यवस्था को क्या दिक्कत हो सकती थी।

अनेक ऐसी दूसरी संस्थाओं (या अदला-बदली वाली योजनाओं) की तरह कैपिटल हिल को ऑपरेटिव भी काम का बँटवारा मर्जी से करती थी। जो दंपती एक घंटे तक बच्चों की देख-रेख करती थी उसे एक कूपन मिलता था—जो जितने घंटे बैठा उसे उतने कूपन मिलते थे। अपने स्वरूप में तो यह व्यवस्था एकदम पक्की थी। हर आदमी जितने घंटे बच्चों की देखरेख करेगा यह उतने ही समय तक अपने बच्चों को वहाँ छोड़ कर आजाद ढंग से काम कर सकता था।

पर मामला इतना सरल न था। तुरन्त यह बात सामने आयी कि व्यवस्था चलाने के लिए हर समय लोगों के पास पर्याप्त संख्या में कूपन होने चाहिए—अर्थात पहले लोग सेवा करें, फिर मेवा पायें। लगातार कई छुट्टियाँ पाने वाले लोगों के पास काफी वक्त होता था और वे उसमें काम करके आगे के लिए अपना कूपन भण्डार

बना लेना चाहते थे जिससे उनके काम के समय यहाँ बेबी-सिटिंग का झमेला न रहे। और यह सिर्फ कुछ लोगों की सोच न थी। सभी छुट्टियों के समय ज्यादा समय देना आगे काफी समय के लिए फुरसत पा जाना चाहते थे। कैपिटल हिल सोसाइटी के कूपन देने की व्यवस्था थोड़ी जटिल थीः काम शुरू करने पर दंपतियों में उनके सम्भावित घंटों के बारे में पूछ कर उन्हें पहले ही कूपन दे दिये जाते थे और उनसे उम्मीद की जाती थी कि वापस जाते हुए वे कूपन वापस कर जायेंगे। उन्हें बाकी का हिसाब भी खत्म करना होता क्योंकि इनसे ही सोसाइटी के कर्मचारियों वगैरह का भुगतान होता था। सारे ब्यौरे यहाँ देने का खास मतलब नहीं है पर मुद्दा यह है कि ऐसा वक्त आया जब बहुत कम ही कूपन उठाये गये—इतने कम कि सोसाइटी की जरूरतों को पूरा करना मुश्किल हो गया।

इसका परिणाम कुछ विचित्र सा हुआ। जिन दंपतियों को लगता था कि उनके पास पर्याप्त कूपन नहीं जुट गये हैं, वे ज्यादा समय तक बेबी सिटिंग पाना चाहते थे और काम में हटने से ना-नुकर किया करते थे। लेकिन एक दंपती हटे तभी दूसरे के काम करने (और कूपन लेने) का अवसर मिल सकता था; इसलिए अब बेबी सिटिंग के लिए अक्सर की मारा-मारी शुरू हुई। खास ही बात न हो तो दंपती अपना रिजर्व कूपन खर्चा नहीं करना चाहते थे और अब बच्चों के देख-रेख का अक्सर पा जाना और भी मुश्किल हो होता गया...

संक्षेप में कहें तो सोसाइटी मन्दी की चपेट में आ गयी।

अच्छा, आइये अब जरा कहानी से अलग हों। इस कहानी को पढ़ते हुए आपकी प्रतिक्रिया क्या थी?

क्या आप हैरान हैं—कहाँ तो आप वैश्विक आर्थिक संकट पर किताब पढ़ने जा रहे रहे थे और यहाँ बेबी-सिटिंग की कहानी सुनायी जा रही है। अगर आप ऐसा सोचते हैं तो आपने असली मुद्दा ही नहीं पकड़ा। मामला चाहे वैश्विक अर्थव्यवस्था का हो पर्यावरण का या किसी भी जटिल व्यवस्था का, चीजों को सरल बनाने के लिए आपको किसी-न-किसी माडल के साथ काम करना होता है। यह माडल उसी प्रणाली का एक छोटा और सार रूप होता है और इसे देख, समझ कर आप बड़ी बात को भी आसानी से समझ लेते हैं। कई बार मॉडल में समीकरणों की प्रणाली होती है तो कई बार कम्प्यूटर प्रोगामों की (जैसे मौसम की भविष्यवाणी में कल्पना और गणना के आधार पर बने चित्र); लेकिन कई बार मॉडल बड़ी चीज का लघु रूप या फिर डिजाइनों द्वारा विंड टनेल और जाँचने के लिए बने विमान में मॉडल

जैसे भी होते हैं। छोटा रूप होने में प्रयोग करने और पर्यवेक्षण में आसानी होती है। कैपिटल हिल बेबी सिटिंग सोसाइटी में एक लघु अर्थव्यवस्था का उदाहरण थी, निश्चित रूप से यह मन्दी की गिरफ्त में आ सकने वाली लघुतम अर्थव्यवस्था भी। पर इसने जो अनुभव किया वह वास्तविक मन्दी थी, ठीक उसी तरह जैसे विकास के छोटे मॉडल के पंखों द्वारा ऊपर उड़ा देने का उदाहरण वास्तविक उड़ान की झलक देता है; जिस तरह से उस माडल का कामकाज और प्रदर्शन डिजाइनरों में यह आभास दे देता है कि बड़ा विमान बनने का किस तरह से काम करेगा। इस सहकारी सोसायटी के कामकाज में आया उतार-चढ़ाव बड़ी और भरी-पूरी अर्थव्यवस्थाओं की सफलता-असफलता के कारणों की महत्त्वपूर्ण झलक दिखला देता है।

अगर आप हैरान होने के साथ ही उलझन में न आ गये हों तो यह शर्म की ही बात है। मैं बता दूँ कि हम लोग यहाँ महत्त्वपूर्ण मुद्दों पर चर्चा कर रहे हैं और आपको यहाँ भी आपको वांशिगटन के 'यप्पी' समाज का किस्सा बताया जा रहा है। पर याद कीजिए कि मैंने भूमिका में क्या कहा था : वैचारिक खिलंदड़ापन सिर्फ मनोरंजक ही नहीं होता, अभी जैसी स्थितियों में जरूरी भी होता है। जो विमान डिजाइनर माडल हवाई जहाज से खेलने और प्रयोग करने में इंकार करे उस पर कभी भी भरोसा नहीं कीजिए; उस आर्थशास्त्री पर भी विश्वास नहीं कीजिए जो मॉडलों वाली अर्थव्यवस्था में चीजें समझने-समझाने से मना करें।

जैसा कि होता है, इस बेबी सिटिंग सहकारी समिति की कहानी विश्व अर्थव्यवस्था की असली समस्याओं, जो कल्पना या मनमानेपन वाली चीजें नहीं हैं—को समझने में बहुत ही मददगार उपकरण बनेगी। अर्थशास्त्री जिन सैद्धान्तिक मॉडलों, जो प्रायः गणित वाली गणनाओं वाले होते हैं, का उपयोग करते हैं वे अक्सर इससे ज्यादा जटिल लगते हैं या उनके सबक को बड़ी आसानी से कैपिटल हिल को-ऑपरेटिव जैसे सरल उदाहरणों में उतारा जा सकता है। (अगर ऐसा करना सम्भव न हो तो इसी बात की सम्भावना रहती है कि उस सैद्धान्तिक माडल में ही कोई बुनियादी खोट होती है।) इस किताब में इस बेबी सिटिंग सहकारी की कहानी पर कई बार चर्चा करूँगा और अलग-अलग सन्दर्भों में भी करूँगा, पर अभी आइये इस कहानी के दो महत्त्वपूर्ण निहितार्थों पर विचार करें : एक तो यह कि मन्दी कैसे आ सकती है और दूसरा यह कि इससे कैसे निपटा जाये।

सबसे पहले तो यही सवाल आ जाता है कि आखिर बेबी सिटिंग सहकारी

मन्दी के दुश्चक्र में कैसे फँसी? यह अपने सदस्यों द्वारा बच्चों की देखरेख में किसी तरह की गड़बड़ करने में संकट में नहीं फँसी। सम्भव है ऐसा हो रहा हो या नहीं हो रहा, पर वह एकदम अलग मुद्दा है। इस संस्था को 'कैपिटल हिल वैल्यूज' का 'रोग' भी नहीं लगा था कि लोग काम कम करें, दिखावा ज्यादा करें या यह भी नहीं हुआ कि इस संस्था ने बेबी सिटिंग में जुड़ी नवीनतम तकनीक और उपकरणों का इस्तेमाल न करने की चूक की। समस्या उत्पादन की नहीं थी—समस्या थी मांग की—प्रभावी मांग न रह जाने की; वहाँ असली काम (बच्चों की प्रभावी देख-रेख) पर समय खर्च करने की जगह लोग धन (बेबी सिटिंग के कूपन) जुटाने और जमा कर के बैठ जाने की होड़ में लग गये। असली दुनिया के लिए इस कहानी का सबक है कि व्यापार-चक्र में आपकी कमजोरी या दयनीयता का बुनियादी आर्थिक मजबूती या कमजोरों में ज्यादा कुछ लेना-देना नहीं होता; अच्छी अर्थव्यवस्था के साथ भी खराब चीजें घट सकती हैं।

दूसरा, ऐसी स्थिति में समाधान क्या है? कैपिटल हिल सहकारी के मामले में स्वीनीज की रिपोर्ट थी कि समस्या मूलतः तकनीकी थी जिसका समाधान भी आसान था लेकिन कोऑपरेटिव के प्रबन्धक मण्डल, जिनमें ज्यादातर लोग वकील थे, को यह बात समझा पाना बहुत मुश्किल था। इसके पदाधिकारियों ने समस्या को (अर्थशास्त्रियों की भाषा में) 'संरचनात्मक' माना और सीधी कार्रवाई को उचित माना। यह नया कानून बना दिया गया कि हर दंपती को महीने में कम-से-कम दो बार छुट्टी पर जाना होगा। फिर आखिरकार अर्थशास्त्र का व्यावहारिक नियम ही प्रभावी और कारगर हुआ और कूपनों की आपूर्ति बढ़ा दी गयी। इसका परिणाम जादू जैसा हुआ; ज्यादा कूपन हो जाने से अब लोगों का यह डर खत्म हो गया कि उनको कूपन मिलने में दिक्कत होगी। सो वे आराम से बादा छुट्टी मनाने निकलने लगे और बेबी सिटिंग के अवसर सबको मिलने लगे। फिर और ज्यादा दंपती बाहर निकल सकते थे। सहकारी संस्था का 'जीबीपी' अर्थात ग्रास बेबी सिटिंग प्रोडेक्ट, बेबी सिटिंग की यूनिटों के आधार पर की जाने वाली गणना—बढ़ता गया। यह नतीजा ज्यादा दंपतियों में बेहतर बेबी-सिटिंग से या कोऑपरेटिव में कोई बहुत उलट फेर करने से नहीं आया : यह इस सरल समाधान से आया कि 'कमाई' वाले बिन्दु की जटिलता या तंगी को कम का दिया गया था। दूसरे शब्दों में कहें तो यह कि मन्दी में सिर्फ नोट छाप कर भी लड़ा जा सकता है और कई बार इसके जरिए चुटकी बजा कर उसे दूर करने में भी सफल हुआ जा सकता है।

और अब आइये अब हम इसके बाद असली दुनिया के व्यापार-चक्र की बातचीत शुरू करें।

निस्सन्देह छोटे-से-छोटे देश की अर्थव्यवस्था किसी बेबी सिटिंग को-ऑपरेटिव में ज्यादा ज़टिल हुआ करती है। अन्य बातों के अलावा वास्तविक और बृहतर दुनिया के लोग अपना पैसा सिर्फ वर्तमान आवश्यकताओं और मौज-मस्ती पर ही न लगा कर भविष्य के लिए भी लगाते हैं। (कल्पना कीजिए कि बेबी कोआपरेटिव उसके सदस्ये को सिर्फ बच्चों की देख-रेख की जगह नया प्लेपेन बनाने के लिए भी काम दें) और इस बड़ी दुनिया में एक पूँजी बाजार भी है जिसमें अतिरिक्त नकदी वाले लोग जरूरतमन्द लोगों को सूद का पैसा उपलब्ध कराते हैं। पर बुनियादी बातें एक समान ही रहती हैं : सामान्यतः मन्दी तब आती है जब सारे लोग नकदी जमा करने (निवेश और खर्च की जगह ज्यादा पैसा बचाने) की कोशिश करते हैं और सामान्यतः कूपन जारी करके इस स्थिति से निपटा जा सकता है।

आज की आधुनिक दुनिया में ऐसे कूपन जारी करने वालों को केन्द्रीय बैंक कहा जाता है। द फेडरल रिजर्व, यूरोपियन सेंट्रल बैंक, भारतीय रिजर्व बैंक, द बैंक ऑफ जापान वगैरह। और अर्थव्यवस्था में नकदी डालकर या निकाल कर उसकी गति को सन्तुलित रखना उनका काम है।

पर यह काम इतना आसान है तो हम आर्थिक गिरावट का अनुभव ही क्यों करते हैं? केन्द्रीय बैंक इतना पैसा छाप कर क्यों नहीं रखते कि हमें रोजगार और काम की तंगी ही न हो?

द्वितीय विश्व युद्ध से पहले नीति-निर्माताओं को सीधे-सीधे यह पता ही नहीं था कि क्या करना चाहिए। आज हर रंग और विचाराधारा भारत के अर्थशास्त्री जिनमें वामपन्थी मिल्टन फ्रिडमैन से लेकर बाजार समर्थक तक शामिल हैं, यह मानते हैं कि प्रभावी मांग न रहने के चलते ही महामन्दी आयी थी और फेडरल रिजर्व को बाजार में काफी सारा पैसा उतार कर उसका मुकाबला करना चाहिए था। लेकिन उस समय इस चीज को समझदारी नहीं माना जाता था। बल्कि तब के अनेक प्रमुख अर्थशास्त्री कुछ नियतिवाद थे और उनका मानना था कि तेज विकास करने के बाद मन्दी एक अनिवार्य परिणति और यह एक स्वस्थ प्रक्रिया है। जोजेफ शमपीटर ने कहा, “अगर अर्थव्यवस्था खुद से मन्दी में निकलती है तो ज्यादा मजबूत होकर सामने आती है। कृत्रिम उपायों में अगर स्थितियाँ सामान्य होती हैं तो मन्दी के कुछ काम अधूरे रह जाते हैं और उसके अन्दर कुछ ऐसी गड़बड़िया छूट जाती हैं जो अगर

दूर नहीं की गयी तो ऐसे अर्थव्यवस्था के लिए नये (और बदतर) संकट में फँसने का खतरा बना रहता है।''

युद्ध के बाद इस तरह की सोच गायब हो गयी और एक पीढ़ी तक अधिकांश देशों ने व्यवसाय चक्र को नियन्त्रित रखने की सक्रिय रूप से कोशिश की और काफी हद तक सफल भी रहे; आर्थिक सुस्ती के दौर आये भी तो हल्के रहे और रोजगार की कमी नहीं हुई। 1960 के दशक में आखिर तक तो अधिकांश लोग यह मानने लगे कि व्यवसाय चक्र कोई समस्या ही नहीं रह गया है; यहाँ तक कि रिचर्ड निक्सन ने अर्थव्यवस्था को 'फाइन टयून' करने का वादा किया।

यह गुस्ताखी थी और पूर्ण रोजगार नीतियों की त्रासद गलतियाँ 1970 के दशक में उजागार हुईं। अगर केन्द्रीय बैंक रोजगार के अवसर पैदा करने को लेकर जरूरत से ज्यादा आशावादी है और यह अर्थव्यवस्था में काफी पैसा डालता है तो यह स्थिति मुद्रास्फीति पैदा करती है। और एक बार लोगों के मन में जब महंगाई का खौफ घर कर जाये तो यह तभी व्यवस्था से बाहर निकलता है जब बेकारी का एक लम्बा दौर न पूरा हो जाये। इसके अगर कुछ बाहरी कारण—जैसे तेल की कीमतों का दो गुना हो जाना—हैं जो कीमतों में अचानक उछाल लाकर झटका दे सकते हैं और फिर ये चीजें मन्दी लायें न लायें अर्थव्यवस्था के विकास की रफ्तार जरूर सुस्त कर सकते हैं

लेकिन 1980 के दशक में मुद्रास्फीति की दर सहन करने लायक स्तर पर आ गयी, तेल की भरपूर आपूर्ति होने लगी और लगा कि केन्द्रीय बैंकों के हाथ में अर्थव्यवस्था के सूत्र आ गये हैं। आर्थिक झटकों के बीच उन्होंने जो काम किये इनसे यह धारणा मजबूत हुई कि अब उन्हें और अर्थशास्त्रियों को सही चीज का पता चल गया है। जैसे, 1987 में जब अमेरिकी शेयर बाजार धड़ाम से गिरे—बल्कि एक दिन की गिरावट तो 1929 की महामन्दी के दौरान पहले दिन हुई गिरावट जितनी ही डरावनी थी, तो सभी डर गये। पर फेडरल रिजर्व के बाजार में भरपूर नकदी उतारे, वास्तविक अर्थव्यवस्था का इस गिरावट का असर नहीं जाने दिया गया और डाउ जोन सूचकांक भी वापस ऊपर आ गया। 1980 के दशक के अन्त में मुद्रास्फीति की हल्की वृद्धि की ही चिन्ता करते हुए केन्द्रीय बैंक मन्दी के लक्षणों को भुला बैठे और उसको दूर करने में ही जुटे रहे; इस आर्थिक सुस्ती ने भले ही जार्ज एच. डब्ल्यू. बुश को राष्ट्रपति चुनाव हरवा दिया हो पर अर्थव्यवस्था का रोग उसी परिचित दवाई से दूर हुआ और अमेरिकी अर्थव्यवस्था टिकाऊ विकास और

विस्तार के दौर में आयी। 1990 के दशक अन्त में यह कहना काफी हद तक सुरक्षित माना जाना था कि भले ही व्यापार-चक्र को अगर पूरी तरह गायब नहीं किया जा सका हो लेकिन उसे निर्णायक ढंग से वश में कर लिया गया है।

इस वश में आने वाली काबलियत का काफी कुछ श्रेय मुद्रा प्रबन्धकों को दिया गया; इतिहास में कभी भी कोई सेंट्रल बैंकर एलन ग्रीनस्पैन जैसी आभा और रहस्य वाला नहीं हुआ था। लेकिन इसके साथ ही यह धारणा भी थी कि अर्थव्यवस्था के आधार में ही कुछ ऐसे बदलाव हो गये हैं कि निरन्तर समृद्धि की राह पर चलने की सम्भावना बहुत हो गयी है।

तकनीक का जादू

तकनीक हिसाब से आप कह सकते हैं कि 1971 में इंटेल द्वारा माइक्रोप्रोसेसर उतारने के बाद से ही आधुनिक सूचना युग की शुरुआत हो गयी। माइक्रोप्रोसेसर, मतलब एक ही चिप में कम्प्यूटर का सारा कामकाज समेट लिया जाना। 1980 के दशक के शुरू में ही इस तकनीक के स्पष्ट दिखने वाले उपयोग सामने आने लगे—फैक्स मशीनें, वीडियो गेम, और पर्सनल कम्प्यूटरों का इस्तेमाल काफी बड़े पैमाने पर होने लगा। लेकिन तब यह किसी क्रान्ति की तरह नहीं लगता था। अधिकांशत लोग यह मानते थे कि सूचना उद्योग में आईबीएम जैसी बड़ी और भारी-भरकम प्रबन्धन वाली कम्पनियाँ ही हावी रहेंगी। यह भी माना जाता था कि सभी नयी तकनीकें, फैक्स मशीन, वीसीआर और वीडियो गेम वाली गति को प्राप्त होंगी; अमेरिकी लोगों द्वारा इनका अविष्कार और विकास होगा लेकिन गुमनाम जापानी निर्माता इन्हें सस्ते में बना कर घर-घर पहुँचा देंगे।

लेकिन नब्बे का दशक आते-आते तक यह स्पष्ट हो गया कि सूचना तकनीक उद्योग हमारी अर्थव्यवस्था के स्वरूप और रंग-ढर्रे को नाटकीय रूप में बदल देगा।

सूचना तकनीक का आर्थिक लाभ कितना बड़ा होगा इसको लेकर कोई चाहे तो सवाल उठा सकता है लेकिन इसने हमारे कामकाज को एकदम बदल दिया है इससे कौन इंकार कर सकता है। आज से बीस या तीस वर्ष पहले कैसे काम होता आज वह एकदम बदल गया है। आज एक आधुनिक अमेरिकी कामगार जिस दफ्तर में बैठता है वह वैसा ही नहीं रहा गया है जो 1900 में 1980 के दशक तक था और जिसमें टाइपराइटरों, फाइल कैबिनेटों, मेमो और बैठकों का बोलबाला रहा करता था। वह स्थिति काफी समय तक चली थी। (हाँ जेराक्स मशीनों ने कार्बन पेपर

का चलन ही भुलवा दिया है)। फिर बहुत कम समय में ही सारी चीजें एकदम बदल गयीं : हर डेस्क पर नेटवर्क वाला पर्सनल कम्प्यूटर, ई-मेल, इन्टरनेट, वीडियो कांन्फ्रेंसिंग और टेलिकम्प्यूटिंग का दृश्य आम हो गया है। यह सिर्फ ऊपरी बदलाव नहीं है—इसने काम की क्वालिटी और तौर-तरीका सबको बदल दिया है और इसके बड़े बदलाव वाला भाव भी पैदा किया है। और बदलाव की इस भावना के पूँजीवाद के प्रति नयी आशावादिता भी जगाई है।

इतना ही नहीं, नये उद्योगों ने पूँजीवाद के रोमांस को भी वापस कर दिया है : बहादुर उद्यमी द्वारा बेहतर 'चूहेदानी' बनाने और उसी में फँस जाने की भावना भी वापस ला दी। अपने बनाये उद्यम की गिरफ्तार में रहने की कथा का अगला और असली हिस्सा यह है कि ऐसा करते हुए उद्यमी तेजी से समृद्ध होता जाता है। हेनरी फोर्ड के दिनों में ही आये बढ़ने वाले ऐसे 'बहादुर' उद्यमी और भी रहस्य और आभा से युक्त लगते हैं जबकि इस बीच अर्थव्यवस्था में ऐसे विशाल निगमों का दबदबा बढ़ता गया जिसमें कामकाज किसी की कल्पना की उड़ान की जगह बड़ी-बड़ी तनाख्वाह लेने वाले ऐसे अधिकारियों के माध्यम से चलता है जो सरकारी विभागों में बैठे नौकरशाह-अधिकारियों से फर्क नहीं होते। 1968 में जॉन केनेथ गॉलब्रेथ ने लिखा, "आधुनिक निगमों के विकास के साथ संगठन के विकास के लिए आधुनिक तकनीक और योजना (प्लानिंग) की जरूरत के साथ-साथ पूँजी के मालिक और उद्यम पर उसके नियंत्रण के बीच रिश्ता तोड़ना भी जरूरी हो गया है क्योंकि अब उद्यमी एक व्यक्ति के रूप में नहीं रह गया है। अगर सफल और दमदार औद्योगिक उद्यम को चलना है तो उसमें ये चीजें आनी चाहिए।" और कौन आदमी ऐसे पूँजीवादी को लेकर उत्साहित होगा, सपने देखेगा जो काफी कुछ न्याय के बगैर समाजवाद जैसा लगता है।

लेकिन सूचना तकनीक उद्योग ने पूरी औद्योगिक व्यवस्था के स्वरूप को हिला कर रख दिया। उन्नीसवीं सदी की तरह अब भी आर्थिक कथा किसी एक उल्लेखनीय आदमी की कहानी बन गयी; ऐसे स्त्री या पुरुषों की कथा जिनके पास बहुत अच्छा व्यावसायिक खयाल आया और जिन्होंने अपने घर से, गैराज से, रसोई से काम शुरू किया, बचत के थोड़े पैसे लगाये और जबरदस्त सफलता पाई। व्यापार वाली पत्रिकाएँ पढ़ने में काफी दिलचस्प बन गईं। और सफल उद्यमियों की कहानियाँ प्रशंसा या आदर पाने का हकदार बन गयीं जबकि सदी का पहले हर सफलता को शक शुबहे से देखा जाता था।

इसने मुक्त बाजार के लिए उर्वर जमीन तैयार की। चालीस साल पहले मुक्त बाजार के पक्षधरों, बाजार में तौर-तरीकों पर शक होता था। उनको अपनी छवि से मुश्किल होती थी। वे जैसे ही निजी उद्यम की बात करते थे लोगों के मन में जनरल मोटर्स का खयाल आता था। जैसे ही वे उद्यमी बोलते थे, लोगों के मन में सूट-बूट धारी व्यापारी-उद्योगपति की छवि उभरती थी। 1990 के दशक में यह पुराना विचार फिर से मजबूत हुआ कि समृद्ध समझदारी, लगन, रचनात्मकता में आती हैं।

पर आर्थिक आशावाद को असली खाद पानी तो समृद्धि के विस्तार से ही मिला। ऐसा किसी विकसित देशों में ही नहीं हुआ (जहाँ निश्चित रूप से इसका लाभ व्यापक स्तर पर दिखता है।) उन लोगों में भी हुआ जिन्हें आर्थिक रूप में नाउम्मीदी वाला मान लिया गया था।

भूमण्डलीकरण के लाभ

'तीसरी दुनिया'। यह एक आत्मसम्मान वाले बिल्ले के रूप में उपभोग करने के लिए बनता था; जवाहर लाल नेहरू का दिया यह नाम उन देशों के समूह के लिए था जो पश्चिम और सोवियत संघ, दोनों में से किसी की तरफ झुके बिना स्वतंत्र ढंग से अपना मार्ग तय करना चाहते थे। लेकिन बहुत थोड़े समय में ही आर्थिक वास्तविकता ने राजनैतिक मंशा के पीछे धकेल दिया और यह पद आत्मसम्मान या सही विदेश नीति और विकास नीति की जगह दया के पात्र देशों के समूह के लिए इस्तेमाल होने वाला बन गया।

पर इस स्थिति को भूमण्डलीकरण ने बदला। ऊँची मजदूरी वाले देशों से पूँजी और तकनीक के कम मजदूरी वाले देशों में जाने तथा श्रमबहुल कार्यों में तीसरी दुनिया का निर्याता बढ़ने के साथ ही सारी चीजें बदल गयीं।

भूमण्डलीकरण के पहले की दुनिया कैसी थी यह याद करना कड़वाहट भरा और मुश्किल है : इसलिए आइए उस तीसरी दुनिया को याद करें जो एक पीढ़ी पहले की थी (और अनेक देशों में अब भी वही स्थिति है)। उन दिनों अनेक छोटे पूर्व एशियाई देशों में होने वाली आर्थिक तरक्की ने सबका ध्यान आकर्षित करना शुरू कर दिया था। लेकिन फिलीपीन्स, या इण्डोनेशिया, या बांग्लादेश जैसे विकासशील देश तब भी पुरानी जैसी स्थिति में ही थे—कच्चे माल का निर्यात करते थे और हर तरह के तैयार माल का आयात करके काम चलाते थे। उनका छोटा और अकुशल

उत्पादन क्षेत्र किसी तरह घरेलू जरूरतों को पूरा करता था जो आयात पर काफी हद तक तक प्रतिबन्धों चलते किसी तरह बचा हुआ था। पर इस क्षेत्रों में भी बहुत ही कम लोगों को काम मिल पाता था। उधर जनसंख्या के दबाव के चलते बदहाल किसान जैसे-जैसे गुजर करने पर मजबूर थे या परती-बंजर जमीन को जोत कर कुछ और उत्पादन करने का जतन करते थे। कूड़े के ढेर और नाली के किनारे हजारों लोगों के बसने के दृश्य तीसरी दुनिया के अनेक देशों में आम था।

काम की तलाश में खाली बैठे लोगों से आप मनीला या जकार्ता में कौड़ियों के मोल काम ले सकते थे। लेकिन 1970 के दशक के मध्य तक यह स्थिति हो गयी थी कि इतने सस्ते श्रम के सहारे भी आप चीजों के उत्पादन में विश्व बाजार की प्रतिद्वन्द्विता में खड़े नहीं हो सकते थे। विकसित देशों के पास नया तकनीकी ज्ञान ही नहीं बृहद संरचना उपलब्ध होने का लाभ था। उनके बाजारों का आकार विशाल था और मुख्य आपूर्तिकर्ताओं तक उनकी पहुँच बहुत आसान थी। उनकी स्थिर शासन व्यवस्था और समाज के रूझान, सभी चीजें कुशल अर्थव्यवस्था के संचालन के अनुकूल थीं। अगर उनको दस या बीस गुनी अधिक मजदूरी भी देनी होती थी तब भी ये चीजें उनको बाकी सबसे आगे कर देती थीं। और इन समाजों के बड़े-बड़े क्रान्तिकारी भी इन लाभदायक स्थितियों को बदलने-उलटने की बात को नापसन्द करते थे। 1970 के दशक में नई अन्तर्राष्ट्रीय आर्थिक व्यवस्था बनाने की मांग करने वाले भी तीसरी दुनिया की अर्थव्यवस्थाओं को आधुनिक औद्योगिक जगत के समकक्ष लाने की जगह कच्चे माल की कीमतें बढ़ाने की बात करते थे।

फिर अचानक कुछ बड़ा बदलाव हो गया। कई चीजें बदलीं और उनके मिले-जुले प्रभाव ने—जिन्हें हम अभी तक पूरी तरह नहीं समझ सके हैं—विकासशील देशों में उत्पादन करने सम्बन्धी परेशानियों को काफी कम कर दिया। इनमें, सीमा शुल्क में कमी, दूरसंचार सुविधाओं में सुधार, सस्ते वायु परिवहन के चलन जैसी चीजों ने ही यह स्थिति पैदा की। पर जब तक अन्य चीजें वैसी ही रहीं तब तक लोग पहली दुनिया में ही उत्पादन करने को बेहतर मानते रहे। फलां कम्पनी मैक्सिको या पूर्व एशिया के किसी देश में गयी और फलां-फलां परेशानियों के चलते वापस आ गयी, ये किस्से विकसित देश के उद्यमियों में चला करते थे और तीसरी दुनिया के देशों के औद्योगिक माहौल को लेकर अविश्वास पैदा करते थे। लेकिन अब नयी सुविधाओं के चलते और विकासशील देशों में बहत कम मजदूरी के कारण काफी सारे उद्यमी इन परेशानियों को झेल कर वहाँ उद्यम लगाना लाभदायक मानने

लगे। कम मजदूरी के चलते अब इन विकासशील देशों का बना माल विश्व बाजार में अपनी जगह बनाने लगा। फिर जो देश अभी तक काफी-चाय या फलों का रस बेच कर कमाई करते थे, अब कमीज पैंट बनाने के कंधे में आगे आने लगे।

इन पोशाक कम्पनियों में काम करने वाले मजदूरों को अब भी काफी कम मजदूरी ही नहीं मिलती थी, उनके काम करने की स्थितियाँ बहुत खराब थीं। उनके नियोक्ताओं को उनके स्वास्थ्य की कोई परवाह नहीं दिखती थी; वे तो कम-से-कम पैसों पर काम कराते थे और मजूदरों को भी जब कहीं और काम उपलब्ध ही न था तो वे उसी पैसे पर काम करने को मजबूर थे। और आज भी ऐसे कई देश एकदम गरीब हैं और उनके यहाँ यही सब हो रहा है।

पर जिन देशों में निर्यात वाले नये उद्योगों ने जड़ें जमा लीं वहाँ सामान्य लोगों के जीवन में निश्चित रूप से काफी सुधार हो गया है। इसका एक कारण तो यह है कि उभरते उद्यमों को वहाँ के अन्य कामकाज में कुछ ज्यादा वेतन देना ही होता है तभी अच्छे लोग दूसरे काम छोड़ कर उसके यहाँ आयेंगे। पर इससे भी ज्यादा फर्क यह पड़ा कि उत्पादन बढ़ने और नये निर्यात क्षेत्र में काफी सारे नये काम होने में अर्थव्यवस्था में भी एक अलग तरह की गति और ऊर्जा आ गयी। जमीन पर दबाव थोड़ा कम हुआ तो ग्रामीण मजदूरी में सुधार हुआ; शहरों में किसी भी कीमत पर काम करने वाले बेरोजगारों की संख्या जब कम हुई तो कारखानों में कुछ ज्यादा पैसे देकर अपने कुशल कारीगरों को बचाये रखने की होड़ हुई और शहरी मजदूरी भी बढ़ी। जिन देशों में—जैसे दक्षिण कोरिया या ताइवान—यह प्रक्रिया कुछ लम्बे समय तक चल चुकी है, वहाँ मजदूरी का स्तर विकसित देशों की बराबरी पर आ गया है। (1975 में दक्षिण कोरिया में प्रति घण्टे काम की मजदूरी अमेरिकी तुलना में मात्र 5 फीसदी थी जो 20006 में 62 फीसदी तक पहुँच गयी थी।)

निर्यातोन्मुख आर्थिक विकास का लाभ नये औद्योगिकृत देशों के आम लोगों में हुआ है यह सिर्फ अटकल की चीज नहीं है। इण्डोनेशिया जैसा देश अभी भी इतना गरीब है कि औसत लोगों को मिलने वाले भोजन के हिसाब से वहाँ के विकास को मापा जा सकता है : वहाँ 1968 से 1990 के बीच प्रति व्यक्ति भोजन में कैलोरी की मात्रा 2000 में बढ़ कर 2700 हो गयी थी जबकि औसत उम्र 46 वर्ष से बढ़ कर 63 हो गयी थी। प्रशान्त महासागर के किनारे बसे छोटे एशियाई देशों और बांग्लादेश जैसे देश में भी इस तरह की प्रगति देखी जा सकती है। यह तरक्की पश्चिम के कुछ नेक लोगों द्वारा यहाँ किसी किस्म की खैरात बाँटने या पुण्य के लिए

खर्च करने से नहीं हुआ है। 1990 के दशक में विदेशी सहायता, जो कभी भी बहुत बड़ी नहीं हुआ करती थी, कम-से-कम होती गयी और आज लगभग खत्म हो चुकी है। ना ही ऐसा राष्ट्रीय सरकारों को निर्दोष और कारगर नीतियों के चलते हुआ। वे तो सदा की तरह भ्रष्ट और बेपरवाह बनी रहीं जिनके कुछ किस्से हम आगे बतायेंगे भीं। यह तो बहुराष्ट्रीय निगमों के अप्रत्यक्ष और बहुत सोच समझ के बिना किये गये प्रयासों का और इन देशों के उद्यमियों के जतन का परिणाम था जिन सबकी मुख्य चिन्ता ज्यादा से ज्यादा मुनाफा कमाने की थी और जिन सबको इन देशों में मजदूरी की दर बहुत कम होने में काम कराने में फायदा दिखता था। अब यह काम जैसे और जिस तरह से हुआ इसका परिणाम बहुत बड़ा हुआ और करोड़ों लोग भयावह गरीबी की स्थिति में थोड़े बेहतर हाल में आ गये। यहाँ अभी भी स्थितियों को अच्छा या सम्मानजनक नहीं कहा जा सकता पर चीजें पहले से तो काफी बेहतर हो गयी हैं।

और एक बार फिर पूँजीवाद इस बदलाव और तरक्की में अपने योगदान का काफी दावा कर सकता है। कम्युनिस्टों ने विकास का वायदा किया था : ऐसा भी वक्त था जब तीसरी दुनिया स्टालिन की पंचवर्षीय योजनाओं को पिछड़े देशों को बीसवीं सदी में पहुँचाने वाले तरीके के रूप में देखती थी। और जब सोवियत संघ प्रगतिवाद की चमक उतर गयी थी तब एक अनेक बौद्धिक मानते थे कि बाजार में विकसित देशों की प्रतिद्वन्द्विता में बाहर आकर ही गरीब मुल्क उसकी गरीबी के दुश्चक्र से बाहर आ सकते हैं। पर 1990 के दशक में एक अलग उदाहरण यह बता रहे थे कि विकास सम्भव है—और वह भी समाजवादी अलगाव में नहीं वैश्विक पूँजीवाद का हिस्सा बन कर ही।

आलोचक और संशयी

साम्यवाद के पतन के बाद विश्व अर्थव्यवस्था का जो हाल था उससे हर आदमी खुश न था। अमेरिका तो जबरदस्त समृद्धि का अनुभव कर रहा था लेकिन अन्य विकसित देश संकट में थे। 1990 के दशक में जापान में जो आर्थिक गिरावट अचानक आयी थी उसे 'बुलबुला अर्थव्यवस्था' का फूटना ही कहा गया और वह उससे उबर भी नहीं पाया था। उधर यूरोप को 'यूरोसक्लेरोसिस' का रोग लगा हुआ था—वहाँ बेरोजगारी की दर ऊँची बनी रही, खास कर नौजवानों में। यह क्रम आर्थिक उभार वाले दौरों में भी कम नहीं हुआ।

फिर अमेरिका में भी वहाँ की समृद्धि हर किसी में बराबर बंटी हो ऐसा भी न था। विकास का लाभ असमान रूप से बँटा था : आमदनी और समृद्धि दोनों में अन्तर था और उतना अन्तर पहले कभी नहीं देखा गया था। आधिकारिक हिसाब में भी कई क्षेत्रों में वास्तविक मजदूरी में गिरावट आ गयी थी। अब आंकड़ों पर एक बार में कोई भरोसा नहीं करता पर यह स्पष्ट था कि अमेरिकी आर्थिक प्रगति ने दो से तीन करोड़ लोगों को पीछे छोड़ दिया था और उनके बीच समृद्धि का हिस्सा बंटने की जगह उनकी कमाई भी गिरती गयी थी।

कुछ लोगों को कई अन्य बातों में नाराजगी थी। तीसरी दुनिया के निर्यातक देशों में कम मजदूरी और खराब स्थिति में काम करने की बात काफी सारे लोगों को नैतिक रूप में परेशान करने वाली लगती थी। पहली दुनिया के हिसाब से तो उन मजदूरों की स्थिति सचमुच दयनीय ही रही। और ये लोग इस तर्क को सुनने को तैयार न थे कि ना बाबा से काना बाबा भला होता है अर्थात बेकारी में बेगारी भली। कम मजदूरी पर भी काम मिलना बेकार होने से तो बेहतर था। फिर काफी सारे लोग यह भी बताते थे कि दुनिया का काफी बड़ा हिस्सा ऐसा है जहाँ भूमण्डलीकरण में कोई लाभ नहीं हुआ। अफ्रीका तो अभी भी गरीबी, बीमारी, कुपोषण और गृहयुद्धों का अखाड़ा बना हुआ है।

सदा ही तरह कुछ जली जुबान वाले लोग भी थे। 1930 के दशक में ही ऐसे लोग सदा मौजूद थे जो भविष्यवाणी करते थे कि फिर से मन्दी बस आने ही वाली है। लेकिन सोचने-समझने वाले लोगों ने ऐसी चेतावनियों से ज्यादा न डरना सीख लिया था। यही कारण था कि 1990 के दशक के प्रथमार्द्ध में लैटिन अमेरिका में दिखी कुछ डरावनी चीजों को आमतौर पर उपेक्षित कर दिया गया जबकि अब हम जानते हैं कि ये चीजें मन्दी की अर्थव्यवस्था की वापसी का अन्देशा जताने का संकेत देती थीं।

2

अनसुनी चेतावनी : लातिन अमेरिका संकट

एक ऐसी अन्ताक्षरी की कल्पना कीजिए जिसको खेलने वाले हैं अनुभवी इंटरनेशनल बैंकर, फाइनेंस अधिकारी या नामी-गिरामी अर्थशास्त्री। खेल का कायदा यह है कि एक आदमी कोई एक शब्द या पद बोलता है और सामने वाले को अपने दिमाग में आने वाली पहली चीज बतानी है। अभी हाल तक, और सम्भवतः अभी भी ऐसे खेल में आप 'वित्तीय संकट' बोलते और निश्चित रूप में उसका जवाब होता, "लातिन अमेरिका।"

पीढ़ियों तक लगभग अकेले ही लातिन अमेरिकी देश मुद्रा संकट, बैंक फेल होने, अति मुद्रास्फीति (हाइपर इंफ्लेशन) और वे सभी मौद्रिक बीमारियाँ झेला करते थे जिन्हें आधुनिक मनुष्य जाना करता है। कमजोर, झुकी हुई सरकारें और उनकी जगह लेता सैनिक शासक। दोनों ही ऐसे लोक लुभावन कार्यक्रमों में लोगों के बीच खुद को स्थापित करने का प्रयास करते थे जिनका बोझ अर्थव्यवस्था नहीं उठा सकती थी। इन कार्यक्रमों को जारी रखने के लिए सरकारें या तो लापरवाह विदेशी बैंकरों से उधार लेती थी जिसका परिणाम भुगतान सन्तुलन का विकट या भुगतान न कर पाना होता था या नये नोट छाप कर बाजार में उतारती थी जिससे अति मुद्रास्फीति की स्थिति आ जाती थी और आज भी जब अर्थशास्त्री लोक लुभावनवादी राजनीति के आर्थिक खतरों का जिक्र करते हुए बताते हैं कि

पैसा किस-किस तरह नुकसान- देह हो जाता है तो वे जिस मुद्रा में चीज़ें समझाते हैं वह अक्सर 'पेसो' होता है।

1980 का दशक समाप्त होते-होते यह लगने लगा था कि लातिन अमेरिका ने अपने सबक सीख लिये हैं। अगस्टो पिनोशो ने जिस क्रूर ढंग से शासन किया उसे लातिन अमेरिका में बहुत कम ही लोग पसन्द करते थे लेकिन उन्होंने चिली में जो आर्थिक सुधार शुरू किये थे वे जबरदस्त रूप में सफल रहे और 1989 में जब चिली में लोकतान्त्रिक शासन कायम हुआ तब भी ये आर्थिक कार्यक्रम जारी रहे। विक्टोरिया युगीन समय—अर्थात मजबूत मुद्रा और मुक्त बाजार के साथ चिली का काम करना तब और आकर्षक लगने लगा जब देश की विकास दर में तेज़ी आयी। इतना ही नहीं, 1982 में जो लातिन अमेरिकी संघ संकट शुरू हुआ वह लगभग एक दशक तक चला। उससे पुरानी नीतियों का अन्त भी आ गया और यह उत्तरोत्तर स्पष्ट होता गया कि आर्थिक नीतियों में कुछ बड़े बदलाव करने पर ही इस क्षेत्र में बदलाव और विकास आ सकता है।

और इस प्रकार लातिन अमेरिका सुधरा। सरकारी कम्पनियों के निजी हाथों में सौंपा गया। आयात पर से पाबन्दियां उठाई गयीं। बजट घाटों को कम किया गया। मुद्रास्फीति पर निमन्त्रण प्राथमिकता बना; और जैसा हम आगे देखेंगे, कुछ देशों ने अपनी-अपनी मुद्राओं में भरोसा बनाने के लिए भारी-भरकम कदम उठाये। और इन कदमों के परिणाम भी जल्दी ही सामने आये। आर्थिक कार्यकुशलता तो सुधरी ही, विदेशी निवेशकों का भरोसा फिर से कायम हुआ। 1980 के दशक में जिन देशों को निवेश के हिसाब से डरावनी जगह माना जाता था, वे अन्तर्राष्ट्रीय बाजार के दुलारे बन गये। 1990 के तक ऋण देने वाले और निवेश करने वाले लातिन अमेरिकी देशों में घाटा सह कर भी अपना धन निकाल लेना चाहते थे और डॉलर पर, 30 सेंट तक का घाटा सह कर वहाँ से निकले। वे सभी वापस निवेश के प्रति उत्साहित होने लगे। अब वहाँ इतना पैसा आने लगा जिससे आगे के बैंक ऋण बहुत छोटे लगने लगे जिनके चलते इन देशों में ऋण संकट पैदा हुआ था। अन्तर्राष्ट्रीय मीडिया ने 'नये' लातिन अमेरिक और खासतौर में 'मैक्सिको चमत्कार' की चर्चा शुरू कर दी। सितम्बर 1994 में प्रसिद्ध दावोस सम्मेलन को संचालित करने वाले लोगों द्वारा तैयार 'वर्ल्ड कंपटीटिवनेस रिपोर्ट' में तब तक नायक माने गये मैक्सिको के राष्ट्रपति कार्लोस सैलिनास का एक विशेष सन्देश भी दिया गया।

पर तीन महीने बाद ही मैक्सिको अभी तक के सबसे गम्भीर वित्तीय संकट

में फँस गया। तथाकथित 'टेक्विला' संकट ने 1930 के बाद किसी एक देश में आयी सबसे बड़ी मन्दी ला दी। इस संकट का असर पूरे लातिन अमेरिका में गया और अर्जेन्टीना की बैंकिंग व्यवस्था भी बस ध्वस्त होते-होते बची। अतः इस समस्या पर गौर करने पर लगता है कि टेक्विला संकट को एक चेतावनी की तरह लेना चाहिए था कि बाजार के बारे में अच्छी राय भर चूर-चूर हो सकती है और आज अगर प्रेस आपको अच्छा कह देता है तो इसका यह मतलब नहीं है कि कल पैदा वाला भरोसे का संकट नहीं आयेगा।

इस चेतावनी पर ध्यान नहीं दिया गया। क्यों? यह जानने के लिए लातिन अमेरिका के इस बड़े संकट की उपेक्षित कहानी पर गौर करना होगा।

मैक्सिको : 1980 के दशक के बाद

कोई भी व्यक्ति मैक्सिको की सरकार को अनाड़ी और अनपढ़ नहीं कह सकता। राष्ट्रपति के आस-पास काम करने वाली टोली जिसे 'सेंत्रीफिकासो' कहा जाता था, में सभी पढ़े-लिखे नौजवान लोग थे जो चाहते थे कि मैक्सिको एक आधुनिक राष्ट्र और वे मानते थे कि इसके लिए जरूरी है कि मैक्सिको विश्व अर्थव्यवस्था से जुड़े। विदेशी निवेशकों का वहाँ स्वागत होता था और उनके जायदाद के अधिकार सुरक्षित थे। प्रगतिशील नेतृत्व के ऐसे रुख से उत्साहित ऐसे निवेशक काफी बड़ी संख्या में आये और उन्होंने देश के आधुनिकीकरण में महत्त्वपूर्ण भूमिका निभाई।

ठीक है ना। पर यहाँ मैंने एक चाल चल दी थी। मैं यहाँ हाल के मैक्सिको सरकार का किस्सा नहीं सुन रहा था। मैं तो पोर्फीरियो दियाज के शासक की बात कर रहा था जो 1876 में शुरू होकर 1911 तक चला जब एक जनान्दोलन ने उसे हटा दिया। फिर तो इसके बाद अस्थिरता का लम्बा दौर चला और राष्ट्रवादियों, लोक लुभावनवादियों तथा आतंकित विदेशी निवेशकों, खास कर अमेरिकी निवेशकों के बीच जद्दोजहद चलती रही। इन्स्टीट्यूशनल रिवोल्यूशनरी पार्टी (पीआरआइ) के शासन के सदस्य भी मैक्सिको को आधुनिक बनाना चाहते थे लेकिन वे अपनी तरह से यह काम करना चाहते थे; वे चाहते थे कि देसी बाजार के लिए देसी कम्पनियों द्वारा स्थापित उद्योग-धन्धे ही लगें और उनको आयात पर पाबन्दी और सीमा शुल्क की ऊँची दरों से अधिक कुशल विदेशी उत्पादकों से संरक्षण किया जाये। विदेशी नियन्त्रण न हो तो उनको विदेशी मुद्रा आने से कोई परेशानी न थी; मैक्सिको की सरकार अपने यहाँ की कम्पनियों द्वारा अमेरिकी बैंकों से उधार लेने में खुश होती

थी पर वह कम्पनियों के प्रबन्धन में वोटिंग शेयर विदेशियों के हाथ नहीं जाने देना चाहती थी।

यह अन्तर्मुखी आर्थिक नीति भले ही अकार्यकुशल हो पर मैक्सिको ने और भी पाबन्दियाँ रखी थीं। वह अपनी निर्यातोन्मुखी कम्पनियों–'माक्विलादारोस' को सिर्फ अमेरिका में लगे एक छोटे इलाके भर में काम करने देता था। इन सबका नतीजा यह हुआ कि मैक्सिको भूमण्डलीकरण की लहर का लाभ लेने में अछूता रह गया। लेकिन एक बार जमने के बाद मैक्सिको की विकास नीति ने देश की राजनीतिक व सामाजिक व्यवस्था में जड़ें जमा लीं। थोड़े-से औद्योगिक घरानों (जिन्हें ऋण और आयात लाइसेंस देने में सबसे आगे जाना जाता था), राजनेताओं (जिन्हें इन औद्योगिक घरानों से नियमित धन मिलता था) और मजदूर संगठनों (जो अच्छा वेतन-भत्ता पाने वाले 'मजदूर बाबुओं' का प्रतिनिधित्व करते थे) की तिकड़ी ही अर्थव्यवस्था, राजनीति और शासन के संचालित करती थी। यह भी उल्लेख करना जरूरी है कि 1970 के दशक तक मैक्सिको पूँजी तक ज्यादा पहुँच बनाने से बचता रहा। उसकी विकास दर बहुत अच्छी न थी फिर भी वही संकट जैसी कोई स्थिति न थी।

लेकिन 1970 के दशक में यह सावधानी भी छोड़ दी गयी। तभी मैक्सिको की अर्थव्यवस्था में एक उफान आया जो वहाँ तेल की नयी खोजों, तेल की बढ़ी कीमतों तथा विदेशी बैंकों से मिले भारी उधार के चलते और तेज हुआ। जब अर्थव्यवस्था फल-फूल रही हो और पूँजी आती जा रही हो तो शायद ही कोई बहुत ही मुश्किल में दिखने वाले खतरनाक संकेतों पर गौर करता है। अखबारों में जहाँ-तहाँ कुछ उभरती वित्तीय समस्याओं की चर्चा की लेकिन आमतौर पर माना जाता था कि मैक्सिको (और पूरा ही लातिन अमेरिका) के लिए कोई वित्तीय जोखिम नहीं है। यह निश्चिन्तता अकारण भी नहीं थी; 1982 के जुलाई तक मैक्सिको के बांडों पर कमाई विश्व बैंक जैसे उधारकर्ता सुरक्षित बांडों में नगण्य सी ही कम थी अर्थात निवेशक मानते थे कि मैक्सिको द्वारा अपना उधार न चुका सकने का जोखिम नगण्य है।

लेकिन अगले माह के मध्य में मैक्सिको के अधिकारियों का एक दल अमेरिका गया और उसने अमेरिकी वित्त मन्त्री को बताया कि हमारे पास अब पैसे नहीं है और हम अपने ऋण की देनदारियों को पूरा नहीं कर सकते। कुछ महीनों के अन्दर ही यह संकट लातिन अमेरिका के अधिकांश हिस्से में और उससे आगे तक फैल गया क्योंकि बैंकों ने नया कर्ज देना रोक दिया और पुराना पैसा लौटाने की माँग

करने लगे। फिर अमेरिकी सरकार के दिये गये आयात ऋण और बैंक ऑफ इन्टरनेशनल सेटलमेंट जैसी अन्तर्राष्ट्रीय एजेन्सियों में पैसा लेने जैसा ताबड़तोड़ प्रयासों, कर्ज वापसी की तारीखों में बदलाव तथा बैंकों में 'कंसर्टेड लेंडिंग' कराके (जिसमें पुराने ऋण पर बने सूद कर को चुकाने के लिए बैंकों को डरा-धमका कर उतना पैसा उधार लेने वाले देश को दिलवाया जाता है) अधिकांश देश खुद को कंगाल घोषित होने से बचा पाये। लेकिन इस वित्तीय तबाही को टालने की कीमत पूरी अर्थव्यवस्था को मन्दी के रूप में चुकानी पड़ी। इसके बाद अर्थव्यवस्था पटरी पर लौटी पर बहुत ही धीमी और अनिश्चित रफ्तार में। 1980 में मैक्सिको में प्रति व्यक्ति वास्तविक आय 1981 के प्रति व्यक्ति आय से 10 फीसदी कम थी। प्रति वर्ष चार साल तक 70 फीसदी से ज्यादा की मुद्रास्फीति रहने के चलते वास्तविक मजदूरी का हिसाब लगाना मुश्किल है पर माना जाता है कि यह संकट के पहले वाले दौर की तुलना में 30 फीसदी नीचे आ गयी थी।

अब आये नये पीढ़ी के सुधारक। 1970 के दशक में जो 'नया वर्ग' आया मैक्सिको के शासक दल और सरकार में वह उत्तरोत्तर प्रभावी हुआ। अच्छी पढ़ाई-लिखाई, अक्सर हार्वर्ड या एमआईटी में डिग्री पाया, अंग्रेजी बोलने और अन्तर्राष्ट्रीय नजरिया रखने वाला यह जमात मैक्सिको के 'पीआरआई' (शासक दल) के अन्दर भी पर्याप्त प्रभाव रखता था लेकिन उसका नजरिया इतना अमेरिकी बन गया था कि वह चीजों को बदलने में ही कल्याण मानता था। आर्थिक संकट से पुराना नेतृत्व, जिन्हें डायनासोर पुकारा जाता था, हक्का-बक्का था और उसे रास्ता नहीं सूझ रहा था। ऐसे में यह नया प्रभावी वर्ग उसे बता सकता था कि मुक्त बाजार वाले सुधारों ने चिली में क्या चमत्कार किया है। निर्यातोन्मुख विकास ने कोरिया में बदलाव ला दिया है और किस तरह इजरायल ने मुद्रास्फीति पर अंकुश लगा दिया है। अब इन लोगों की पूछ बढ़ने लगी है पर यह जमात छोटा और अकेला भी न था। 1980 के दशक के मध्य तक लातिन अमेरिका के काफी सारे अर्थशास्त्रियों ने पचास और साठ के दशक का सरकारी समाजवादी नजरिया छोड़ कर 'वाशिंगटन सर्वानुमति' को उचित माना शुरू कर दिया था। वे मानने लगे थे कि अच्छे बजट, मुद्रास्फीति पर अंकुश, मुक्त बाजार और मुक्त व्यापार से विकास हासिल किया जा सकता है।

1985 में राष्ट्रपति मिगुएल दे ला माद्रिद ने इस सिद्धान्त पर अमल करना शुरू किया और यह चीज मैक्सिको के व्यापार को मुक्त करने में सबसे क्रान्तिकारी

ढंग से अभिव्यक्त हुई : सीमा शुल्क काफी कम कर दिये गये, और आयात के लिए सरकारी लाइसेंस की जरूरत वाली चीजों की सूची एकदम छोटी कर दी गयी। सरकार ने अपने प्रभुत्व वाले उद्यमों को बेचना शुरू किया और विदेशी मिल्कियत से जुड़े सख्त कानूनों को काफी नरम बना दिया गया। यह दे ला माद्रिद का सबसे नाटकीय फैसला था। अपने प्रस्तावित उत्तराधिकारी के रूप में अपने दल पीआरआई के किसी नेता की जगह उन्होंने नये सुधारों के सबसे बड़े वकील, योजना एवं बजट मन्त्री कार्लोस सैलिनास दी गोर्टारी का नाम लिया। हार्वर्ड ने केनेडी स्कूल ऑफ गवर्नमेंट में डिग्री लेने वाले गोर्टारी के आस-पास काम करने वाले ज्यादातर लोग एमआईटी और विदेशों में पढ़े थे।

मैंने 'प्रस्तावित उत्तराधिकारी' पद का इस्तेमाल सोच-समझ कर ही किया है। 1970 से 1990 तक मैक्सिको में जो राजनैतिक व्यवस्था चली वह एकदम अलग ही किस्म की थी। ऊपरी तौर पर तो यह प्रतिनिधि लोकतन्त्र था। हाल के वर्षों में पहले से चल रहा एक किस्सा आश्चर्यजनक ढंग से वास्तविकता में बदलता गया है। लेकिन 1988 में, जब सैलिनास का चुनाव हुआ था, मैक्सिको का लोकतन्त्र पारम्परिक शिकागो राजनीति के घालमेल वाला ही था; एक दलीय प्रणाली चलती थी जिसके लिए वोट पारंपरिक सम्बन्धों और लाभ बाँट कर जुटाये जाते थे और अगर वोटों के हिसाब में किसी तरह की कमी रह जाती थी तो 'रचनात्मक' गणना से इसे पूरा करा दिया जाता था। इस प्रणाली के बारे में उल्लेखनीय बात यह थी कि अपने शासनकाल के छह वर्षों तक तो राष्ट्रपति को किसी राजा जैसे अधिकार और हैसियत प्राप्त थे लेकिन वह स्वयं दोबारा चुनाव में नहीं आ सकता था। वह अपने कार्यकाल में किसी-न-किसी तरह पर्याप्त अमीर हो चुका होता था। सो अपना कार्यकाल पूरा होने पर वह अपनी सत्ता अपने चुने हुए उत्तराधिकारी को, जिसे पीआरआई मनोनीत करती थी, सौंपता था। एक ही पार्टी का राज होने के चलते उसका ही चुनाव जीतना तय था।

1980 तक इस प्रणाली पर कई तरह के सवाल उठ चुके थे और मैक्सिको की तरह यह भी कई तरह के दबाव झेल रही थी। आम चुनाव में सैलिनास को वास्तविक चुनौती पेश करने वाला उम्मीदवार कॉतेमाक कार्डेनास भी सामने आ गया। एक पूर्व लोकप्रिय राष्ट्रपति के इस बेटे ने सैलिनास की मुक्त बाजार वाली आर्थिक नीतियों को चुनौती दी और पारम्परिक पूँजीवाद विरोधी लोक लुभावन नारों के साथ मुश्किल चुनौती पेश की। चुनावी लड़ाई काफी करीबी थी और

कोर्डेनास जीत गया पर आधिकरिक रूप में उसे विजेता नहीं बताया गया। सैलिनास राष्ट्रपति बन गये लेकिन उसने किसी भी पूर्ववती राष्ट्रपति की तुलना में उन्हें लोगों के लिए नतीजे देने का ज़्यादा दबाव था। इसके लिए उन्होंने कैम्ब्रिज में पढ़े-प्रशिक्षित हुए अर्थशास्त्रियों की मदद ली।

सैलिनास के शासनकाल में आर्थिक सफलताएँ मिलीं भी, पर ये दो नीतिगत फैसलों पर आधारित थीं। पहला तो ऋण के संकट को सुलझाना। 1989 के शुरू में, अपने राष्ट्रपति का चुनाव निकट आने के बाद अमेरिकी सरकार ने अप्रिय वास्तविकताओं का मुकाबला करने की अप्रत्याशित इच्छा प्रदर्शित करनी शुरू की। अपने राष्ट्रपति का चुनाव निकट आने के बाद अमेरिकी सरकार के अप्रिय वास्तविकताओं का मुकाबला करने की अप्रत्याशित इच्छा प्रदर्शित करनी शुरू की। उसने आखिरकार इस बात को स्वीकार किया जिसे हर आदमी काफी पहले से जानता था कि अनेक बचत और ऋण संगठन/संस्थाएँ करदाताओं के पेसो से सट्टेबाजी करती हैं और उनको बन्द किया जाना चाहिए। इसी बीच अपने हैरान करने वाले बयान में अमेरिकी वित्तमन्त्री निकोलस ब्रेडी ने घोषणा की कि लातिन अमेरिका के सारे ऋणों को चुकाया नहीं जा सकता, इसलिए किसी-न-किसी तरह की ऋण माफी योजना चलाई जानी चाहिए। तथाकथित 'ब्रेडी प्लान' वास्तविक योजना में ज्यादा एक भावनात्मक चीज ही थी–ब्रैडी का भाषण उन अधिकारियों/ नौकरशाहों से इस डर से बताये बगैर बना था कि वे इसमें अड़ंगा लगा सकते हैं जबकि जानकार अधिकार शामिल होते तो ऋण माफी के मामले में व्यावहारिक ब्लू प्रिंट तैयार करने में मदद करते। लेकिन इस भाषण भर ने अति सक्षम मैक्सिको वालों को एक ऐसा अवसर हाथ में दे दिया जिसकी उन्हें बहुत जरूरत थी। कुछ महीने के अन्दर ही उन्होंने ऐसी योजना बनाई जो काम करने लायक थी और फिर मैक्सिको ने अपने सारे भारी बकाये ऋण की जगह कम मूल्य वाले 'ब्रैडी बांड' ला दिये।

ब्रैडी योजना से मैक्सिको को ऋण के मामले में कोई बहुत ज्यादा राहत नहीं मिली, न कमी हुई, या इसने एक मनोवैज्ञानिक बदलाव ला दिया। ऋण वापसी से इंकार कर आन्दोलन चलाने वाले मैक्सिकोवासी यह देख कर शान्त हुए कि विदेशी बैंकर अपने कर्ज-सूद या कुछ हिस्सा छोड़ने को तैयार हैं; फिर उभरे घरेलू राजनैतिक मुद्दों ने ऋण वाले मुद्दे को पीछे धकेल दिया। इस बीच जो विदेशी निवेशक सिंगापुर में फंस जाने के डर से पैसा लगाने से डर रहे थे नयी स्थिति में आश्वस्त हुए और

नया पैसा लगाने को तैयार हुए। देश में पूँजी का पलायन हो इसके लिए मैक्सिको सूद की जितनी रकम चुका रहा था, वह अब कम हो गयी; और चूंकि सरकार को उससे ऋण पर ज्यादा दर में सूद नहीं देनी होती थी, उसका बजट घाटा बहुत जल्दी घट कर गायब हो गया। ब्रैडी सौदे के एक साल बाद मैक्सिको की वित्तीय स्थिति एकदम बदल गयी।

सैलिनास के पास सिर्फ कर्ज की समस्या का समाधान ही न था। 1990 में उन्होंने अमेरिका और कनाडा के साथ मुक्त व्यापार (इन दोनों देशों ने आपस में मुक्त व्यापार समझौता करने पर सहमति कर ली थी।) का समझौता करने की घोषणा करके दुनिया को हैरान कर दिया। मात्रात्मक रूप में तो नार्थ अमेरिकन फ्री ट्रेड एग्रीमेंट (नाफ्टा) उतनी बड़ी चीज न था जितना कोई भी सोच सकता था। मैक्सिको में तैयार माल के लिए अमेरिकी बाजार पर्याप्त खुले ही थे और दी ला माद्रिद के दौर में उदार व्यापार का जो दौर शुरू हुआ था उसने पूरे मुक्त बाजार की स्थिति भले ही न ला दी, पर उसके काफी करीब तो पहुँचा ही दिया था। लेकिन कर्ज कम करने के पैकेज की तरह नाफ्टा के पीछे भी एक मनोवैज्ञानिक बदलाव लाने की मंशा थी। विदेशी वस्तुओं और विदेशी निवेशकों के लिए मैक्सिको के कदम सिर्फ घरेलू प्रयास भर नहीं थे, इनके जरिये सैलिनास दुनिया भर को जो यह संकेत देना चाहते थे कि ये कदम अब वापस नहीं होंगे। इस मुद्दे पर अन्तर्राष्ट्रीय सन्धि के जरिये के बाजार को आश्वस्त करना चाहते थे कि खुलेपन की यह प्रक्रिया अब वापस होने वाली नहीं है। उन्हें उम्मीद थी कि मैक्सिको द्वारा अपने बाजार खोलने का जवाब दूसरी तरफ से भी ऐसा ही आयेगा और अमेरिका भी मैक्सिको को आश्वस्त करेगा कि उसके अपने बाजार उसके लिए खुले हैं।

जार्ज एच. डब्ल्यू. बुश ने सैलिनास की पेशकश को स्वीकार किया। वे इसे ठुकरा कैसे सकते थे? 1982 में जब मैक्सिको ऋण संकट में फंसा तो अमेरिकी के काफी सारे लोगों यह डर लगा कि इससे मैक्सिको की राजनीति में काफी तीखे स्वर उभरेंगे और अमेरिकी विरोधी शक्तियाँ–सम्भवतः कम्युनिस्ट ही–इस अफरा-तफरी में ताकतवर होकर सामने आयेंगे। इसकी जगह अमेरिका परस्त और मुक्त बाजार समर्थक–अर्थात हमारी तरह के लोग आश्चर्यजनक ढंग से सत्ता में आये और सारी व्यावसायिक बाधाएँ उठा लेने का प्रस्ताव किया। उनके बढ़े हाथ को न थामना सुधार के मुँह पर तमाचे जड़ने जैसा था; इसका व्यावहारिक मतलब हमारे पड़ोस

में अस्थिरता और उग्रता को न्यौता देना था। ऐसे में अमेरिकी राजनयिक 'नाफ्टा' को लेकर उत्साहित थे। अमेरिका संसद को इस बारे में आश्वस्त करने में जाकर थोड़ी परेशानी हुई, जैसाकि हम आगे देंखेगे, लेकिन उत्साह के पहले मौके में यह चीज अभी ज्यादा उभर कर नहीं आ पायी।

मैक्सिको में जैसे-जैसे सुधार आगे बढ़ते गये, सरकारी प्रतिष्ठानों को बेचा गया, आयात सम्बन्धी प्रतिबन्धों को उठाया गया, विदेशी निवेश का स्वागत हुआ—वैसे-वैसे उसके भविष्य की सम्भावनाओं को लेकर उत्साह भी बढ़ता गया। मुझे खुद याद है कि मैं बहुराष्ट्रीय कम्पनियों के अधिकारियों के एक समूह—जो उनके लातिन अमेरिकी कारोबार के प्रमुख थे—को लेकर मार्च 1993 में कानकुन गया था। मैंने मैक्सिको की स्थिति को लेकर हल्की आशंका जताई, कुछ प्रमाण सुधार के फलों को लेकर निराशाजनक संकेत कर भी रहे थे। मुझे उसी टोली के एक अधिकारी ने बताया, "इस देश के बारे में किसी किस्म की नकारात्मक बात करने वाले इस कमरे के अकेले व्यक्ति आप ही हैं।" और उस कमरे में बैठे लोगों की तरह के लोगों ने ठीक जगह और काम में निवेश किया : 1993 में मैक्सिको में 30 अरब डॉलर से ज्यादा की रकम का निवेश हुआ।

अतीत से आजाद अर्जेन्टीना

"अर्जेन्टाइन जैसा अमीर" : प्रथम विश्व युद्ध के पूर्व यूरोप में अर्जेन्टीनावासियों के बारे में भी यही राय थी। तब तक आम लोग और निवेशक अर्जेन्टीना को अवसरों वाला मुल्क मानते थे। आस्ट्रेलिया, कनाडा और अमेरिका की तरह अर्जेन्टीना भी संसाधन समृद्ध देश था। यह यूरोप के आप्रवासियों और यूरोप की पूँजी, दोनों का पसन्दीदा ठिकाना था। इसकी राजधानी ब्यूनस आइरस यूरोपीय स्वाद का भव्य शहर है। अंग्रेजों द्वारा अपने पैसे से बना विशाल रेलवे नेटवर्क भी यहाँ है जो कभी गेहूँ और मोम जमा करने और फिर निर्यात करने के काम को आसान बनाता था। व्यापार और निवेश के मामले में वैश्विक अर्थव्यवस्था, टेलिग्राफ लाइन से विश्व की पूँजी बाजारों से जुड़ा अर्जेन्टीना विश्व युद्ध पूर्व की अन्तर्राष्ट्रीय व्यवस्था में अच्छी हैसियत रखने वाला देश था।

यह सही है कि तब भी अर्जेन्टीना में यह प्रवृत्ति थी कि वह ज्यादा नोट छाप लेता था और उसे विदेशी ऋण की वापसी में तकलीफ होती थी। लेकिन तब ऐसा ही अमेरिका के साथ भी था। तब शायद ही किसी ने सोचा था कि अर्जेन्टीना

अमेरिका से इतना पीछे चला जायेगा।

विश्व युद्ध के दौरान वाले वर्ष अर्जेन्टीना के लिए भारी मुश्किलों भरे थे, पर ऐसा ही प्राकृतिक संसाधनों वाले सभी देशों के साथ था। और 1920 के दशक में कृषि उत्पादों की कीमतें एकदम धराशायी हो गयीं। अच्छे वक्त में लिए कर्जों की वजह से स्थिति ज्यादा खराब हो गयी। अर्जेन्टीना की हालत उस किसान की तरह हो गयी थी जिसने अच्छे वक्त में काफी कर्ज ले लिया था और जब उसके उत्पादों की कीमतें गिरीं, तभी कर्ज लौटाने की बारी भी आ गयी और वह एकदम बदहाल हो गया। लेकिन महामन्दी के समय अर्जेन्टीना की हालत उतनी खराब नहीं हुई जैसी इस स्थिति के आधार पर कोई सोच सकता है। इसकी सरकार उन विकसित देशों की तरह अपनी मौद्रिक प्राथमिकताओं को बचाने की जिद की जगह ज्यादा व्यावहारिक नजरिये वाली थी। उसने पेसो का अवमूल्यन किया। पूँजी के पलायन पर अंकुश लगाया और ऋण वापसी पर कुछ समय की रोक लगा दी तो 1932 के बाद अर्जेन्टीना की अर्थव्यवस्था ने पर्याप्त मजबूती से वापसी कर ली। फिर 1934 तक यह हालत हो गयी कि यूरोप के लोग अपने यहाँ की तुलना में अर्जेन्टीना में रोजगार पाने की सम्भावना ज्यादा होने से उधर पलायन करने लगे।

पर महामन्दी के समय तो तरह-तरह के फैसलों और नीतियों में अर्जेन्टीना ने अपनी स्थिति सुधार ली थी, पर ऐसी ही अफरा-तफरी चलाते जाने के चलते समय बीतने के साथ उसकी परेशानियाँ भी बढ़ती गयीं। विदेशी मुद्रा पर आयात बन्दिशों वाले कानून इतने जटिल थे कि इससे उद्यमशीलता को बढ़ावा मिलने की जगह दिक्कतें आयीं और भ्रष्टाचार बढ़ा। आयात पर लगी अस्थायी सीमाएँ स्थायी बाधा बन गयी और इनकी आड़ में जो उद्योग-धन्धे चलते रहे वे हैरान करने लायक अकार्यकुशल और निकम्मे थे। राष्ट्रीयकृत उद्यम सार्वजनिक धन की बर्बादी करने वाले कुएँ बन गये, जहाँ लाखों लोगों को नौकरी तो मिली हुई थी लेकिन जो न तो जरूरी उत्पादन करते थे, न सेवाएँ उपलब्ध करा सकते थे। और बार-बार घाटे का बजट लाकर अर्थव्यवस्था का हाल इतना खराब कर दिया गया कि मुद्रास्फीति के डरावने दौरों को थामना मुश्किल हो गया।

1980 के दशक में स्थितियाँ बद से बदतर हो गयीं। 1982 में फाकलैण्ड युद्ध में मिटने के बाद अर्जेन्टीना की सैनिक सरकार ने गद्दी छोड़ दी और राउस अल्फोंसिन की नागरिक सरकार ने अर्थव्यवस्था को फिर से जीवन्त बनाने के

वायदे के साथ सत्ता सँभाली। लेकिन लातिन अमेरिका के ऋण संकट ने अन्य पड़ोसी देशों की तरह अर्जेन्टीना को बुरी तरह झकझोर दिया। अल्फोंसिन ने आस्त्राल नामक नई मुद्रा लाकर कीमतों को स्थिर करना चाहा, पर यह प्रयास बुरी तरह असफल रहा। 1989 तक मुल्क जिस स्थिति से गुजर रहा था उसे मुद्रास्फीति–इंफ्लेशन नहीं, 'हाइपर इंफ्लेशन' कहते हैं। साल में कीमतों में 3000 फीसदी तक का इजाफा होने लगा।

1989 के चुनाव में पेरोनवादी कार्लोस मेनेम जीते। जुआन पेरोन के नाम पर गठित इस पार्टी के मेनेम ने पेरोन की आर्थिक नीतियों से परहेज किया। माना जाता है कि पेरोन की राष्ट्रवादी और अत्यधिक संरक्षणवादी नीतियों ने ही अर्जेन्टीना को तीसरी दुनिया का देश बना दिया पर मेनेम निक्सन की चीन मात्रा में हुए बदलाव जैसी चीजें अपने यहाँ भी करने को तैयार थे। उन्होंने हार्वर्ड के पी-एच.डी करने वाले डोमिंगो कावेल्लो (मैक्सिको के वित्त मन्त्री पेड्रो आस्पे की उम्र और उन्हीं के आस-पास के वर्षों में हार्वर्ड में पढ़े) को अपना वित्त मन्त्री बनाया और कावल्लो ने जो सुधार योजना बनाई वह मैक्सिको की योजना में भी ज्यादा क्रान्तिकारी थी।

योजना का एक हिस्सा तो अर्जेन्टीना की अर्थव्यवस्था को विश्व बाजार के लिए खोलने से जुड़ा था। इसमें दुधारू गाय मान लिये गये कृषि उत्पादों के निर्यात को कम करते-करते कम करने की योजना प्रमुख थी। इसके तहत ऐसे निर्यात पर भारी कर थोप दिया गया और उस आमदनी को अन्य चीजों की सब्सिडी पर खर्च किया जाता था। अतः देश में मौजूद काफी सारे और एकदम अकार्यकुशल उद्यमों का निजीकरण तेजी से किया गया (मैक्सिको के उलट अर्जेन्टीना ने सरकारी मिल्कियत वाली तेल कम्पनी को भी निजी हाथों में सौंप दिया)। चूंकि अर्जेन्टीना की पुरानी नीतियाँ दुनिया में सबसे घटिया थीं, सो इन बदलावों ने तत्काल भारी अन्तर कर दिया।

पर कावेल्लो की अपनी विशिष्ट छाप का प्रमाण था मौद्रिक सुधार। देश के मुद्रास्फीति वाले इतिहास को निर्णायक ढंग से अन्त करने के लिए उन्होंने एक ऐसी मौद्रिक प्रणाली खड़ी की जिसे आधुनिक दुनिया में लगभग भुला ही दिया जा रहा था; यह प्रणाली भी मुद्रा बोर्ड की।

यूरोप के उपनिवेशों में मुद्रा बोर्ड गठित होना आम था। ऐसे बोर्डों को सामान्यतः अपनी मुद्रा जारी करने की अनुमति होती थी लेकिन इस मुद्रा को मातृ

देश (अर्थात साम्राज्यवादी देश) की मुद्रा में बहुत सख्ती से जोड़ा जाता था और उसकी मजबूती के लिए देसी कानून उसे हार्ड-करेंसी के भण्डार में जोड़ देते थे। इस व्यवस्था में लोग आसानी से अपनी मुद्रा को कानूनी रूप से तय दर से पाउण्ड या फ्रैंक में बदल सकते थे और केन्द्रीय बैंक को अपने पास मातृ देश की इतनी मुद्रा रखनी होती थी जो स्थानीय नोटों को बदलने की मांग को पूरी कर लें।

विश्व युद्ध के बाद औपनिवेशिक साम्राज्यों के पतन और सक्रिय आर्थिक प्रबन्धन का दौर आने पर मुद्रा बोर्ड भी इतिहास के पन्नों में छिप गये। यह सही है कि 1983 में हांगकांग ने अपनी म्रुदा की तेज गिरावट के समय अपने हांगकांग डॉलर को अमेरिकी डॉलर के साथ जोड़ लिया और 7.8 की दर भी तय कर दी। लेकिन हांगकांग का धन्धा काफी कुछ उपनिवेशों जैसा ही था—भले ही उसमें नये तरह की गतिशीलता हो और पुराने उपनिवेशों की स्थिति से उसका साम्य बहुत ही कम हो।

लेकिन अर्जेन्टीना को विश्वसनीयता की जरूरत बहुत ही सख्त थी और इसके लिए कावेल्लो ने इतिहास को खंगाला। शुरू होते ही बदहाल होने वाली मुद्रा आस्त्राल को हटा कर फिर से पेसो को लाया गया और पेसो को डॉलर के मुकाबले पक्की विनिमय दर के साथ जोड़ा गया। एक डॉलर एक पेसो, और जितना पेसो प्रचलन में उतारा गया, उतने डॉलर का रिजर्व भण्डार रखा गया। अपनी मुद्रा को दशकों तक खुद बदहाल करने के बाद अर्जेन्टीना ने कानून के माध्यम से प्रति डॉलर एक पेसो के विनिमय के अलावा मुद्रा छापने पर रोक लगा दी और इस प्रचलन के अन्त की घोषणा की।

इसके परिणाम बहुत प्रभावशाली आये। मुद्रास्फीति में तेजी से कमी आयी ओर वह शून्य के करीब पहुँच गयीं। मैक्सिको की तरह अर्जेन्टीना ने भी ब्रैडी सौदा किया और उसे भी बाहर से पूँजी आने का लाभ मिला। हालांकि इस मामले में उसकी सफलता मैक्सिको जितनी न थी और वास्तविक अर्थव्यवस्था में नाटकीय तेजी आयी। वर्षों की गिरावट के बाद तीन वर्षों में ही सकल घरेलू उत्पादन 25 फीसदी बढ़ गया।

मैक्सिको का बुरा वर्ष

क्या 1993 के अन्त में लातिन अमेरिका पर किसी खास तरह के बादल दिखाई दे रहे थे? निवेशकों में जबदस्त उत्साह था। उन्हें लगता था कि नये बाजारोन्मुख सोच

ने इस महाद्वीप को नये अवसरों की भूमि में बदल दिया है। विदेशी व्यवसायी, मैं कानकुन में जैसे लोगों में मिला था वैसे ही, भी उतने ही उत्साहित थे। नये उदार माहौल ने उनके लिए नये अवसर पैदा किये थे। फिर कुछ अर्थशास्त्रियों के मन में सवाल थे लेकिन वे भी हल्के किस्म के ही थे।

मैक्सिको और अर्जेन्टीना, दोनों में ही विनिमय दर के औचित्य पर सवाल उठाया जाता था। दोनों देशों ने अपनी मुद्राओं को ठीक किया था; दोनों ने मुद्रास्फीति की दर पर अंकुश लगाया था; लेकिन दोनों ही देशों में मुद्रास्फीति में कमी आने की दर मुद्राओं के स्थिर होने की दर से पीछे रह गयी थी। जैसे अर्जेन्टीना में पेसो की कीमत को अमेरिकी डॉलर के साथ 1997 में जोड़ा गया था; लेकिन अगले दो वर्षों में उपभोक्ता मूल्यों में 40 फीसदी की वृद्धि हो गयी जबकि अमेरिका में मूल्यों में मात्र 6 फीसदी की वृद्धि हुई थी। मैक्सिको में भी कुछ ऐसा ही देखने में आया भले ही वहाँ अन्तर इतना ज्यादा न था। दोनों ही देशों के मामले में इसका प्रभाव यह था कि उनके यहाँ बने सामान विश्व बाजार में महँगे हो गये और प्रमुख अर्थशास्त्रियों को लगने लगा कि कहीं उनकी मुद्रा का मूल्य निर्धारण ज्यादा तो नहीं हो गया।

इसी से सम्बन्धित एक सवाल व्यापार सन्तुलन के मामले में भी था (ज्यादा ठीक कहें तो चालू खाते का सन्तुलन, जिसमें सेवाओं और सूद की देनदारियाँ भी शामिल होती हैं—लेकिन मैं इन दोनों पदों को अदल-बदल कर प्रयोग करूँगा)। 1990 के दशक के शुरुआत में मैक्सिको का निर्यात काफी धीमी रफ्तार से बढ़ा क्योंकि मजबूत पेसो ने उनके उत्पाद की कीमतों को बाजार की प्रतिद्वन्द्विता में ऊपर ही रख कर परेशानी पैदा की। पर इसी समय आयात बढ़ा क्योंकि आयात के रास्ते की बाधाएँ हटायी गयीं और ऋण के मामले में उफान आया हुआ था। परिणाम हुआ कि निर्यात की तुलना में आयात काफी बड़ा हो गया: 1993 तक मैक्सिको का घाटा उसके जीडीपी के 8 फीसदी तक पहुँच गया। इतिहास में किसी देश का व्यापार घाटा इस अनुमान तक शायद ही कभी गया होगा। तो यह संकट का संकेत था?

मैक्सिको के अधिकारी और देश के बाहर के भी कुछ लोगों का तर्क था कि ऐसा नहीं था। उनका तर्क सीधे-सीधे अर्थशास्त्र की किताबों से उठाया हुआ था। सिर्फ हिसाब-किताब के हिसाब से भी भुगतान सन्तुलन को सन्तुलित रहना चाहिए; अर्थात देश विदेशों से जितनी खरीद करता है उतने ही मूल्य का सामान उसे विदेशों

में भी बेचना चाहिए। (अर्थशास्त्र के छात्र जानते हैं कि इस कथन में कुछ छोटे तकनीकी सुधार भी शामिल हैं जो कई तरह के हस्तांतरणों से जुड़े हैं; खैर उसे अभी छोड़ें) अगर कोई देश चालू खाते के घाटे में है अर्थात वह बेचने से ज्यादा सामान खरीदता है तो उसे पूँजीवाद खाते में उतना ही अतिरिक्त जमा करना चाहिए—अर्थात खरीद से ज्यादा परिसम्पत्तियाँ बेचनी चाहिए, और इसके उल्टी स्थिति भी सही है : जो देश चालू खाते में लाभ की स्थिति में होता होता है उसे पूँजीगत खाते में घाटे में रहना चाहिए। लेकिन इसका मतलब था कि जब मैक्सिको विदेशी निवेशकों को अपने यहाँ आमन्त्रित कर रहा था और वे वहाँ मैक्सिको की जायदाद ले रहे थे तो उसे व्यापार में घाटा होना ही चाहिए था। यह व्यवहार में विदेशी निवेशकों को यह बताना था कि मैक्सिको निवेश की अच्छी जगह है। पर आशावादियों का कहना था कि चिन्ता की सिर्फ एक ही बात हो सकती थी कि पूँजी का प्रवाह काफी कुछ बनावटी होता। अगर सरकार खुद उधार लेकर बाहर से पूँजी लाती है (जैसा कि वह 1982 के पहले किया करती थी।) या फिर वह ज्यादा बजट घाटा छोड़ देती जिससे घरेलू बचत दर में गिरावट आती पर असलियत में तो मैक्सिको सरकार एकदम सन्तुलित बजट ला रही थी और विशाल विदेशी परिसम्पत्तियाँ (विदेशी मुद्रा का भण्डार) जमा कर रही थी। ऐसे में चिन्ता क्यों की जाये? दुबला क्यों हुआ जाये? अगर निजी क्षेत्र मैक्सिको में पूँजी लगाना चाहते हैं सरकार उसे रोकने का प्रयास क्यों करे?

फिर भी मैक्सिको के प्रदर्शन के कुछ परेशान करने वाले पहलू भी थे : सारे आर्थिक सुधारों और भारी पूँजी के आने के बावजूद विकास कहाँ था?

1981 और 1989 के बीच मैक्सिको की अर्थव्यवस्था मात्र 1.3 फीसदी की सामान विकास दर से बढ़ी जो आबादी की वृद्धि दर में से कम थी और प्रति व्यक्ति आय 1981 के सर्वोच्च स्तर के नीचे ही थी। 1990 से 1994 के बीच, जिसे 'मैक्सिकन चमत्कार' कहा जाता है, चीज़ें निश्चित रूप से बेहतर हुईं : अर्थव्यवस्था में 2.8 फीसदी सालाना वृद्धि दर हासिल की जा सकी, पर यह दर भी जनसंख्या वृद्धि दर से जरा ही ज्यादा थी। अपने आँकड़ों के अनुसार ही मैक्सिको 1994 में भी अपने 1981 के स्तर में काफी पीछे था। सो वह चमत्कार कहाँ था जो इन सब सुधारों में हुआ था? उसके फल कहाँ गये? सारा विदेशी निवेश कहाँ गया? 1993 में एमआईटी के अर्थशास्त्री सडिगर डोर्नबुश, जो काफी समय से मैक्सिको की अर्थव्यवस्था का अध्ययन करते रहे थे (और आस्पे समेत उन कई अर्थशास्त्रियों के

अध्यापक थे जो अब मैक्सिको की अर्थव्यवस्था का संचालन कर रहे थे) ने वहाँ की स्थिति का विश्लेषण करते हुए जो लेख लिखा, उसका शीर्षक दिया : "मैक्सिको : स्टेबेलाइजेशन, रिफार्म, एण्ड नो ग्रोथ (मैक्सिको : स्थिरता, सुधार और विकास नदारद)

मैक्सिको के रिकार्ड के पक्षधरों का तर्क है कि इन आंकड़ों से अर्थव्यवस्था की वास्तविक प्रगति का पता नहीं चलता, खासतौर से अकार्यकुशल, अन्तर्मुखी औद्योगिक आधार को चुस्त-दुरुस्त, प्रतिद्वन्द्विता योग्य और निर्यातोन्मुख बनाने का चमत्कार उसमें नहीं झलकता। फिर भी यह बात परेशान करने वाली थी कि इतनी विदेशी पूँजी आ रही है लेकिन मापा जा सकने वाला इतना कम परिणाम ही निकाल पर रहा है। फिर गड़बड़ी कहाँ थी?

डोर्नबुश और उनके जैसे लोगों का कहना था कि पेसो का मूल्य असली समस्या है। एक जरूरत से ज्यादा मजबूत मुद्रा मैक्सिको में नयी चीजों को विश्व बाजार की प्रतिद्वन्द्विता में खड़ा नहीं होने दे रही है : अर्थव्यवस्था को उसकी बड़ी क्षमताओं का लाभ लेने में रोक रही है। उनका तर्क था कि अब मैक्सिको को मुद्रा का अवमूल्यन करना चाहिए। डॉलर के मुकाबले पेसो की कीमत में एक बार में की जाने वाली कमी मैक्सिको की अर्थव्यवस्था में तेजी ला देगी। 1992 में ब्रिटेन को भी वित्तीय बाजारों ने (और खास कर जार्ज सोरोस ने—देखें अध्याय 6) पाउण्ड की कीमत कम होने देने के लिए मजबूर किया और परिणाम हुआ कि आर्थिक सुस्ती, खुशहाली और उफान में बदल गयी। कई अर्थशास्त्रियों ने कहा कि मैक्सिको को भी दवा की इसी खुराक की जरूरत है। (अर्जेन्टीना के लिए भी इसी तरह के तर्क दिये गये जहाँ की अर्थव्यवस्था की विकास दर तो मैक्सिको में काफी तेज थी लेकिन वहाँ बेरोजगारी की दर नीचे आने का नाम नहीं ले रही थी।)

मैक्सिको ने ऐसे सुझावों प्रस्तावों को किनारे ही रखा और निवेशकों को आश्वस्त किया कि उसका आर्थिक कार्यक्रम सही रास्ते पर चल रहा है और उसे पेसो का अवमूल्यन करने का कोई कारण नजर नहीं आता तो वह ऐसा करने के बारे में सोच भी नहीं रहा है। मैक्सिको का यह रुख दिखाना इस चलते भी महत्त्वपूर्ण था कि 'नाफ्टा' के लिए अमेरिकी संसद की मंजूरी जरूरी थी और वहाँ उसे काफी विरोध का समाना करना पड़ा था। रास पेरो ने चेतावनी दी थी कि रास्ते रोजगार सिमट कर दक्षिणी हिस्से में आ जायेंगे और अमेरिकी 'चूसे जाने वाली आवाज' सुन सकेगा। पर उनकी तुलना में ज्यादा सम्मानजनक लोगों ने कुछ ऐसे

ही तर्क किये पर ज्यादा सौम्य और सुसंस्कृत भाषा में। 1990 में क्लिंटन प्रशासन ने सारे प्रयास करके किसी तरह अमेरिकी संसद से नाफ्टा के उस प्रस्ताव को मंजूर कराया जो उसे अपनी पूर्ववती सरकार से मिला था—पर बड़ी मुश्किल से और आखिरी वक्त पर यह कार्य हो गया था।

1994 के दौरान मैक्सिको के लिए कई महत्त्वपूर्ण मामलों में गड़बड़ियाँ शुरू हो गयीं। नव वर्ष के अवसर पर गरीब ग्रामीण प्रदेश चियापास में किसानों का विद्रोह हुआ। मैक्सिको में जो भारी आर्थिक और राजनैतिक बदलाव हो रहे थे उससे यह गरीब प्रदेश एकदम अछूता रह गया था। इस घटना से सरकार की स्थिरता पर तो असर नहीं हुआ लेकिन इसने यह साफ कर दिया कि भ्रष्टाचार और बेपरवाह ग्रामीण गरीबी अभी भी मैक्सिको में डेरा जमाये ही हुए हैं। पर इससे भी गम्भीर घटना मार्च में डोनाल्डो कोलोसियो की हत्या थी जो सैलिनास के घोषित उत्तराधिकारी थे। कोलोसियो एक आर्थिक सुधारक होने के साथ-साथ जबरदस्त लोकप्रिय राजनेता भी थे और माना जा रहा था कि वे सत्ता में आकर सारे बदलावों के प्रति सबको मोड़ लेंगे। उनकी हत्या से न सिर्फ देश एक अच्छे नेता से वंचित हुआ बल्कि यह भी जाहिर हुआ कि मुल्क की घटिया ताकतें (भ्रष्ट राजनेता और नशीले पदार्थों के बड़े-बड़े सौदागर) किसी मजबूत सुधारक को सत्ता में नहीं आने देना चाहतीं। कोलोसियो की जगह जिस अर्नेस्टो जेडिलो को चुना गया वे अमेरिका में पढ़े अर्थशास्त्री थे जिनकी ईमानदारी और बौद्धिक विलक्षणता पर कोई सवाल नहीं उठा सकता था लेकिन राजनीति के लिहाज से वे नौसिखुआ थे जिन्हें पुराने झंखाड़ नेता और ताकतवर लोग धमका कर अपनी बात मनवा सकते थे। आखिर में जब, चुनाव की तैयारी आखिरी दौर में आयी तो पीआरआई ने काफी धन खर्च करके लोक लुभावन कार्यक्रमों में समर्थन हासिल करने की सोची। इसने जो नये पेसो छपे उन्हें डॉलर में बदला गया और विदेशी मुद्रा का भंडार नीचे आ गया।

जिदेलो चुनाव जीत गये, इस बार काफी आसानी से, क्योंकि उन्होंने मतदाताओं को यह बात समझा दी कि कार्डेनास की लोभ लुभावन बातें वित्तीय संकट ला देंगी। जैसा कि मैक्सिको के एक दोस्त ने मुझे बताया कि पीआरआई ने लोगों को कहा था कि अगर आपने जिदेलो को वोट नहीं दिया तो जो पहले होता रहा, वही आगे भी होगा। पर वित्तीय संकट तो फिर भी आ धमका।

तेक्विला संकट

विदेशी मुद्रा के अपने भंडार के धीरे-धीरे रीतते जाने के बाद दिसम्बर 1994 में मैक्सिको के अधिकारियों को यह फैसला करना था कि अब क्या किया जाये। वे सूद की दरें बढ़ा कर इस नुकसान को रोक सकते थे क्योंकि सूद ज्यादा होने से मैक्सिको के लोगों को अपने पेसो को बैंकों में रखना आकर्षक लगता और सम्भवतः इसमें विदेशी पैसा भी आकर्षित होता। लेकिन सूद की दरें बढ़ाने में व्यवसाय प्रभावित होता और उपभोक्ता खर्च में कमी आती। मैक्सिको पिछले अनेक वर्षों से काफी कम विकास दर हासिल कर रहा था। या फिर उनके पास पेसो का अवमूल्यन करने का रास्ता था—डॉलर के हिसाब से उसका मूल्यकम करना और फिर यह उम्मीद करना कि ब्रिटेन में 16 महीने पहले हुए अवमूल्यन का जो लाभ हुआ वह यहाँ भी मिल जाये। अवमूल्यन से मैक्सिको का निर्यात भी दुनिया के मुकाबले बेहतर स्थिति में आ जायेगा और विदेशी निवेशकों को लगेगा कि मैक्सिको की परिसंपत्तियाँ अच्छी कीमत में उपलब्ध हैं। इन सबसे सूद की दरें गिरेंगी।

मैक्सिको ने अवमूल्यन का रास्ता चुना लेकिन उसने भौंडे तरीके से यह किया।

जब मुद्रा का अवमूल्यन होता है तो माना जाता है कि सटोरिये हाथ खड़े कर देते हैं कि 'चलो अब यह खेल बन्द हुआ' और मुद्रा के और गिरने का सट्टा लगाना बन्द कर देते हैं। 1992 में ब्रिटेन और स्वीडन में ऐसा ही हुआ था। पर अवमूल्यन में यह खतरा भी होता है कि सटोरिये यह मान लें कि यह तो पहली खेप है और अभी मुद्रा की कीमतें और गिरेंगी। यह सोच कर के नया सट्टा ज्यादा जोर-शोर से लगाना शुरू कर सकते हैं। इस स्थिति को टालने के लिए हर सरकार से यह उम्मीद की जाती है कि वह कुछ निश्चित नियमों का पालन करेगी। पहली चीज़ तो यह है कि अगर आप अवमूल्यन का फैसला कर ही लेते हैं तो फिर बड़ा अवमूल्यन कीजिए अन्यथा आप इन अटकलों को ही बढ़ायेंगे कि मुद्रा की कीमतें अभी और कम होंगी। दूसरा, अवमूल्यन के तत्काल बाद आप हर सम्भव तरीके से यही संकेत दें कि स्थिति पूरी तरह से आपके नियन्त्रण में है और आप ऐसे जिम्मेवार लोग हैं जो निवेशकों के अधिकार और अन्य चीजों को पूरी गम्भीरता से मानते हैं अन्यथा अवमूल्यन में आपकी अर्थव्यवस्था की कमजोरियों को लेकर लगने वाली अटकलें ठोस रूप लेंगे और अफरा-तफरी मच जायेगी।

मैक्सिको ने इन दोनों ही नियमों को तोड़ा। शुरुआती अवमूल्यन 15 फीसदी का था जबकि डोर्नबुश जैसे अर्थशास्त्री इससे दोगुने अवमूल्यन का सुझाव दे रहे

थे। नये वित्त मन्त्री जैसे सेरा पुक समेत सारे सरकारी अधिकारियों का व्यवहार भी बहुत भरोसा जमाने वाला नहीं था। पुक बहुत ही घमण्डी और विदेशी ऋणदाताओं की भावनाओं से बेपरवाह दिखे। इससे भी बुरा यह हुआ कि थोड़े ही दिनों में यह राज सामने आ गया कि अवमूल्यन से पहले मैक्सिको के कुछ व्यवसायियों से सलाह-मशविरा किया गया था और उन्हें जो इनसाइडर सूचनाएँ मिल गयीं वे विदेशी निवेशकों को प्राप्त नहीं हुईं। अब बड़े पैमाने पर पूँजी का पलायन अपरिहार्य था और जल्दी ही मैक्सिको सरकार को विनिमय दर तय करना ही बन्द करना पड़ा।

पर सेरा पुक को दन से हटा दिया गया और मैक्सिको ने सही कदम उठाने शुरू किये। और कोई यह सोच सकता था कि 1985 से माली सुधारों की प्रक्रिया का भी कोई मोल होगा। लेकिन नहीं; विदेशी निवेशक सदमे में थे–उनका सदमा यह था कि मैक्सिको वह आदर्श स्थान न था जो उन्हें लगा था कि वे किसी भी कीमत पर यहाँ से निकल जाना चाहते थे। जल्दी ही पेसो का मूल्य संकट से पहले वाले स्तर से आधे पर आ गया।

सबसे बड़ी समस्या थी–सरकारी बजट। जब सरकार की अपनी वित्तीय प्रतिष्ठा संदिग्ध हो तो उसके दीर्घकालिक बांड को कौन खरीदेगा। ऐसे में सरकार को काफी सारा अल्पकालिक ऋण लेना होता है जो लगातार चुकाना और नया ऋण लेने का काम साथ ला देता है। मैक्सिको भी इस मामले में अपवाद न था; उसे 1980 के दशक की वित्तीय परेशानियों के समय लिये गये ऋण पर सूद की काफी ऊँची दर में भुगतान करने की समस्या अलग से थी। जैसा हमने देखा है, 1989 के ब्रैडी सौदे का एक सबसे बड़ा लाभ यह था कि इससे विदेशी निवेशक ज्यादा आश्वस्त हुए और मैक्सिको अपने अल्पकालिक ऋणों को सूद की घटी दरों का चुकाने के प्रति ऋणदाताओं को आश्वस्त कर सका। अब लाभ की ये सारी स्थितियाँ समाप्त हो गयी थीं और नुकसान वाली कई नयी चीजें जुड़ गयी थीं; मार्च तक तो मैक्सिको अपने निवेशकों को 75 फीसदी की दर से सूद चुकाने लगा था।

पर इससे भी बुरी स्थिति यह थी कि निवेशकों को यह भरोसा दिलाने के लिए वह और अवमूल्यन नहीं करने वाला है, मैक्सिको ने कामकाज अल्पकालिक ऋणों को तथाकथित 'तेसोबोनोस' में बदला लिया जिसका हिसाब डॉलर के साथ जुड़ा था। जैसे-जैसे पेसो का मूल्य फिरता गया, डॉलर में बदल दिये गये इस ऋण का बोझा बेहिसाब बढ़ता। और चूंकि 'तेसोबोनोम' समस्या को काफी प्रचार मिला इसने

आंतक का भाव और गहरा कर दिया।

सरकार का वित्तीय संकट जल्दी की निजी क्षेत्र में भी पसर गया। 1995 में मैक्सिको के वास्तविक जीडीपी में अगर 7 फीसदी की गिरावट आयी तो औद्योगिक उत्पादन 15 फीसदी गिर गया—यह 1930 के दशक में अमेरिका में हुई गिरावट से भी ज्यादा बड़ी थी। 1982 के ऋण संकट के समय भी इतनी ज्यादा गिरावट नहीं हुई थी। हजारों उद्यम कंगाल हो गये। लाखों मजदूर बेकार बैठ गये। वित्तीय संकट का वास्तविक अर्थव्यवस्था का इतना बढ़ा प्रभाव क्यों पड़ा और मैक्सिको की सरकार ने बेबी सिटिंग सोसायटी की तरह गिरावट रोकने का प्रयास क्यों नहीं किया—यह एक महत्त्वपूर्ण सवाल है। लेकिन आइये, इस चर्चा को रोक कर कुछ अन्य संकटों की चर्चा पहले कर ली जाये।

सबसे हैरान करने वाली चीज यह थी कि यह संकट मैक्सिको तक ही सीमित नहीं रहा। इसकी जगह 'तेक्विला प्रभाव' पूरी दुनिया तक गया, खासकर लातिन अमेरिका में और उसमें भी अर्जेन्टीना में।

यह एक अप्रिय हैरानी की चीज थी। अर्जेन्टीना और मैक्सिको लातिन अमेरिकी के दो छोर हैं और इनमें सीधा व्यापार और वित्तीय सम्बन्ध भी नहीं है। इतना ही नहीं, अर्जेन्टीना के मुद्रा बोर्ड प्रणाली को लेकर यह माना जाता था कि इससे उसकी मुद्रा पेसो बहुत मजबूत हो गयी है। वह कैसे मैक्सिको के संकट के लपेटे में आ गया ?

सम्भवत अर्जेन्टीना पर भी इस कारण हमला हुआ कि यांकुई निवेशकों को सभी लातिन अमेरिकी देश एक जैसे ही लगते हैं लेकिन एक बार जब अर्जेन्टीना के पेसो पर भी सट्टा लगाना शुरू हुआ तो यह स्पष्ट हो गया कि करेंसी बोर्ड उसे उतनी हिफाजत दे सकने की स्थिति में नहीं है जैसा कि उसे बनाने वालों ने सोचा था। यह सही है कि चलन में आये हर पेसो के लिए खजाने में एक डॉलर पड़ा था जिससे मशीनी अर्थ में पेसो के मूल्य की हिफाजत होती रहती थी। लेकिन जब लोग काफी बड़ी संख्या में सही या गलत कारणों से पेसो को डॉलर में बदलने की दौड़ लगाने लगें तब क्या हो? और जो जवाब सामने आया वह यही था कि देश के बैंक कंगाली के कगार पर पहुँच गये और साथ ही पूरी अर्थव्यवस्था को भी उसी स्थिति में ला दिया।

यह सब इस प्रकार हुआ; मान लीजिए कि मैक्सिको में आ रही खबरों से परेशान न्यूयार्क का एक बैंकर तय करता है कि बेहतर यही होगा कि वह लातिन

अमेरिका में अपना का कामकाज समेटे या घटाए। उसे यह भी लगता है कि कभी रोनाल्ड रीगन ने जो कहा था कि 'वे सभी अलग-अलग देश हैं।' इस बात को उसे अपने बास के समझाने की अब कोई जरूरत नहीं है। इसलिए वह अर्जेन्टीना के अपने ग्राहक से कहता कि उसका क्रेडिट लाइन अब बन्द किया जा रहा है और वह अपना सारा बकाया कर्ज लौटा दे। उसका ग्राहक अपने स्थानीय बैंक से जरूरी मात्रा में पेसो निकालता है और उन्हें आसानी से डॉलर में बदल लेता है क्योंकि केन्द्रीय बैंक के पास काफी सारा डॉलर पड़ा है लेकिन अब अर्जेन्टीना के बैंक को अपना हिसाब तो ठीक करना है, सो वह अर्जेन्टीना के दूसरे व्यापारी के ऋण वापस लेने को कहता है।

यहीं से समस्या शुरू होती है। ऋण चुकाने के लिए पेसो की जरूरत है जो सम्भवतः किसी अन्य अर्जेन्टीनी बैंक से निकाल कर देने होंगे और फिर उस बैंक को अपना हिसाब ठीक रखने के लिए किसी अन्य उधार वाले को बोलना होगा। यह एक शृंखला-सी बनती जाती है और इससे उधार में और कमी होती जाती है। विदेशों में उधार में की गयी शुरुआती कमी का अर्जेन्टीना के अन्दर कई गुना और कई तरह का असर होता है। जितने डॉलर न्यूयार्क ने वापस माँगा, उससे कई गुना ज्यादा पेसो अर्जेन्टीना के व्यवसासियों से उनके ऋणदाता बैंकों ने वापस माँग लिया।

और जब ऋण का दायरा सिकुड़ा तो अर्जेन्टीना में व्यापार की स्थिति में गिरावट शुरू हो गयी। अचानक उधार वापस करने की मांग ने व्यवसायियों को परेशानी में डाल दिया। यह परेशानी इस चलते और भी बढ़ गयी कि उनके ग्राहक खुद भी वित्तीय दबाव में थे। अब बैंकों में पैसा जमा कराने वाले सोचने लगे कि क्या बैंक कर्जदारों से सारा पैसा वापस...ले पायेंगे या नहीं। सो उन्होंने भी अपना धन वापस लेना शुरू कर दिया और पैसों की तंगी और बढ़ गयी। और फिर शुरू हुआ ऋण की कमी का दुश्चक्र और बैंकों में पैसा वापस लेने की वही दौड़ जिसने 1930-31 में अमेरिकी अर्थव्यवस्था को बर्बाद कर दिया था।

अब आधुनिक राष्ट्रों के पास ऐसी स्थिति में बचाव की व्यवस्था है। सबसे पहली चीज तो सारी जमा रकम का सरकार द्वारा बीमा करना है। इसके बाद जमाकर्ताओं को बैंक से अपनी रकम वापस पाने की चिन्ता करने की जरूरत नहीं रहती। दूसरी चीज केन्द्रीय बैंक द्वारा बैंकों के लिए उधार पाने का आखिरी आश्रय की भूमिका अपना लेना है। उन्हें जमाकर्ताओं का उधार लौटाने की मजबूरी में जैसे-तैसे अपनी परिसम्पत्तियाँ बेच कर नकदी जुटाने की मजबूरी अब नहीं रहती।

केन्द्रीय बैंक उन्हें इसके लिए पैसे दे देता है। सो अर्जेन्टीना को इस समस्या को शुरुआत में ही समाप्त कर देना चाहिए था।

पर चीजें इतनी आसान न थीं। अर्जेन्टीना के जमाकर्ता तो मान सकते थे कि उनका पेसो सुरक्षित है लेकिन वे इस बात के लिए पूरी तरह आश्वस्त न थे कि डॉलर में भी उसके मूल्य को कम न पायेंगे। इसलिए वे जल्दी से अपने धन को डॉलर में बदल लेना चाहते थे जो सुरक्षित मुद्रा है और केन्द्रीय बैंक भी संकट के समय उधार देने की स्थिति में न था क्योंकि डॉलर के बदले उतनी ही रकम का पेसो छापने के अलावा उसे नई मुद्रा छापने की मनाही थी। जिस नियम को एक तरह का संकट टालने के लिए लाया गया था वही दूसरे संकट के समय मुश्किल का कारण बन गया।

फिर 1995 के शुरू में मैक्सिको और अर्जेन्टीना, दोनों उत्साह और ऊर्जा का स्थान होने की जगह भय और आंतक की जगह में तब्दील हो गये। यह लगने लगा कि दोनों ही देशों में चला सुधारवादी प्रयोग अर्थव्यवस्था को चौपट करने के नतीजे तक पहुँच जायेगा।

महान बचाव

लातिन अमेरिका को जिस चीज की जरूरत थी, वह थी डॉलर। डॉलरों में ही मैक्सिको 'तेसोबोनोस' की अवधि पूरी होने पर उसके बदले भुगतान कर सकता था। डॉलरों को पाकर ही अर्जेन्टीना नये पेसो छाप कर अपने बैंकों को दे सकता था जिससे उनका काम-काज सामान्य होता।

मैक्सिको का पैकेज बड़ा भी था, ज्यादा तत्काल भी था और राजनैतिक रूप से ज्यादा मुश्किलों भरा भी। ज्यादातर पैसा अन्तर्राष्ट्रीय मुद्रा कोष जैसी संस्थाओं का था लेकिन यूरोप और जापान ने मैक्सिको के बचाव को अमेरिकी मुद्दा ही माना और फिर अमेरिका को भी वहाँ काफी सारा पैसा लगाना होता। दुर्भाग्य से राजनैतिक रूप में शक्तिशाली कुछ ऐसी जमातें थीं जो इस तरह के बचाव कार्यक्रम के खिलाफ थीं। जिन लोगों ने 'नाफ्टा' का विरोध किया था और उन्हें लगता था कि मैक्सिको की बदहाली में उनका तब का सोचना सही साबित हुआ है। वे मैक्सिको के लोगों और उनके बैंकरों के भरोसे अमेरिकी करदाताओं का इतना धन लगाने के खिलाफ थे। उधर, अनुदार जमात सरकार द्वारा बाजार के समर्थन में उतरने के ही खिलाफ था। वे अन्तर्राष्ट्रीय मुद्रा कोष को खासतौर से नापसन्द करते

हैं क्योंकि उन्हें लगता है कि ऐसी संस्थाएँ विश्व सरकार बनाने के रास्ते की शुरुआत करती हैं। यह बहुत जल्दी ही साफ हो गया कि अमेरिकी संसद मैक्सिको के बचाव के लिए धन देने के किसी भी प्रस्ताव को स्वीकार नहीं करेगी।

सौभाग्य से यह हुआ कि अमेरिकी वित्त विभाग अपने विवेक से एक्सचेंज स्टैबलाइजेशन फंड (ईएसएस) का इस्तेमाल कर सकता है। यह कोष विदेशी मुद्रा विनिमय बाजार की आपात जरूरतों के लिए बना था। इस कानून की मंशा डॉलर का मूल्य स्थिर करने के लिए इस फण्ड का उपयोग करने की थी लेकिन शाब्दिक रूप से यही बात नहीं कही गयी थी। इसलिए बहुत ही प्रशंसनीय और कल्पनाशील ढंग से वित्त विभाग ने इस कोष का इस्तेमाल पेसो को स्थिर करने के लिए किया। ईएसएफ और अन्य स्रोतों से जल्दबाजी में मैक्सिको के लिए 50 अरब डॉलर का धन जुटा लिया गया और कई महीनों की बेचैनी के बाद वित्तीय स्थिति पर नियन्त्रण हासिल हो गया।

अर्जेन्टीना का बचाव हुआ, पर इतना चर्चित नहीं था और यह विश्व बैंक द्वारा उसके बैंकों को दिये गये 12 अरब डॉलर के ऋण से सम्भव हुआ।

मैक्सिको और अर्जेन्टीना का संकट तो टल गया पर अर्थव्यवस्था में सिकुड़न को नहीं रोका जा सका। यह 1980 के दशक के ऋण संकट के पहले वर्ष में भी ज्यादा नुकसानदेह था। 1995 के आखिर तक आकर निवेशकों के मन में शान्ति आने लगी और उन्हें भरोसा हुआ कि सम्भव है कि इन देशों की अर्थव्यवस्था ध्वस्त नहीं होने जा रही है। सूद की दरें घटीं, खर्च बढ़ने लगा और जल्दी ही मैक्सिको और अर्जेन्टीना वापस आर्थिक विकास के रास्ते पर आने लगे। हजारों व्यवसायों और लाखों मजदूरों के लिए ये संकट पूरी तबाही लाने वाले थे। पर इनका अन्त हर किसी की उम्मीद से ज्यादा तेजी से हुआ।

गलत सीख लेना

टेक्विला संकट के दो वर्ष बाद ऐसा लगा कि हर चीज वापस पुराने रास्ते पर लौट आयी है। मैक्सिको और अर्जेन्टीना में चहल-पहल आ गयी थी और जिन निवेशकों ने संकट के समय धीरज रखा उन्हें अच्छा लाभ हुआ। जिस चीज को एक चेतावनी माना जा सकता था वह सुखद और आरामदायक स्थिति का स्रोत बन गया। लातिनी संकट से मिले सबकों को शायद ही किसी ने स्पष्ट रूप से रखा या गिनवाया हो लेकिन टेक्विला संकट के बाद बनी समझदारी का अनौपचारिक संक्षेपण कुछ

इस तरह का होगा।

पहला, टेक्विला संकट पूरी दुनिया के कामकाज से जुड़ा न था, यह खास मैक्सिको की समस्या थी। यह मैक्सिको में चली नीतियों की गलतियों से पैदा हुआ था—खासकर मुद्रा को जरूरत से ज्यादा मूल्यवान होने देना, पेसो पर सट्टेबाजी शुरू हो जाने के बावजूद ऋण बाँटने में सख्ती करने की जगह उधार का आधार बढ़ाना और अवमूल्यन कुछ इस तरह से करना जिससे निवेशकों का ही भरोसा टूट जाये। इसके बाद जो संकट आया वह सिर्फ इसी चलते गहराया कि मैक्सिको की आर्थिक राजनैतिक व्यवस्था में कमियाँ थीं। उसमें लोक लुभावनवाद और अमेरिकी विरोधी छौंक जरूरत से ज्यादा लगा हुआ था। एक तरह से आप कह सकते हैं कि 1988 के चुनाव में जो गड़बड़ियाँ हुई थीं, यह गिरावट उसी की सजा थी।

संक्षेप में, इसका सबक यह लिया गया कि मैक्सिको की इस गिरावट का दुनिया के लिए खास महत्त्व न था। यह सही है कि यह संकट शेष लातिन अमेरिका में भी पसरा लेकिन अर्जेन्टीना में जो गिरावट आयी उस पर दुनिया में पूरा ध्यान नहीं दिया गया। इसका कारण सम्भवतः यह था कि इस गिरावट के बाद अर्जेन्टीना ने तुरन्त शानदार वापसी की। और जिन देशों में लोभ लुभावनवादी आर्थिक-राजनैतिक प्रवृत्ति का इतिहास न हो वहाँ टेक्विला जैसा संकट नहीं आ सकता—और ऐसे देशों में एशिया के चमत्कारी छोटे देश भी शामिल हैं।

अन्य सबक मैक्सिको से जुड़ा न होकर वाशिंगटन अर्थात अन्तर्राष्ट्रीय मुद्रा कोष और अमेरिकी वित्त विभाग से जुड़ा है। इस संकट से यह आभास होता है कि वांशिगटन की हर चीज पर पकड़ है कि इसके पास गम्भीर वित्तीय संकट को संभालने का ज्ञान और संसाधन है। मैक्सिको की तरफ से काफी बड़ी रकम मदद के लिए जुटा ली गयी और इसी से असली फर्क आ गया। 1980 के दशक में सात साल तक खिंची वित्तीय तकलीफ की जगह टेक्विला संकट डेढ़ साल भर में ही सिमट गया। स्पष्ट लगा कि राजनीति और अर्थव्यवस्था के संचालक लोगों के पास इस मर्ज का सही इलाज था।

टेक्विला संकट शुरू होने के 14 वर्ष बाद जब अमेरिका समेत दुनिया का काफी बड़ा हिस्सा 1994-95 की घटनाओं का आभास देने वाले एक बड़े वित्तीय संकट में फँसा है, हमने लातिन अमेरिकी संकट से गलत सबक सीखा था।

हमें जो सवाल पूछना चाहिए था कुछ वही सवाल अर्थशास्त्री गुइलेर्मो काल्वो, जो पहले विश्व बैंक में थे ओर बाद में मेरीलैण्ड विश्वविद्यालय में रहे, ने अनेक

बैठकों में उठाया था, "एक छोटे-से अपराध के लिए इतना बड़ा दण्ड क्यों दिया गया?" टेक्विला संकट के बाद यह बहुत आसान है कि हम इस संकट से पहले की मैक्सिको की नीतियों पर गौर करें और गलतियाँ निकालें, लेकिन तथ्य यही है कि तब ये बहुत अच्छे लगते थे और सारी चीजें सामने आने के बाद भी कोई इतनी बड़ी गलती, इतना गलत कदम दिखाई नहीं देता जो 1995 का भीषण आर्थिक सकट ला दे। हमें काल्वो के सवाल को दिल में बैठा लेना चाहिए था—अर्थात कुछ-न-कुछ व्यवस्थागत खामी थी जो छोटी गलती को एक बड़ी आर्थिक त्रासदी में बदल देती थी। हमें कुछ टिप्पणीकारों के इस तर्क पर बारीकी से गौर करना चाहिए कि कोई गम्भीर चूक हुई ही नहीं थी—बाजार की भावनाओं के उलट चलने और अफरा-तफरी पैदा करने वाले छोटे कदमों के अलावा। और फिर हमें यह भी मान लेना होगा कि मैक्सिको के साथ जो कुछ हुआ वह किसी भी देश में हो सकता है : अर्थव्यवस्था की दिखती सफलता, इसके प्रबन्धकों के लिए भी मीडिया और बाजार की प्रशंसा का यह मतलब नहीं होता कि अर्थव्यवस्था अचानक उभरने वाले वित्तीय संकट की स्थिति से मुक्त हो गयी है।

अब कुछ समय बीतने के बाद चीजों पर गौर करने पर लगता है कि हमने 'वाशिंगटन' को, अन्तर्राष्ट्रीय मुद्रा कोष को और अमेरिकी वित्त विभाग को कुछ ज्यादा ही श्रेय दे दिया था। यह सही है कि उन्होंने दिलेरी से और निर्णायक ढंग से काम किया और अच्छे प्रमाण इसी की पुष्टि करते हैं लेकिन सगुनों की बारीक जाँच से साफ लगता है कि हर बार ऐसा हो तो परिणाम वैसे ही नहीं निकलेंगे। एक चीज और, पैसे का जो इन्तजाम हुआ उसमें अमेरिका के लिए मैक्सिको के विशेष महत्व जैसी स्थिति को नजरअन्दाज नहीं किया जा सकता। बाद के संकटों में इतना पैसा और इतनी आसानी से पैसा जुटाना सम्भव नहीं होगा। मैक्सिको सरकार के सहयोगी रुख के भी यह बचाव अभियान बिना झमेले के पूरा हो गया : जेडिल्लो की मण्डली के लिए संकट के समय मदद लेना उसकी शान के खिलाफ की चीज़ न थी, ना ही मैक्सिको का इतिहास इस तरह का था। सभी वाशिगंटन से सहमत थे कि इस मौके पर क्या कुछ किया जाना है। एशिया के देशों और नेताओं के साथ इस तरह काम कर पाना बहुत मुश्किल होता क्योंकि उनको हर चीज अपनी शान के खिलाफ लगती है, वे हर हाल में मूँछ उठा कर ही बात करना चाहते हैं।

और सम्भवतः सबसे महत्त्वपूर्ण बात यह है कि मैक्सिको और वाशिंगटन

कितने भाग्यशाली थे, हम इस चीज़ को एकदम भूल जाते हैं। बचाव वाला काम कोई बहुत सोची-समझी योजना के तहत नहीं हुआ था, यह कमजोर होती सरकार को नकदी का आपात इंजेक्शन लगाने का काम था। उस सरकार ने अपने भर कोशिश की थी और बाजार का भरोसा बहाल करने के लिए पूरी गम्भीर थी। उन्हें सफलता मिली पर तभी जब अर्थव्यवस्था को ठीक-ठाक चोट पहुँच गयी थी : लेकिन अब इस बात को मानने का कोई ठोस कारण नहीं है कि अगले संकट में यही रणनीति काम देगी ही।

और कोई भी आदमी कुछ वर्ष बाद एशिया में नये और टेक्विला जैसे वित्तीय संकट के उभरने की उम्मीद नहीं कर रहा था, न इसके लिए तैयार था। हम 2007 में भड़के वैश्विक संकट के लिए और भी कम तैयार थे। पर एशिया की सबसे बड़ी अर्थव्यवस्था के गम्भीर संकट में फँसने वाले प्रसंग को भूल जाना बहुत अटपटा था।

3

जापान का फंदा

अभी बहुत दिन नहीं हुए जब अमेरिकी लोगों पर जापान का जादू छापा हुआ था। जापानी उद्योग की सफलताएँ डर भी पैदा कर रही थीं और प्रशंसा का भाव भी : आप हवाई अड्डे पर बनी किताबों की दुकान में जायें और आपको उभरते सूरज और सामुराई योद्धाओं के रेखांकन वाली किताबों की पांत न मिले यह सम्भव ही न था। इनमें कुछ किताबी जापानी प्रबन्धन के गुर सिखाने के दावों वाली थीं : अन्य में आर्थिक संघर्षों/युद्धों की भविष्यवाणियाँ हुआ करती थीं। आदर्श हो या खतरा, या फिर दोनों ही, पर जापानी हमारे दिमाग पर छाये हुए थे।

पर अब यह सब बीते दिनों की बातें हैं। जापान अभी भी कभी-कभार सुर्खियों में आता है पर अक्सर गड़बड़ी वाली खबरों के चलते—निक्केई में भारी गिरावट या कैरी ट्रेड' में बाधा आने जैसी खबरें ही अक्सर आती हैं। 'कैरी ट्रेड' में हेज़ फण्ड जापान से सस्ता पैसा लेते हैं। (क्योंकि वहाँ सूद की दरें बहुत कम हैं) और दूसरी जगह लगा कर अच्छी कमाई करते हैं। लेकिन ज्यादातर मामलों में अब जापान में हमारी खास रुचि नहीं रह गयी है। लगता है कि लोगों ने यह मान लिया है कि जापानी लोग उतने ठोस और काम-काजी नहीं है, इसलिए उनकी उपेक्षा की जा सकती है।

यह मूर्खतापूर्ण बात है। जापान की असफलताएँ भी उतनी ही महत्त्वपूर्ण हैं

जितनी उसकी सफलताएँ। जापान में जो कुछ हुआ वह एक त्रासदी भी है और एक सगुन भी। दुनिया की दूसरी सबसे बड़ी अर्थव्यवस्था, जापान के पास अभी काफी पढ़े-लिखे और श्रम करने को उत्सुक कारीगर हैं, आधुनिक शेयर बाजार है और नवीनतम तकनीक का अच्छा खासा भण्डार है। यहाँ की सरकार स्थायी और टिकाऊ है और उसे करवसूली में कोई परेशानी नहीं आती। लातिन अमेरिकी या छोटे एशियाई देशों की तरह यह बाहरी पूँजी पर आश्रित नहीं है—बल्कि इसके पास दूसरों को देने लायक अतिरिक्त पूँजी है और यह विदेशी निवेशकों की इच्छा या भलमनसाहत पर नहीं चलता। अपनी अर्थव्यवस्था का आभार अर्थात यह मुख्यतः घरेलू बाजार के उत्पादन करता और वहीं बेचता है ही, जापान को छोटे देशों की तुलना में बहुत ज्यादा आर्थिक आजादी दे देता है—अमेरिका भी उत्पादन और खपत के मामले में जापान जैसी स्थिति में नहीं है।

फिर भी, 1990 के दशक के ज्यादातर हिस्से में जापानी अर्थव्यवस्था सुस्ती और गिरावट का शिकार रही। अगर वह कुछ समय के लिए आर्थिक विकास के रास्ते पर आता भी था तो वापस बड़ी गिरावट में फँस जाता था। कभी विकसित दुनिया में विकास दर के मामले में सबसे आगे रहने वाले जापानी उद्योगों ने 1998 में 1991 की तुलना में कम उत्पादन किया पर इस प्रदर्शन में भी ज्यादा चिन्ता की बात थी जापानी लोगों में गहरी निराशा और आत्महत्या प्रवृत्ति का दिखना। सार्वजनिक नीतियों में स्थिति बदल सकने में उनका भरोसा हट सा गया था। यह एक त्रासदी थी; उसकी तरह की महान अर्थव्यवस्था को एक दशक तक गिरावट का दौर देखने की न तो जरूरत थी, ना ही वह इसका हकदार थी। जापान की मुश्किलें भी एशिया के अन्य देशों की तरह ज्यादा बड़ी और गहरी न थीं लेकिन वे ज्यादा लम्बा खिंच गयीं और उसका कोई उचित कारण नहीं दिखाई देता। पर यह एक सगुन भी था : अगर ऐसा जापान के साथ हो सकता था तो कौन कह सकता है कि हमारे साथ नहीं होगा? और निश्चित रूप में ऐसा ही हुआ भी।

पर यह जापान में कैसे हुआ?

नम्बर एक जापान

जापान ने 1953 से 1973 के बीच में जिस तरह की तेज आर्थिक प्रगति की वैसा कभी भी किसी देश में नहीं हुआ था—स्टालिन की पंचवर्षीय योजनाओं वाले दौर में सोवियत संघ में भी नहीं। दो दशकों के अन्दर ही मुख्यतः खेती पर जीवन जीता

आया यह देश दुनिया में इस्पात और कारों का सबसे बड़ा निर्यातक बन गया, ग्रेटर तोक्यो दुनिया का सबसे बड़ा और जीवन्त महानगर बन गया। जीवन स्तर अचानक काफी ऊपर आ गया।

कुछ पश्चिमी जानकार लोगों ने शुरू में ही इस बदलाव को पहचान लिया था। 1969 में भविष्यवक्ता हरमन कान ने '65 इमर्जिंग जैपनीज सुपरस्टेट' नामक किताब प्रकाशित की और भविष्यवाणी की कि उच्च विकास दर के चलते सन 2000 तक जापान दुनिया का आर्थिक रूप से अग्रणी राष्ट्र बन जायेगा। लेकिन 1970 के अन्त तक इस बात का ठीक-ठीक एहसास नहीं हुआ था कि जापान ने सचमुच कितना कुछ हासिल कर लिया है—तभी लिखे गये एजरा वोगेल के बेस्ट सेलर "जापान ऐज नम्बर वन" में यह चीज प्रचारित भी हुई, लेकिन उससे पहले जापान में बड़े कुशल सामानों—खासकर आटोमोबाइल और उपभोक्ता इलेक्ट्रॉनिक के सामानों से पश्चिम के बाजार भर गये थे और लोग जापान की सफलता के रहस्यों को जानने के उत्सुक थे।

जापान के बारे में बहस का जो मुद्दा था स्वयं उसमें काफी विडम्बनाएँ थीं : सच्चाई यह थी कि जब तक पश्चिमी लोग जापान को गम्भीरता से लेना शुरू करते जापान के तेज विकास का युग खत्म हो गया था। 1970 के दशक में शुरुआत में पूरे विकसित देशों में विकास ठीक-ठाक हुआ और उसके कारण अभी तक ढंग से रेखांकित नहीं किये जा सके हैं। पर सबसे ज्यादा तेज विकास दर वाला जापान अब सुस्त पड़ने लगा था। 1960 के दशक में उसका विकास दर 9 फीसदी के करीब था जो 1973 में 4 फीसदी पर आ गया था। अन्य विकसित देशों की तुलना में यह दर भी काफी थी (अमेरिकी से तो दोगुनी थी ही) पर इस दर में विकास करते हुए जापान इक्कीसवीं सदी में ही नम्बर एक बन सकता था। फिर भी जापान का आर्थिक प्रदर्शन अन्य देशों के लिए ईर्ष्या का विषय बना रहा। अनेक लोगों का कहना था कि जापन ने न सिर्फ अर्थव्यवस्था के संचालन का बेहतर तरीका ढूँढा है बल्कि उसकी सफलता में पश्चिम के प्रतिद्वन्द्वियों स्वयं में सुस्त पड़ने का भी तथ्य है।

जापान क्यों महान था, इस पूरी बहस को यहाँ चलाने और जवाब ढूँढने की कोशिश करने का कोई मतलब नहीं है। मूलतः इसके दो पक्ष हैं। एक पक्ष विकास को अच्छे मौलिक आधार मिल जाने से जुड़ा मानता है—सबसे बढ़ कर अच्छी शिक्षा और ऊँची बचत दर को। वह यह भी बताने की कोशिश करता है

कि जापानी कारीगर द्वारा कम कीमत पर अच्छी क्वालिटी का माल तैयार करने के सामाजिक कारण क्या हैं। दूसरा पक्ष यह कहता है कि जापान ने मौलिक रूप में एकदम अलग आर्थिक व्यवस्था खड़ी की जो पूँजीवाद का नया और श्रेष्ठ रूप था। जापान को ले कर चलने वाली बहसें आर्थिक दर्शन की बहसों में भी बदलीं। पश्चिमी आर्थिक दर्शन की प्रासंगिकता पर सवाल उठे और मुक्त बाजार के लाभ-घाटों पर खास चर्चा हुई।

श्रेष्ठतर मानी गयी जापानी प्रणाली में एक खास चीज की सरकारी दिशा निर्देशन, पचास और साठ के दशक ने जापानी सरकार के अर्थव्यवस्था को दिशा देने में महत्त्वपूर्ण भूमिका अदा की—उसके चर्चित मिनिस्ट्री ऑफ इंटरनेशनल ट्रेड एण्ड इण्डस्ट्री (मिती) और इससे भी ज्यादा प्रभावी रहे वित्त मन्त्रालय ने। सरकार की रणनीति ने आर्थिक विकास को स्पष्ट दिशा दी—बैंक ऋण, लाइसेंसों और अन्य सहूलियतों के रूप में जो उसकी पसन्द के और अच्छा प्रदर्शन करने वाले उद्योगों को दिये गये और सचमुच जब तक पश्चिमी जगत ने जापान की सफलता पर सही अर्थों में ध्यान देना शुरू किया। अर्थव्यवस्था भर में सरकार की पकड़ ढीली हो गयी थी, पर केन्द्रीकृत ढंग से संचालित अर्थव्यवस्था—'जापानी इंक' वाली छवि विश्व बाजार में प्रभावी रही और 1990 तक के दशक तक इसका इकबाल कायम रहा।

जापान की विशिष्ट आर्थिक शैली का एक पहलू यह भी था कि उसने अपनी प्रमुख कम्पनियों को अल्पकालिक वित्तीय दबावों से एकदम मुक्त रखा। एक मुख्य बैंक की इर्द गिर्द संगठित कम्पनियों के समूह—केइरेत्सु के सदस्यों के एक-दूसरे में काफी शेयर थे और उनका प्रबन्धन मोटे तौर पर अपने या एक-दूसरे तक सीमित रहा और बाहर के शेयर होल्डरों का दखल कम-से-कम हुआ। जापानी कम्पनियों को अपने शेयरों की कीमत या बाजार के भरोसे जैसी चिन्ताएँ भी नहीं करनी होती थीं क्योंकि अपने शेयर या बांड बेच कर पूँजी जुटाने का काम वे शायद ही कभी करती थीं। कोई सोच सकता है कि एक 'केइरेत्सु' बैंक की वित्तीय स्थिति ही आखिर में कार्पोरेट निवेश को अनुशासित करती होगी; अगर बैंक के उधार को लेकर, लोगों के मन में संशय हो जाये तो क्या उसके जमाकर्ता भागना नहीं शुरू कर देंगे? लेकिन जापान में और अधिकांश देशों में, जमाकर्ता यह मानते थे कि सरकार उनके पैसों को डूबने नहीं देगी। इसलिए कौन उनके पैसों का क्या करता है, इस पर उन्होंने काफी कम ध्यान दिया।

इस व्यवस्था के प्रशंसक हों या इससे डरने वाले, दोनों ही यह मानते हैं कि

इसी व्यवस्था के चलते देश एक दीर्घकालिक लक्ष्य लेकर काम कर पाने में सक्षम हुआ। जापानी सरकार एक-एक करके उन 'महत्त्वपूर्ण' उद्योगों को लक्ष्य करती रही जो विकास के लिए इंजन का काम कर सकते थे। निजी कम्पनियों को भी इन क्षेत्रों में उतारा गया। कुछ समय के लिए विदेशी प्रतिद्वन्द्विता में संरक्षण दिया गया और उस दौरान कम्पनी को देसी बाजार में जमने और मजबूत होने दिया गया। इसके बाद उसे निर्यात के क्षेत्र में उतार दिया जाता था। तब उसे मुनाफे की भरपाई किये बगैर मुख्यतः बाजार में अपनी हिस्सेदारी बढ़ाने और अपने विदेशी प्रतिद्वन्द्वियों को पीछे धकेलने पर ध्यान लगाना होता था। और जब उसे उद्योग का प्रभुत्व कायम हो जाता था तो जापान नये उद्योग की तरफ मुड़ जाता था। इस्पात, ऑटो, वीसीआर, सेमी कण्डक्टर—जल्दी ही कम्प्यूटर और विमान भी।

आलोचक इस कहानी के कई ब्यौरों पर शक करते हैं या उन्हें गलत बताते हैं, लेकिन जो लोग जापान पर आक्रामक और पुराने हिंस्र तरीके से व्यापार करने का आरोप लगाते हैं, जो मिती के कर्ताधर्ता लोगों की सफलताओं और कार्यों पर सवाल उठाते हैं वे भी यह मानते हैं कि जापान की सफलता में उसकी विशिष्ट कार्यशैली का भी अपना योगदान है। काफी बाद में जाकर इस विशिष्टताओं—सरकार और व्यवसाय जगत के बीच घनिष्ठ सम्बन्ध, अपने साथ मिल कर चलने वाली कम्पनियों को सरकार की गारण्टी वाले बैंकों में महज ज्यादा ऋण उपलब्ध होने को बाद में क्रोनी (लंगोटिया) पूँजीवाद का नाम दिया गया। बाद में इसे ही सारी आर्थिक गड़बड़ियों की जड़ भी बताया जाने लगा।

लेकिन इस व्यवस्था की कमजोरियाँ 1980 के देश के आखिर तक दिखने लगी थीं अगर कोई देखना चाहता तो।

गुब्बारा, पसीना और परेशानी

1999 के शुरू में जापान की कई कम्पनियों के सभी शेयरों के तब के दर में कुल मूल्य अर्थात् मार्केट कैपिटलाइजेशन अमेरिका में दोगुना था जबकि अमेरिका का जीडीपी जापान से दोगुना था। वहाँ की आबादी जापान से दोगुनी थी। जापान में आबादी अधिक है इसलिए वहाँ जमीन कभी भी आसान दरों पर उपलब्ध न थी लेकिन वह और भी महँगी हो गयी थी : बल्कि तब यह चर्चित तथ्य था कि तोक्यो के इम्पीरियल पैलेस के नीचे की एक मील जमीन की कीमत जितनी है, उतने में पूरे-के-पूरा कैलिफोर्निया प्रदेश को खरीदा जा सकता है। तो यह थी जापान का 'गुब्बारा

अर्थव्यवस्था' और इसकी तुलना बीस के दशक के आर्थिक उभार से ही की जाती है।

1980 के दशक का आखिरी हिस्सा जापान की समृद्धि, तेज विकास, बेरोजगारी दर घटने और ऊँचे मुनाफे का था। फिर भी आर्थिक आँकड़ों में ऐसी कोई चीज दिखाई नहीं देती थी जिसके आधार पर शेयरों और जमीन-जायदाद की कीमतों में तीन गुना उछाल को समझा जा सके। उस समय भी कई अर्थशास्त्रियों ने माना था कि वित्तीय उफान अतार्किक है और जुनून के चलते आया लगता है। धीमे विकास दर वाले उद्योगों की पारम्परिक कम्पनियों के शेयरों को नये और तेज विकास वाली कम्पनियों के शेयरों जिनका मूल्य कमाई अनुपान 60 से उससे भी ज्यादा हो, की तरह तेज मूल्य पर लेना-देना कोई तार्किक व्यवहार नहीं है। लेकिन जब बाजार अपने रंग में हो तो वह किसी की कहाँ सुनता है और उसके पास हर तेजी के पक्ष में तर्क देने वाले आ जाते हैं जबकि आलोचकों के पास न अपनी बात ढंग से रखने का साहस होता है, न संसाधन।

वित्तीय बाजार का गुब्बारे की तरह फूलना कोई एकदम नयी परिघटना नहीं है। 'टुलिप मानिया' से लेकर 'इन्टरनेट मानिया' तक हर ऐसे उभार के समय समझदार से समझदार निवेशक भी अपना आपा खो देता है और जब सभी को अमीर होते देखता है तो अपना लोभ नहीं रोक पाता। जापानी लोग लम्बे समय की सोच का रणनीतिक निवेश करते हैं और यह आम धारणा थी कि जापान इंक सबके लिए खुले मुक्त बाजार के विपरीत काफी कुछ योजनाबद्ध ढंग से चलने वाली अर्थव्यवस्था है। ऐसे में वित्तीय गुब्बारे के फूलते जाने से लोगों को थोड़ी हैरानी थी।

पर, अब लगता है कि हर दृष्टि से और सामाजिक नियन्त्रण वाले निवेश को लेकर जापान की जो ख्याति थी वह वास्तविकता को बढ़ा-चढ़ा कर पेश करती थी। जायदाद के धन्धे में सट्टा करने वाले नेताओं, जापानी शासन व्यवस्था में महत्त्वपूर्ण भूमिका निभाने वाले 'याकुजा' जापान के लोगों को खिला-पिला कर अक्सर कुछ ज्यादा लाभ की स्थिति में रहते थे। 1970 के दशक में भी जायदाद बाजार में सट्टेबाजी के चलते बैंकिग व्यवस्था संकट में पड़ते-पड़ते कभी भी; इसके बाद तेज मुद्रास्फीति का दौर आया जिसमें सट्टेबाजी के कर्ज का वास्तविक मूल्य कम हो गया और बुरा ऋण अच्छे ऋण में बदल गया। फिर भी इस बार के जापानी गुब्बारे का आकर हैरान करने वाला था। भीड़ वाली मानसिकता के अलावा भी क्या कोई इसका और कारण था?

ऐसा नहीं है कि अकेले जापान में ऐसा हुआ हो। 1980 के दशक में सट्टेबाजी

के कई दौर दुनिया के अलग-अलग मुल्कों में आये थे। इन सबमें एक बार साफ थी कि उनका धन मुख्यतः बैंकों से आया था और फिर बाकी धंधेबाजों ने बहती गंगा में हाथ धोना शुरू कर दिया और बाजार से ज्यादा सूद का धन उपलब्ध कराया। सबसे चर्चित मामला तो अमेरिका के बचत एवं ऋण संगठनों का था जिसकी शुरुआती छवि तो अद्‌भुत स्थानीय व्यवस्था की थी पर 1980 आते-आते वे टेक्सास के जायदाद बाजार के बड़े खिलाड़ियों के लिए धन का स्रोत बन गये थे। सन्देहास्पद उधार के ऐसे मामला कई और जगह भी देखने में आये जिनमें स्वीडन का मामला सबसे चर्चित हुआ क्योंकि इस देश को सट्टेबाजी की गतिविधियों के लिए जाना ही नहीं जाता। और अर्थशास्त्री काफी समय से यह तर्क दे रहे हैं कि ऐसी सारी घटनाओं के पीछे एक ही आर्थिक सिद्धान्त काम करता है—उसी बेबी सिटिंग कोआपरेटिव सोसायटी में मन्दी आने वाला, जिसकी चर्चा पहले की गयी है और आगे भी कई बार होगी। इस सिद्धान्त को 'नैतिक खतरा' कहा जाता है।

'नैतिक खतरा' पद दरअसल में बीमा उद्योग का दिया हुआ है। अग्नि के खिलाफ बीमा उपलब्ध कराने वालों ने, खासतौर से पाया कि जो लोग बीमा लेते हैं उनमें अपनी ही जायदाद को जलवा देने की दिलचस्प प्रवृत्ति दिखाई देती है—विशेष कर तब जबकि उस सम्पत्ति का बाजार मूल्य बीमित मूल्य से कम लग रहा हो। (1980 के दशक के मध्य में न्यूयार्क सिटी में कई मकानमालिकों को 'आगजनी की आशंका वाला' माना जाता था क्योंकि वे अपनी ही किसी नकली या गुमनाम कम्पनी काफी ऊँची दर पर मकान खरीदते थे और फिर उस कीमत पर बीमा करवा लेते थे और फिर उस भवन में आग लगने पर बीमे की राशि हथिया लेते थे। (है न नैतिक परेशानी का मामला।) बाद में यह मद हर ऐस धंधे के लिए हो गया जिसमें जोखिम तो कोई और उठाता है पर उसकी भरपाई का काम किसी और के मत्थे रहता है। (अपने यहाँ पर मुण्डे फलाहार का मुहावरा ऐसी ही स्थिति के लिए है—अनु.)

उधार धन के साथ नैतिक खतरा जुड़ा ही होता है। मान लीजिए कि मैं बहुत स्मार्ट व्यक्ति हूँ पर मेरे पास कोई पूँजी नहीं है और मेरी चालाकी और बुद्धिमता देख कर आप मुझे एक साल में पैसे लौटाने के वायदे पर यह कह कर एक अरब डॉलर दे देते हैं कि मैं जहाँ उचित मानूँ, इस पैसे को लगाऊँ लेकिन साल भर बाद आपको कुछ 'चार्ज' के साथ जरूर वापस कर दूँ। अगर आप मुझसे सूद की काफी ऊँची दर माँगते हैं तब भी यह काफी अच्छा सौदा है। यह पैसा लेकर में अधिक

कमाई करने वाले धन्धे में लगाता हूँ। हो सकता है कि लाभ की जगह घाटा ही हो जाये, पर उम्मीद अच्छे की ही करनी चाहिए। अगर मेरा निवेश फलदायी होता है तो आपको तो लाभ होगा ही, मैं काफी समृद्ध हो सकता हूँ। अगर निवेश पिट गया तो मैं अपनी कंगाली घोषित करके हाथ खड़े कर दूँगा। चित भी मेरी, पट भी मेरी।

निस्सन्देह इसी चलते कोई किसी को कितना भी स्मार्ट माने, अगर उसकी अपनी कोई आर्थिक हैसियत नहीं है तो वह उसे एक अरब डॉलर नहीं देगा। आमतौर पर ऋणदाता कर्ज के साथ अपनी शर्तें भी थोपते हैं कि कर्ज लेने वाला उस पैसे का क्या कर सकता है, क्या नहीं कर सकता। और कर्ज वाला अपनी योजना में जितना ज्यादा धन अपनी ओर से लगायेगा, ऋण सुरक्षित होगा जाता है और फिर शर्तें भी कम होती हैं।

कई बार उधार देने वाले इसे नियम को भूल जाते हैं और कुछ लोग सिर्फ उनके नाम और तात्कालिक प्रदर्शन के आधार पर ही पैसे दे देते हैं। हम अध्याय 6 में हेज फण्डों की कहानी देखेंगे। उधार लेने वाला अपना भी पैसा लगाये, अकेली यही एक चीज बाजार की स्थिरता का आधार बन सकती है। जब परिसम्पत्तियों की कीमतें गिरती हैं तो उन्हें उधार लेना खरीदने वालों को 'मार्जिन काल' मिल सकता है—तो वे अपनी तरफ से ज्यादा पैसा लगाएँ या फिर परिसम्पत्ति बेच कर ऋण देने वालों की उधारी चुकाएँ। इस प्रक्रिया में कीमतें और नीचे आती हैं और बाजार गिरता जाता है—जो अभी के संकट की केन्द्रीय समस्या भी है। पर बाजार के इस विवेचन को थोड़ी देर के लिए किनारे रखें तो एक अन्य कारण नजर आयेगा कि कई बार कानून क्यों तोड़े जाते हैं? क्योंकि 'नैतिक खतरे' का खेल करदाताओं के पैसों से खेला जाता है?

याद कीजिए कि जापान के मुख्य बैंकों के केइरेत्सु के बारे में हमने क्या कहा था; कि उसके जमाकर्त्ताओं को भरोसा था कि सरकार बैंकों के पीछे खड़ी है इसलिए उनकी रकम सुरक्षित है—यही बात पहली दुनिया के सभी बैंकों पर लागू होती है—और उससे बाहर के भी अधिकांश बैंकों पर। आधुनिक राष्ट्र अगर अपने बैंकों में जमा रकम की गारटी नहीं भी लेते हैं तो वे विधवाओं, अनाथों और बुजुर्गों की बैंकों में जमा रकम सिर्फ इस कारण डूबने नहीं दे सकते कि उन्होंने गलत बैंक में पैसा रख दिया है। जब तूफान में झोंपड़े हवा में उड़ रहे थे तो उसमें रहने वाले सुरक्षित जगहों पर भाग कर नहीं पहुँचे थे इसलिए उनको नहीं बचाया जाये ऐसा आज नहीं हो सकता। ऐसा कोई बहुत दकियानूसी और कठोर दिल व्यक्ति की सोच

सकता है पर लोग अक्सर इतने असावधान होते हैं कि घर बनाते हुए न सुरक्षा का ध्यान रखते ना ही पैसा जमा करते हुए उस ठिकाने की।

यह लापरवाही ही बदमाश व्यापारियों को अवसर दे देती है; उनको एक बड़ा नाम और चमक-दमक वाला दफ्तार बना कर बैंक खोलना होता है। फिर सूद की अच्छी दर का वायदा करके जमा आकर्षित किया जाता है। इस पैसे को उससे ऊँची दर पर बाहर लगाइये या किसी सट्टेबाज को (अच्छा हो कि वह आपका परिचित हो, भरोसेमन्द हो या छद्मनाम से आप खुद किसी कम्पनी की आड़ में यह काम करते हों) दे दें। जमाकर्ता अपने को सुरक्षित मान कर आपसे यह पूछने नहीं आयेंगे कि आपने उनके पैसों को कहाँ लगाया है। और आपके पास भी एक ही रास्ता है : अगर आपका निवेश ठीक हुआ तो आप अमीर हो जायेंगे; अगर गड़बड़ हो तो फिर आप हाथ झाड़ कर भाग खड़े होंगे और सरकार को बाकी झमेले निपटाने का जिम्मा सौंप देंगे।

ठीक है, पर यह चीज ऐसी आसान भी नहीं है क्योंकि सरकार के अधिकारी और नियामक पूरी तरह बेवकूफ नहीं होते। दरअसल 1930 के दशक से लेकर 1980 के दशक तक बैंकरों का इस तरह का आचरण शायद ही कहीं-कहीं सुनाई देता है क्योंकि जिस तरह निजी उधारकर्ता मुझे एक अरब डॉलर देने के पहले पचासों जाँच करेगा, तरह-तरह की शर्तें मनवायेगा, सरकारी नियामक भी बैंकरों के साथ इतनी सख्ती से पेश आते हैं। वे पहले बैंक के मालिकों से अपनी काफी पूँजी रखवा लेते हैं, पूँजीगत जरूरतों के अध्ययन से और अघोषित और अवांछित ढंग से वे लोग बैंकों के बीच प्रतिद्वन्द्विता कम करने का प्रयास करते हैं। ऐसे में बैंकिग का लाइसेंस मिलना बहुत दुर्लभ और बड़ी बात बन जाती है। इसका काफी 'फ्रेंचाइजी वैल्यू' हो जाता है।

लेकिन 1980 के दशक में कई देशों में वह इस अनुशासन और सख्ती में कमी आयी या इन्हें किनारे रख दिया गया। ऐसा बैंकिंग कारोबार को कायदे-कानून से मुक्त करने या कम कायदे-कानून लादने के प्रयासों के चलते हुआ, पारम्परिक बैंक सुरक्षित थे लेकिन बहुत दकियानूसी वाले भी; उन्होंने अपनी पूँजी को ज्यादा कमाऊ कामों में नहीं लगाया, यह आरोप आम है। सुधार या बदलाव के पक्षधरों का कहना था कि इस स्थिति का इलाज है अधिक आजादी और अधिक प्रतिद्वन्द्विता; बैंकों को अपनी समझ से सर्वश्रेष्ठ कामों में पैसा लगाने दें और सार्वजनिक बचत को अपने यहाँ लाने के लिए ज्यादा खिलाड़ियों को प्रयास करने दिया जाये। जाने कैसे

सुधाार के इन पक्षधरों को इस बात का खयाल नहीं आया कि इस चक्कर में बैंक ज्यादा जोखिम मोल लेंगे ओर उनका 'फ्रेंचाइजी मूल्य' कम होने से उनको जोखिमों की परवाह न करने की प्रेरणा मिलेगी। ज्यादा मूल्य में वे इससे बचने की कोशिश करते। बाजार में हुए बदलावों, खासतौर से कार्पोरेट वित्त के वैकल्पिक स्रोतों के उभार ने बैंकों के मुनाफे को कम किया क्योंकि वे सुरक्षित और पुराने चीजों वाले कारोबारों से चिपके रहे।

इस प्रकार 1980 के दशक में नैतिक खतरे का दुनिया भर में फैलाव हुआ—बल्कि यह महामारी की तरह फैली। अपने यहाँ की स्थितियों को सँभाल सकने पर कुछेक देश ही गौरव कर सकते हैं—अमेरिका तो खैर ऐसा कर ही नहीं सकता। जिसका ऋण और जमा गड़बड़झाले का किस्सा नासमझी, अदूरदर्शिता और अक्सर भ्रष्ट नीति निर्माण का 'आदर्श' उदाहरण है। लेकिन जापान जहाँ सरकार और व्यवसाय जगत, बैंकों और उनके ग्राहकों, सरकारी गारण्टी में जो चीजें थीं और जो नहीं थी, उनके बीच की सभी सामान्य रेखाएँ धुँधला गयी थीं और वहाँ की सारी व्यवस्था ढीली-ढाली वित्तीय व्यवस्था के एकदम अनुकूल न थी। जापान के बैंकों ने किसी भी देश में ज्यादा उधार दिया और इस बात की कम परवाह की कि उधार लेने वाला कैसा है। और ऐसा कार्य उन्होंने अर्थव्यवस्था के गुब्बारे को डरावने और भौंडे आकार का बना दिया था।

आज न कल अगर इस गुब्बारे की हवा निकलनी ही थी। जापानी गुब्बारा एकदम खुद से नहीं फूटा; सट्टेबाजी की खबरों से चिन्तित बैंक ऑफ जापान 1990 में सूद की दरों में बृद्धि करने लगा जिससे गुब्बारे की कुछ हवा निकल सके। शुरू में इस नीति से फायदा नहीं हुआ लेकिन 1991 की शुरुआत में जमीन और शेयरों की कीमत गिरने लगीं और कुछ ही समय में वे अपने उच्चतम स्तर से करीब 60 फीसदी तक नीचे आ गयी थीं।

शुरू में, और बाद के कई वर्षों तक भी जापानी अधिकारी उसे अच्छा फैसला मानते रहे—कीमतें अधिक वास्तविक और ढंग के स्तर पर आ गयीं। लेकिन धीरे-धीरे यह स्पष्ट होने लगा कि अर्थव्यवस्था का गुब्बारा पिचकने से आर्थिक स्वास्थ्य सुधरा नहीं है, यह बीमारी को और ज्यादा गहरा बना गया है।

धीमी मन्दी

1995 में मैक्सिको, 1998 में दक्षिण कोरिया और 2002 में अर्जेन्टीना की तरह

जापानी अर्थव्यवस्था में एक वर्ष या कुछ दिनों के अन्दर ही आर्थिक भूचाल-सा नहीं आया, आर्थिक गुब्बारा फूटने के बाद के वर्षों में सिर्फ दो में ही जापान में वास्तविक जीडीपी में गिरावट आयीं।

लेकिन साल-दर-साल विकास दर न सिर्फ पिछले अनुभवों के नीचे आती गयी बल्कि अर्थव्यवस्था की क्षमता में वृद्धि के अनुमान से भी पिछड़ता गया। 1991 के बाद के दशक में सिर्फ एक बार जापान की विकास दर पिछले दशक के औसत वर्ष से बेहतर हो पायी। अगर आज जापान की 'उत्पादक क्षमता' के विकास का बहुत अनुदार अनुमान भी लगाएँ तो अर्थव्यवस्था सिर्फ एक साल क्षमता के अनुरूप विकसित होती दिखती है।

जापान के इस अनुभव को अर्थशास्त्री 'विकास मन्दी' कहते हैं जो बहुत ही अटपटा सा है। जो अर्थव्यवस्था बढ़े लेकिन अपनी बढ़ती क्षमताओं के अनुरूप न बढ़े तो उसकी मशीनें, उसके कारीगर खाली पड़े रहते हैं और इसी स्थिति को 'विकास मन्दी' कहते हैं। आमतौर पर यह स्थिति बहुत कम आती है क्योंकि तेज विकास हो या गिरावट, दोनों ही अपनी गति से आते है और अर्थव्यवस्था में भी वैसा ही बदलाव ला देते हैं। लेकिन जापान एक दशक तक 'विकास मन्दी' से जूझता रहा जिसने उसे इसकी वांछित या सम्भावित ऊँचाई से काफी नीचे रखा और उसे इस स्थिति के कगार पर ला पटका जिसे 'विकास अवमन्दन' कहते हैं।

जिस सुस्त रफ्तार से जापान की अर्थव्यवस्था में गिरावट आयी, वह स्वयं काफी तरह की गलतफहमियों का स्रोत है। चूंकि मन्दी धीरे-धीरे करके देश में आयी, इसलिए एक बार की गिरावट जैसा शोर-शराबा भी नहीं हुआ, न ही सरकार पर कुछ नाटकीय कदम उठाने के दबाव आये। चूंकि जापान का आर्थिक इंजन एक बार में बैठ जाने की जगह धीरे-धीरे अपनी शक्ति गँवाता गया सरकार अर्थव्यवस्था के तेजी से न गिरने की स्थिति के लिए अपनी पीठ थपथपाती रही। उसे लगता था कि भले ही आर्थिक विकास अपनी क्षमताओं के अनुरूप नहीं हो रहा है लेकिन आर्थिक नीतियों की दिशा ठीक है। इस बीच, इसके साथ-साथ ही जापान और विदेशों के काफी सारे विश्लेषण मानते थे कि चूंकि अर्थव्यवस्था इतने लम्बे समय तक इतनी सुस्त रफ्तार से बढ़ी है इसलिए अब यह ज्यादा तेजी से नहीं बढ़ सकती।

लेकिन जापान की आर्थिक नीतियों में आत्मसन्तुष्टि और नियतिवाद का बहुत ही अजीब घालमेल है—और वहाँ कोई यह भी सोचने को तैयार नहीं लगता कि आखिर चीजें इतनी गड़बड़ क्यों हो गयीं।

जापानी फंदा

1991 में जापानी अर्थव्यवस्था में गिरावट आने में कुछ भी रहस्यमय नहीं है। देर-सवेर वित्तीय गुब्बारे को फूटना ही था और जब यह फूटता निवेश में उपभोग में और कुल माँग में कमी आनी थी। 1990 के दशक में जब अमेरिकी शेयर बाजार का गुब्बारा फूटा तो ठीक यही चीज वहाँ भी हुई। अगले दशक में जब हाउसिंग का गुब्बारा फूटा तो यह और भयावह रूप से हुई। लेकिन यह सवाल कम महत्त्व का नहीं है कि जापानी अर्थव्यवस्था के संचालकों, खास कर केन्द्रीय बैंक अर्थव्यवस्था को फिर से सक्रिय कर पाने में सफल क्यों नहीं हुआ।

आइये, एक बार फिर बेबी सिटिंग को-ऑपरेटिव वाली कहानी को याद करें। मान लीजिए कि अमेरिकी-शेयर बाजार को गिरना था और इससे उपभोक्ताओं का भरोसा डगमगाता या इसकी अनिवार्य परिणति आर्थिक मन्दी ही क्यों है? इस चीज को जरा अलग ढंग से सोचिए : जब उपभोक्ताओं के भरोसे में गिरावट आती है तो यह बेबी सिटिंग को-ऑपरेटिव के सदस्यों की तरह अपने कूपन बटोरने जाने और छुट्टी न लेने जैसा मामला ही है। इसका मतलब निश्चित रूप से काम-काज में गिरावट है—लेकिन यही हो, ऐसा जरूरी नहीं है। अगर प्रबन्धन सचेत हो और ज्यादा कूपन जारी करने जैसा सरल और होशियारी का फैसला कर ले। हमारे 'मुख्य कूपन वाले' एलन ग्रीनस्पैन ने 1987 में यही काम किया भी था।

या मान लीजिए कि 'कूपन जारी करने वाले' ने स्थिति देख कर जल्दी कदम नहीं उठाये और अर्थव्यवस्था गिरावट की चपेट में आ ही गयी। घबड़ाने की बात नहीं है; अगर मुख्य कूपन जारी करने वाले ने अब भी प्रयास किये तो ज्यादा कूपन जारी करके स्थिति को सँभाल सकता है—अर्थात तेज मौद्रिक विस्तार से स्थिति सँभल सकती है जैसा कि 1981-82, 1990-91 और 2001 की अमेरिकी आर्थिक गिरावटों वाले दौर में हुआ था।

पर आर्थिक उफान के दौर में बुरे निवेशों के बारे में क्या कहना होगा? उसे काफी कुछ बर्बाद पूँजी माना जा सकता है। लेकिन पहले हुआ बुरा निवेश वर्तमान के वास्तविक उत्पादन में बाधक बने और गिरावट ला दे, उत्पादक शक्ति भले ही उम्मीद के अनुरूप नहीं बढ़ी हो लेकिन असल में इसमें गिरावट तो नहीं ही हुई होगी। इसलिए उस क्षमता का पूरा इस्तेमाल करने लायक खर्च का धन जुटाने के लिए पर्याप्त मुद्रा क्यों न छाप कर समस्या सुलझा ली जाये।

याद कीजिए कि कोआपरेटिव वाली कथा आपको बताती है कि गिरावट न तो हमारी गलतियों की सजा है न इसी चलते हम दुख उठाते हैं। कैपिटल हिल को-ऑपरेटिव इस कारण मुश्किल में नहीं फँसा कि उसके सदस्य खराब थे। उनको बेबी-सिटिंग नहीं आती थी : इसकी समस्याओं से 'कैपिटल हिल वैल्यूज' या "क्रोनी बेबी सिटिंग्स" जैसी बुनियादी गलतियाँ नहीं जाहिर हुईं। इसमें एक बुनियादी तकनीकी खामी थी। कूपन बहुत कम थे और उसे पाकर उसकी छुट्टियों को ढंग से मनाने की चाह रखने वाले ज्यादा थे और इस समस्या को बहुत थोड़ी स्पष्ट सोच से निपटाया जा सकता था। इस प्रकार यह सहकारी संस्था वाली कथा हमें नियतिवाद और निराशावाद के खिलाफ मजबूत करती है। इसका मतलब यह हुआ कि आर्थिक मन्दी का समस्या आसान है और हरदम सम्भव है।

लेकिन फिर जापान ने असली अर्थव्यवस्था को उबारने के लिए कदम क्यों नहीं उठाये? आखिर जापान मुश्किल आर्थिक गिरावट के चक्कर में कैसे फंस गया—वहाँ तो ज्यादा कूपन छाप कर संकट से बचने की स्थिति भी नहीं लगती? अगर हम को-ऑपरेटिव वाली कथा को थोड़ा और विस्तार दें तो जापान की समस्याओं जैसी स्थिति की कल्पना करना मुश्किल नहीं है।

सबसे पहले हमें यह कल्पना करना होगी कि सहकारी संगठन के सदस्यों को लगता है कि उनकी संस्था में बेमतलब परेशानियाँ हैं। कई दम्पतियों को लगातार कई बार छुट्टियाँ लेने की जरूरत पड़ सकती है और इसमें उनके कूपन समाप्त हो सकते है। फिर संगठन के नियमों के अनुसार उनके बच्चों की देख-रेख कहाँ हो सकती है जबकि वे इस बात के लिए तैयार हैं कि छुट्टियों से लौट कर वे अपने हिस्से का बकाया काम पूरा कर देंगे। इस समस्या के निपटारे के लिए हम मान लें कि को-ऑपरेटिव अपने सदस्यों को मौका पड़ने से कुछ कूपन उधार लेने की सुविधा दे और बाद में किये बेबी सिटिंग से मिले कूपनों से उसकी भरपाई कर दी जाये। (अब हम इस कथा को वास्तविक अर्थव्यवस्था के कुछ ज्यादा करीब ले जायेंगे और यह कल्पना करेंगे कि को-ऑपरेटिव के सदस्य एक-दूसरे से कूपन उधार ले-दे नहीं सकते। इस नवजात पूँजी बाजार में इंटररेस्ट रेट (सूद की दर) असल में प्रबन्धकों की तरफ से दिये जाने वाले 'डिस्काउंट रेट' की भूमिका निभाएगा) लेकिन सदस्य इस सुविधा का दुरुपयोग न करें इसके लिए प्रबन्धन उधार कूपन के साथ कुछ बोझ या जुर्माना लगाएगा। वह उधार लेने वालों पर यह शर्त थोपेगा कि उन्हें उधार लिये गये कूपनों से ज्यादा कूपन लौटाने होंगे।

इस नयी व्यवस्था के दम्पतियों में ज्यादा-से-ज्यादा कूपना जुटा लेने की प्रवृत्ति कम होगी क्योंकि उन्हें मालूम है कि ज्यादा जरूरत हुई तो कूपन उधार भी मिल सकते हैं, यह को-ऑपरेटिव के प्रबन्धकों के हाथ में अब एक नया उपकरण आ गया है। अगर सहकारी संगठन के सदस्य यह शिकायत करते हैं कि बेबी सिटिंग करने वालों की लाइन लगी होने से उनका अवसर ही मुश्किल से मिलता है तो प्रबन्धन नियमों में बदलाव कर सकता है। फिर वह कूपन उधार लेने की शर्तों को आसान करके सदस्यों को छुट्टी लेकर बाहर जाने के लिए प्रोत्साहित कर सकता है। अगर बेबी सिटिंग करने वाले कम पड़ रहे हों तो शर्तों में नया बदलाव करके लोगों के लिए बाहर जाने की जगह काम करने को ज्यादा आकर्षक बनाया जा सकता है।

दूसरे शब्दों में कहें तो यह अति कुशल सहकारी संस्था केन्द्रीय बैंक जैसी भूमिका निभाती है जिसमें सूद की दरें कम करके अर्थव्यवस्था की सुस्ती को तोड़ने का काम करती है तो ज्यादा तेजी के वक्त सूद की दरें बढ़ा कर उसकी तेजी को सामान्य रफ्तार में बदलती है।

लेकिन जापान में तो सूद की दरें लगभग शून्य पर ला दी गयीं तब भी अर्थव्यवस्था में गिरावट आती रही। तो क्या हम अपनी इस नीति कथा/दृष्टांत कथा की सारी उपयोगिता समाप्त कर चुके हैं?

अब जरा कल्पना कीजिए कि किसी एक मौसम में बेबी सिटिंग की मांग और आपूर्ति में कमी वैसी होती है। सर्दियों में बाहर ठण्ड और अँधेरा होने के चलते दम्पती ज्यादा बाहर नहीं जाना चाहते और घर पर ही रह कर दूसरों के बच्चों की देख-रेख करना पसन्द करते हैं—इस प्रकार वे अपने कूपन या अंक बढ़ाते जाते हैं। जिसका वे गर्मियों की छुट्टियों में इस्तेमाल कर सकते हैं। अगर मौसम का फर्क बहुत ज्यादा न हो तो को-ऑपरेटिव सर्दियों में सूद की दर कम और गर्मियों में ज्यादा करके बेबी सिटिंग के लिए माँग-आपूर्ति के असन्तुलन को सँभाल सकता है। लेकिन मान लीजिए कि मौसम के चलते सदस्यों में काम और रुझान में बहुत ज्यादा फर्क हो तो तब तो सर्दियों में सूद की दर शून्य हो जाये तब भी ज्यादा-से-ज्यादा दम्पती बेबी सिटिंग करना चाहेंगे और बहुत कम ही लोग बाहर जाना चाहेंगे। इसका मतलब होगा कि बेबी सिटिंग का अवसर पाना मुश्किल होगा। जो दम्पत्ती गर्मियों के लिए कूपन/ अंक जमा करना चाहते हैं उनके लिए बेबी सिटिंग का अवसर कम होगा और दम्पत्ती सर्दियों में अपने कूपन खर्च करना भी नहीं चाहेंगे। ऐसे में को-ऑपरेटिव सूद की दर शून्य कर दे तब भी वह मन्दी का शिकार हो जायेगा।

और 1990 का दशक जापान के असन्तोष का शीतकाल था। बुढ़ाते लोग कारण हों या भविष्य को लेकर सामान्य अनिश्चितता, जापान से लोग वहाँ की आर्थिक क्षमता के अनुरूप उत्पादन भर के लिए भी अपना धन खर्च करने के मूड में नहीं लगते थे—सूद की दर शून्य होने पर भी पैसे लेकर खर्च करने से हिचकते थे। अर्थशास्त्रियों का कहना है कि जापान 'तरलता के फंदे' में फँस गया था। और आपने ऊपर जो कहानी पढ़ी वह यही बताती है कि तरलता के फन्दे का शैशवकालीन विकास क्या होता है और कैसे होता है।

डाँवाडोल जापान

मन्दी आने पर उसके खिलाफ सामान्य उपाय सूद की दरें घटाना ही है—लोगों को सस्ते में बेबी सिटिंग के कूपन देना जिनका इस्तेमाल करके वे बाहर जाना शुरू करें पर जब जापानी गुब्बारा फूटा तो उसने सूद की दरें कम करने में सुस्ती दिखाई, पर बाद में उसने इसे शून्य तक ला दिया लेकिन उससे भी बात नहीं बनी, फिर आगे क्या हो?

इसका शास्त्रीय जवाब, जो जान मेनार्ड कीन्स के नाम से भी जुड़ा हुआ है, तो यही है कि अगर निजी क्षेत्र पूर्ण रोजगार उपलब्ध कराने लायक धन खर्च नहीं कर रहा है तो सार्वजनिक क्षेत्र को जरूर आगे बढ़ कर इसे करना चाहिए। सरकार पैसे उधार ले और सार्वजनिक निवेश की परियोजनाओं में लगायें। अगर सम्भव हो तो अच्छे उद्देश्य के लिए धन लगाये वरना रोज़गार देने के लिए भी यह काम करें। जब लोगों के पास काम होगा तो वे खर्च भी करना चाहेंगे और फिर रोजगार के नये अवसर बनेंगे, ज्यादा उत्पादन होगा और काम बढ़ता ही जायेगा। अमेरिका में महामन्दी घाटे की अर्थव्यवस्था वाले बजटों से दूर हुई और धन का उपयोग सार्वजनिक निर्माण कार्यों में हुआ जो काफी कुछ दूसरे विश्व युद्ध में काम आया। सो प्रशान्त क्षेत्र में ऐसा ही कुछ करके जापान अपनी अर्थव्यवस्था को एक जोरदार धक्का क्यों नहीं देता?

जापान ने यह प्रयास किया था। 1990 के दशक में उसने सड़क और पुल निर्माण पर काफी धन खर्च किया भले ही उनकी बहुत ज्यादा जरूरत लगे या नहीं। इन कार्यक्रमों को जब-जब चलाया गया तो उनसे लोगों को रोजगार मिला और अर्थव्यवस्था को भी मदद मिली।

इन कार्यक्रमों के साथ मुश्किल यह थी कि इनसे येन को खास लाभ न हुआ।

1991 में जापान सरकार काफी लाभ के बजट (जीडीपी का 2.9 फीसदी) लेकर काम कर रही थी। 1996 तक यह जी डी पी के 4.3 फीसदी घाटे में बदल गया। फिर भी अर्थव्यवस्था का इंजन हिचकोले ही खा रहा था। इस बीच निरन्तर बढ़ते घाटे से जापानी वित्त मन्त्रालय चिन्तित हुआ और उसने बजट के दीर्घकालिक लक्ष्यों पर ध्यान देना शुरू किया। एक बड़ी चिन्ता तो अपने लोगों की आबादी को लेकर थी। (जापान में उच्च बचत दर और निवेश की माँग कम होने से इसका काफी गहरा सम्बन्ध हो सकता है।) अन्य देशों की तरह जापान में एक बार जनसंख्या तेजी से बढ़ी और फिर बच्चों का पैदा होना एकदम कम हो गया। यह खतरा भी लगने लगा कि जल्दी ही आबादी में सेवानिवृत लोगों का अनुपात ज्यादा हो जायेगा। लेकिन जापान की समस्या एकदम भीषण किस्म की है। यहाँ काम करने वाली उम्र के लोगों की आबादी असल में धीरे-धीरे कम होती जा रही है जबकि सेवानिवृत्त लोगों की संख्या तेजी से बढ़ रही है। और चूंकि सेवानिवृत नागरिक आधुनिक सरकारों पर काफी बड़ा बोझ होते हैं—उन पर सार्वजनिक पेंशन और स्वास्थ्य की देख-रेख पर काफी खर्च करना पड़ता है—ऐसे में मानक वित्तीय सिद्धान्त तो यही कहते हैं कि जापान को निरन्तर घाटे की अर्थव्यवस्था चलाने की जगह भविष्य में खर्चे के लिए एक ट्रस्ट फण्ड बनाना चाहिए।

1997 में वित्तीय जवाबदेही की बात चली और प्रधानमन्त्री राउतोरो हाशियोतो ने बजट घाटा कम करने के लिए करों में वृद्धि की। फिर अर्थव्यवस्था दन से और गोते खा गयी और मन्दी की स्थिति आ गयी।

फिर घाटे के बजट के सहारे खर्च होने लगा। 1998 में जापान ने बड़े पैमाने पर नये सार्वजनिक निर्माण के काम शुरू किये, लेकिन राजकोषीय गड़बड़ का जिन्न बोतल से बाहर आ गया था और अब वापिस जाने वाला नहीं लगता था। निवेशकों ने पाया कि जापान का घाटा उसके जीडीपी के दस फीसदी के आँकड़े को छूने जा रहा है। साथ ही सरकार के ऋणों का अनुपात जीडीपी के 100 फीसदी से ऊपर पहुँच ही गया था। ऐसे आंकड़े आम तौर पर उन लातिन अमेरिकी देशों के ही दिखाई देते हैं जो अत्यधिक दर की मुद्रास्फीति (हाइपर इम्फलेशन) का शिकार होते हैं। जापान में इतनी ऊँची दर की मुद्रास्फीति होने का अन्देशा तो किसी को न था लेकिन निवेशक सरकार की दीर्घकालिक वित्तीय मजबूती को लेकर जरूर थोड़े चिन्तित होने लगे। संक्षेप में कहें तो घाटे के सहारे अर्थव्यवस्था में जान फूँकने की कोशिश अब अपने हद पर पहुँच रही थी।

तो और क्या विकल्प थे?

अगर मुश्किल में फँसी अर्थव्यवस्था को धक्का देकर आगे बढ़ाने का एक मानक तरीका सरकार द्वारा खर्च बढ़ाना है तो बैंको को समृद्ध करना दूसरा तरीका है। महामन्दी के बारे में यह एक प्रचलित धारणा है कि 1930-31 में हुए बैंकिग संकट ने ऋण बाजार को काफी बड़ा नुकसान पहुँचा दिया था इसलिए अर्थव्यवस्था ज्यादा लम्बे समय तक मन्दी की गिरफ्त में फँसी रही। इस नजरिये के लोगों का मानना है कि तब ऐसे व्यवसायी थे जो उधार मिलने की स्थिति में ज्यादा खर्च करने को तैयार थे और जो अच्छे कर्जदार बन सकते थे। लेकिन बैंकों का अपना ही धन्धा चौपट था या वे इतना जमा नहीं ले सके थे कि ऐसे लोगों को उधार दे सकें। लोगों का बैंकों से भरोसा उठ गया था सो वे वहाँ रकम जमा नहीं कराते थे। बेबी सिटिंग को-ऑपरेटिव के हिसाब से कहें तो ऐसे लोग थे जो सर्दियों बाहर जाने और गर्मियों में बेबी सिटिंग करने के लिए तैयार थे लेकिन उन्हें कूपन उपलब्ध करा सकने वाला ही नहीं मिला।

जब जापानी अर्थव्यवस्था का गुब्बारा फूट रहा था तो उस दौर में वहाँ के बैंकों ने काफी सारा खराब ऋण भी बाँटा। फिर लम्बे समय तक जब अर्थव्यवस्था का विकास रुका पड़ा रहा तो अच्छे ऋण भी बुरे में बदल जाये अर्थात ऋण लौटाने के अच्छे रिकार्ड वाले भी कर्ज लौटाने में चूकने लगे। इसलिए जापान की आर्थिक गिरावट के बारे में एक सिद्धान्त यह दिया जाता है कि अर्थव्यवस्था मौद्रिक फन्दे में फंस गयी थी क्योंकि इसके बैंक वित्तीय रूप से कमजोर थे; इस सिद्धान्त के मानने वालों का कहना है कि बैंको को ठीक कीजिए अर्थव्यवस्था अपने आप ठीक हो जायेगी और 1998 के अन्त में जापानी संसद ने बैंकों के बचाव के लिए 500 अरब डॉलर का राहत पैकेज मंजूर कर लिया।

जापान के सामने एक विकल्प यह भी था कि मुद्रास्फीति की हल्की दर को बनाये रखने का प्रयास करे, उस विकल्प के लाभ-घाटे की थोड़ी व्याख्या जरूरी है।

सच्चाई यह है कि मौद्रिक तरलता के फन्दे वाली बात अर्थशास्त्रियों के लिए की गयी है। इस स्थिति पर पहले ज्यादा विचार नहीं हुआ है। 1990 के दशक में जापानी अर्थव्यवस्था की। यह स्थिति बनने से पहले 1930 के दशक के आखिरी दिनों में ही अमेरिका में यह स्थिति हुई थी। आर्थिक इतिहासकार उस चीज पर ज्यादा जोर भी नहीं देते। उनका कहना है कि या तो यह वास्तविक तरलता का फन्दा था ही नहीं—क्योंकि अगर फेडरल रिजर्व ने ज्यादा प्रयास किया होता तो यह

स्थिति ही नहीं बनती—या हम नीतियों के सम्बन्ध में असाधारण भूलें करने पर ही इस स्थिति में फँसते हैं, और हम बार-बार ऐसा करते जाएं। यह सम्भव नहीं है। इसलिए जब 1990 के दशक में जापानी फन्दे वाली बात स्पष्ट हुई तो अर्थशास्त्री इस मामले को लेकर जरा भी तैयार न थे। और अगर मैं अपने पेशे के लोगों के बारे में थोड़ी सख्त बात कहूँ तो यह कि वे इस कमाने भर ध्यान देने को तैयार भी नहीं लगते। मुझे अभी भी हैरानी होती है कि एक मौजूदा समस्या और भविष्य की हमारी आर्थिक पढ़ाई-लिखाई के लिए जापानी फन्दा कितना महत्त्वपूर्ण है, इस सवाल पर दुनिया के कुछेक अर्थशास्त्री ही गौर करते लगते हैं।

लेकिन जैसा कि विक्टोरियाकालीन अर्थशास्त्री अल्फ्रेड मार्शल ने कहा था कि अर्थशास्त्री ठोस सत्य वाली चीज न होकर ठोस सत्य को ढूँढने वाले लोग ही हैं। अगर सरल शब्दों में कहें तो यही कि पुराने मण्डलों से नयी स्थिति में काम नहीं चलता। जैसा कि आप बेबी सिटिंग को-ऑपरेटिव वाली मेरी कथा के संशोधित रूपों में पायेंगे। केन्द्रीय बैंक द्वारा सूद की दरें घटा कर मन्दी से लड़ने वाली चीज की व्याख्या के लिए जो मॉडल दिया गया उसी में यह भी बताया जा सकता है कि वे स्थितियाँ क्या हैं जिनमें स्पष्ट दिखने वाले समाधान भी कारगर नहीं हो पाते। और यह संशोधित बोध कथा भी तरलता के फन्दे में निकलने के बारे में कुछ दिशा निर्देश देती है। इसमें कम-से-कम यह बात तो स्पष्ट ढंग से आयी ही है कि कैसे इस फंदे में गिरने से बचें।

याद कीजिए कि बेबी सिटिंग को-ऑपरेटिव की मुश्किल यह है कि लोग सर्दियों में बेबी सिटिंग करके इतने कूपन जमा कर लेना चाहते हैं कि गर्मियों में मजे से छुट्टी मना सकें—भले ही सूद की दर शून्य पर ही अंक/कूपन जमा क्यों न करना पड़ें। पर बेबी सिटिंग को-ऑपरेटिव के सारे या अधिकांश लोग सर्दियों के काम को गर्मियों के लिए बचाने लगेंगे तो उस को-ऑपरेटिव का काम ही नहीं चलेगा; ऐसे में व्यक्तिगत प्रयासों का नतीजा सर्दियों में एकदम मन्दे की स्थिति का आ जाना होगा।

कोई भी अर्थशास्त्री यह समझ सकता है कि इसका जवाब मूल्य निर्धारण के जरिये होगाः सर्दियों में जुटाये अंक गर्मियों तक रखना है तो उनका अवमूल्यन होगा—जैसे सर्दियों में पाँच घंटे की बेबी सिटिंग के बदले गर्मियों में चार घण्टों का अवकाश ही मिलेगा। इसमें लोगों को इस बात का प्रोत्साहन मिलेगा कि वे बेबी सिटिंग के बदले मिले अंकों/कूपनों का जल्दी-से-जल्दी इस्तेमाल कर लें और इससे बेबी सिटिंग का ज्यादा अवसर बनेगा। आप यह सोच सकते हैं कि इस व्यवस्था

में थोड़ी नाइंसाफी है—लोगों की बचत में आप कमी करते रहे हैं। पर असलियत यही है कि अगर सर्दियों की पूरी बेबी सिटिंग के बदले सभी लोग गर्मियों में छुट्टी ले लें तो ऐसा जमा करने से को-ऑपरेटिव का धन्धा ही बैठ जायेगा और असल में यह स्थिति एक काम के बदले एक छुट्टी की सामजंस्य व्यवस्था को सदस्यों द्वारा तोड़-मरोड़ देने में ही बनी है।

लेकिन हमारी अर्थव्यवस्था के मामले में इस स्थिति से मिलती-जुलती चीज क्या है? जवाब है मुद्रास्फीति, जो कुछ समय बीतने पर मुद्रा की वास्तविक कीमत में कमी आ जाने की स्थिति है। या यह कहें कि अगर कोई एक चीज अर्थव्यवस्था को मौद्रिक फन्दे में फँसने से रोक सकती है तो वह है मुद्रास्फीति क्योंकि इसके चलते लोग अपना धन रोक कर कर बैठ जाने से बचते हैं। जब आप मौद्रिक फन्दे की सम्भावना को गम्भीरता से लेते हैं और जापान का उदाहरण यही बताता है कि हमें ऐसा ही करना होगा—जो इस निष्कर्ष से बनना असम्भव है कि सम्भावित मुद्रास्फीति एक अच्छी चीज है क्योंकि यह आपको फन्दे में फँसने से रोकती है। मैंने बेबी सिटिंग सहकारी संस्था के मनमानी बोध कथा के जरिये मुद्रास्फीति के लाभ भी बताये हैं। लेकिन उस किसी मानक गणितीय मॉडलों को लागू करने पर भी यही निष्कर्ष सामने आता है जिनका इस्तेमाल अर्थशास्त्री लोग मौद्रिक नीतियों की चर्चा के संदर्भ में करते हैं। काफी समय से यह बात हल्के ढंग से कही जाती रही है कि अगर मौद्रिक नीति को मन्दी से निपटना है तो हल्की मुद्रास्फीति का होना जरूरी हो सकता है। फिर भी मुद्रास्फीति के पक्षधरों को भी इस मानी हुई बात पर आना ही पड़ता है कि मूल्य स्थिर हो, यही वांछित है। मुद्रास्फीति को बढ़ावा देना खतरनाक और उलटा हो सकता है। स्थिर मूल्य को प्रधानता देने वाला यह विचार मानक आर्थिक मॉडलों पर नहीं टिका है—इसके उलट, पाठ्य पुस्तकों वाले सिद्धान्त को अगर जापान की असामान्य स्थिति पर लागू करें तो मुद्रास्फीति ही उसका स्वाभाविक समाधान दिखाता है। लेकिन पारम्परिक आर्थिक सिद्धान्त और पारम्परिक आर्थिक नजरिया, दोनों ही एक नहीं है—जब गम्भीर वित्तीय संकटों से जूझ रहे देश मुश्किल विकल्प की दिशा में चलते हैं तो इनका टकराव भी स्पष्ट होता जाता है।

जापान की स्थिति में सुधार

आखिरकार 2003 के आस-पास जापान की अर्थव्यवस्था में सुधार के लक्षण दिखाई देने लगे। वास्तविक जीडीपी में सालाना 2 फीसदी के आस-पास विकास दिखने

लगा। बेरोजगारी की दर कम हुई और मुद्रा अवस्फीति में अर्थव्यवस्था को (मौद्रिक तरलता के बढ़ते फन्दे से) जो नुकसान हो रहा था वह रुका। वैसे तब भी वास्तविक मुद्रास्फीति के संकट नहीं दिखते थे। फिर क्या कुछ अच्छा हो गया?

जवाब है—निर्यात में वृद्धि से इस दशक के बीच के वर्षों में अमेरिकी का व्यापार घाटा बहुत बढ़ा और उसने बड़ी मात्रा में तैयार सामानों का आयात किया। सबसे ज्यादा माल तो चीन से आया लेकिन जापान से भी काफी सामान आया। जापान को चीन के माल की बिक्री में भी लाभ हुआ क्योंकि उनमें भी जापानी पुर्जे लगे थे। जैसे-जैसे अमेरिकी आयात बढ़ा, जापान का निर्यात बढ़ा और उसकी अर्थव्यवस्था पटरी पर आती गयी।

लेकिन इस फन्दे से जापान स्थायी रूप से निकल गया हो, यह कहना मुश्किल है। यह पुस्तक लिखते समय जापान में 'कॉल मनी' (जिस दर पर केन्द्रीय बैंक दूसरों को धन देता है) सिर्फ 0.5 फीसदी था। इसका मतलब है कि बैंक ऑफ जापान के पास आती मन्दी के बावजूद सूद की दरों में कटौती करने की ज्यादा गुंजाइश ही नहीं है और अगर मन्दी गहरी हुई तो जापान वापस उसी फन्दे में फँस जायेगा।

4

एशिया में संकट

थाईलैण्ड कोई छोटा देश नहीं है। यहाँ के नागरिकों की संख्या ब्रिटेन या फ्रांस से ज्यादा है। बैंकाक एक विशाल महानगर है जो किसी दुःस्वप्न की तरह है और यहाँ के ट्रैफिक की स्थिति आपकी कल्पना से भी बदतर है। पर दुनिया की अर्थव्यवस्था बहुत ही बड़ी है और व्यावसायिक हिसाब से उसमें थाइलैण्ड का वजन बहुत ज्यादा नहीं है। 1980 और 1990 के दशक में तेज विकास करने के बावजूद यह अभी भी गरीब देश है। यहाँ के सभी लोगों की संख्या क्रयशक्ति अकेले हमारे मेसाच्यूसेट्स नगर के लोगों की कुल क्रयशक्ति से ज्यादा न होगी। ऐसे में कोई सोच सकता है जापान की अर्थव्यवस्था का भले ही दुनिया भर के लिए महत्त्व हो लेकिन थाई अर्थव्यवस्था का मतलब उस देश और पड़ोसी देशों के आगे कुछ नहीं होगा।

लेकिन 1997 में जब थाइलैण्ड ने अपनी मुद्रा 'बहृत' का अवमूल्यन किया तो इससे तो वित्तीय तूफान उठा। एशिया का अधिकांश हिस्सा उसकी चपेट में आ गया। महत्त्वपूर्ण सवाल यह है कि ऐसा क्यों हुआ और यह कैसे हो सकता था। लेकिन हम क्यों और कैसे का जवाब ढूँढने से पहले क्या की चर्चा कर लें : थाइलैण्ड के आर्थिक उभार, उसकी गिरावट और उस गिरावट का एशिया भर में जो प्रयास हुआ, उसकी।

आर्थिक उभार

एशियाई चमत्कार के मामले में थाइलैण्ड का नम्बर अपेक्षाकृत बाद में आया।

पारम्परिक रूप से सिर्फ कृषि उत्पादों का निर्यात करने वाला यह देश 1980 के दशक में आकर औद्योगिक सामानों का भी निर्यात करने लगा—ऐसा विदेशी कम्पनियों, खासकर जापानी, के यहाँ आने और उत्पादन शुरू करने से हुआ था। लेकिन जब अर्थव्यवस्था ने रंग पकड़ना शुरू किया तो यह काम काफी प्रभावशाली ढंग से हुआ : देहातों में किसान और मजदूर नये शहरी कामों में आये, पहली खेम में विदेशी निवेश का अच्छा परिणाम आया तो और नये निवेशक आये और थाइलैण्ड की अर्थव्यवस्था 8 फीसदी या उससे अधिक की सलाना दर से बढ़ने लगी। जल्दी ही बैंकाक के प्रसिद्ध मन्दिरों की ऊँचाई कम दिखने लगी और चकमक दफ्तरों और अपार्टमेंटों की ज्यादा होती गयी। थाइलैण्ड एक ऐसी जगह बन गया जहाँ करोड़ों लोग कमा कर दरिद्रता से निकल कर अच्छे जीवन की शुरुआत कर रहे थे और कुछ लोग तो बहुत ही तेजी से अमीर हुए।

1990 के दशक के शुरू तक इस विकास के पीछे जो निवेश था वह मुख्यतः थाइ लोगों की अपनी बचत से ही आया था। विदेशी पैसों से निर्यात करने वाले बड़े-बड़े कारखाने लगे लेकिन छोटे कारोबार तो स्थानीय व्यवसायियों ने अपनी बचत से खड़े किये। अपार्टमेंटों और नये दफ्तरों को लोगों के बैंकों से ऋण लेकर खरीदा था। 1991 में थाइलैण्ड ऋण उसके वार्षिक निर्यात से थोड़ा कम था औ इसे सुरक्षित सीमा वाला माना जाता था। (उसी वर्ष लातिन अमेरिका पर उसके कुल निर्यात का 2.7 गुना कर्ज था।)

लेकिन 1990 के दशक में ही थाइलैण्ड का वित्तीय स्वावलम्बन धीरे-धीरे छीजता गया। और इसका दबाव मुख्य रूप से बाहरी था। लातिन अमेरिकी ऋण संकट को सुलझाने के बाद, जिसकी चर्चा अध्याय 2 में की गयी है, तीसरी दुनिया के देशों में निवेश आकर्षक हो गया। साम्यवाद के पतन के बाद क्रान्तिकारी जमातों द्वारा सत्ता पर कब्जा करने का खतरा कम हो गया और सुरक्षित पश्चिमी जगत से बाहर भी निवेश करना पहले की तुलना में कम जोखिम की चीज बन गया। 1990 के दशक की शुरुआत में विकसित देशों में सूद की दरें एकदम कम थीं क्योंकि वहाँ के केन्द्रीय बैंक अपने यहाँ की अर्थव्यवस्थाओं को हल्की गिरावट से उबारने की कोशिश कर रहे थे और काफी सारे निवेशक ज्यादा लाभ के चक्कर में अपना धन बाहर लगाने लगे थे। सबसे महत्वपूर्ण संकेत था निवेश कम्पनियों द्वारा इन देशों को "उभरते बाजार" कहना जिन्हें अभी तक तीसरी दुनिया या विकासशील देश कहा जा रहा था। इन मुल्कों को वित्तीय नया अवसर

मान कर ही यह नया नाम दिया गया था।

और निवेशक भी पूरे उत्साह से इस अभिमान में साथ आये। 1990 में विकासशील देशों में 42 अरब डॉलर की निजी पूँजी गयी और विश्व बैंक तथा अन्तर्राष्ट्रीय मुद्रा कोष जैसी आधिकारिक एजेन्सियों ने तीसरी दुनिया के देशों में निजी निवेशकों द्वारा लगाये कुल फल से कहीं अधिक रकम उधार दी। लेकिन 1997 तक जहाँ आधिकारिक बैंकों के प्रवाह में कमी आयी वहीं विकासशील देशों में 256 अरब डॉलर की निजी पूँजी का निवेश हुआ—छह वर्ष में छह गुना ज्यादा। शुरू में अधिकांश पैसा लातिन अमेरिकी में गया, खास कर मैक्सिको में लेकिन 1994 के बाद दक्षिण पूर्वी एशिया की सुरक्षित अर्थव्यवस्थाओं में धन का प्रवाह बढ़ने लगा।

अब पैसा तोक्यो या फ्रैंकफर्ट की जगह बैंकाक या जकार्ता कैसे जाने लगा? (एशिया को दिये जाने वाला ज्यादातर उधार जापानी या यूरोपीय था—सौभाग्य से सोच समझ कर अमेरिकी बैंक वहाँ पैसा देने में तब तक बचते ही रहें।) जब पैसा वहाँ गया तो इसने क्या किया? आइए, इससे आगे के कामों पर गौर करें।

आइए शुरुआत एक खालिस निवेश वाले धन्धे से करें : एक जापानी बैंक एक भाई 'लाइसेंस कम्पनी' को उधार देता है—यह कम्पनी विदेशी फण्ड को अगले मुकाम तक पहुँचाने भर के उद्देश्य से बनी थी। अब इस लाइसेंस कम्पनी के पास येन आ गये हैं जिसे यह एक स्थानीय रियल इस्टेट डेवलपर—जमीन और निर्माण का काम करने वाले व्यक्ति या कम्पनी को सूद की अधिक ऊँची दर पर कर्ज देती है। पर इस उद्यमी को येन की जगह 'बहृत' चाहिए क्योंकि जमीन खरीदने और निर्माण मजदूरों का भुगतान करने में स्थानीय मुद्रा दी जाती है। सो, यह फाइनेंस कम्पनी विदेशी मुद्रा बाजार में जाती है और येन को बदल कर 'बहृत' लेती है।

किसी भी अन्य बाजार की तरह विदेशी मुद्रा का बाजार की मांग और 'आपूर्ति के नियम से चलता है : जैसे ही किसी चीज की माँग बढ़ी, उसकी कीमत भी बढ़ जाती है। फाइनेंस कम्पनी द्वारा येन बेच कर 'बहृत' खरीदने के मामले में भी यही होता है और 'बहृत' बाकी मुद्राओं की तुलना में थोड़ा महँगा हो जाता है। जब थाई अर्थव्यवस्था उफान पर थी तो वहाँ का केन्द्रीय बैंक 'बहृत' और अमेरिकी डॉलर को एक स्थिर विनिमय दर पर रखने के लिए वचनबद्ध था, इसके लिए जब 'बहृत' की मांग बढ़ जाती थी तो यह स्वयं उसकी आपूर्ति बढ़ाता था : यह काम वह 'बहृत' को बेच कर येन या डॉलर उठा कर करता था। इस प्रकार शुरुआत में जो धन येन के रूप में आया वह बैंक ऑफ थाईलैण्ड के विदेशी मुद्रा भण्डार को

बढ़ाता था और थाइलैण्ड की अर्थव्यवस्था में धन के प्रवाह को भी, इसके साथ ही अर्थव्यवस्था में ऋण की उपलब्धता भी बढ़ जाती थी—ऐसा सिर्फ फाइनेंस कम्पनी द्वारा उपलब्ध कराये गये ऋण के चलते ही न था। नये उतरे 'बह्त' को रखने वाले बैंक रखने वाले बैंक के पास भी धन बढ़ जाता है और वह भी ज्यादा ऋण दे सकता है। और चूंकि बाहर गया ज्यादातर धन बैंकों में वापस जमा के रूप में लौट आयेगा जिससे बैंक को नया ऋण बाँटने का अवसर मिलेगा और यह प्रक्रिया बढ़ती जायेगी। इस 'मनी मल्टीप्लायर' प्रक्रिया को काफी विस्तार से अर्थशास्त्र के छात्रों को पढ़ाया भी जाता है। (1999 के अर्जेन्टीना संकट बैंकिंग संकट के समाधान के रूप में मेरा सुझाव इस प्रक्रिया को उलटा चलाने का था)

विदेशों में ज्यादा से ज्यादा ऋण आता गया। और इसका परिणाम हुआ कि पूँजी की उपलब्धता काफी बढ़ गयी—इसमें नये निवेश की होड़ लग गयी। इसमें से कुछ धन तो वास्तविक निर्माण में लगा—मुख्यतः दफ्तर और अपार्टमेंट भवन बनाने में—लेकिन काफी सारा धन विशुद्ध सट्टेबाजी में, वह भी जायदाद की, गया। सट्टेबाजी शेयरों और बाण्डों को लेकर भी हुई। 1996 की शुरुआत में दक्षिण पूर्व एशिया के काफी सारे अर्थशास्त्री जापान 1980 के दशक के आर्थिक गुब्बारे से अपने यहाँ के विकास में समानता देखने लगे।

तो मौद्रिक अधिकारियों ने सट्टेबाजी वाले इस उभार पर अंकुश क्यों नहीं लगाया। जवाब यह है कि उन्होंने प्रयास तो किया लेकिन असफल हो गये। सभी एशियाई मूल्यों में वहाँ के केन्द्रीय बैंकों ने पूँजी आने के प्रवाह को 'रोग-दोष मुक्त' करने का प्रयास किया जैसे विदेशी मुद्रा बाजार में बह्त बेचने को बाध्य बैंक ऑफ थाईलैण्ड कोशिश करता था कि जितना 'बह्त' बेचा है उसे बांड बेचकर वापस हासिल कर लिया जाए। लेकिन इस तरह पैसा उठाने में सूद की स्थानीय दरें चढ़ने लगी और विदेशों में उधार लेना ज्यादा आकर्षक होने लगा। इससे येन और डॉलर ज्यादा मात्रा में आने लगा विनयम दर को स्थिर रखने का प्रयास मिटने लगा; उधार बढ़ता ही गया।

केन्द्रीय बैंक इस बढ़ती उधारी और तेजी से आते धन के प्रवाह पर अंकुश लगाने का काम सिर्फ एक ही तरीके से कर सकता था, विनिमय दर को स्थिर रखने का प्रयास बंद करके। इससे शुरू में यह होता कि 'बह्त' की कीमत बढ़ती और अब हवा के रूख को अनुकूल बात करने भी काफी लोग इस चीज का उल्लेख करने भी लगे हैं। लेकिन तब इसे बुरी बात माना जाता था। तब लगता था कि 'बह्त' मजबूत

हुआ तो विश्व बाजार में थाई निर्यात मंहगा होकर नुकसान उठा सकता है। (क्योंकि लागत और मजदूरी, दोनों में डॉलर के हिसाब से खर्च बढ़ जाता)। यह भी माना जाता था कि व्यापार जगत का भरोसा बनाए रखने के लिए स्थिर विनिमय दर बहुत अच्छी चीज है। यह भी कहा जाता था कि थाईलैंड छोटा देश है—वह कोई अमेरिका नहीं है कि विनिमय दर के उतार-चढ़ाव से लापरवाह रहे और उसका कुछ न बिगड़े।

इस प्रकार इस उफान को अपने ढंग से चलने दिया गया। आपको अर्थशास्त्र की पाठ्य पुस्तकों में भी यह चीज मिल जाएगी कि धन और उधार के विस्तार की एक अपनी भी सीमा होती है। बढ़ते निवेश और नए उभरे समृद्ध उपभोक्ताओं की बढ़ते खर्च ने आयात को काफी बढ़ा दिया जबकि अर्थव्यवस्था के विकास के साथ ही मजदूरी काफी बढ़ी और निर्यात बाजार में थाई माल पहले से ज्यादा मंहगा होकर मुख्य प्रतिद्वंद्विता में मुश्किल महसूस करने लगा। (उधर यह भी हुआ कि निर्यात बाजार में थाई उत्पादों के प्रतिद्वंदी चीन ने 1994 में अपनी मुद्रा का अवमूल्यन कर दिया था) इसलिए निर्यात में वृद्धि कम होने लगी। परिणाम हुआ कि व्यापार घाटा बहुत बढ़ गया। घरेलू पूँजी और ऋण बाजार में जुड़ने और अर्थव्यवस्था को मदद करने की जगह विदेशी मुद्रा के वे ऋण आयात का बिल भरने में खर्च होने लगे।

और ऐसा हो भी क्यों नहीं? कुछ अर्थशास्त्री कहते हैं जैसा कि मैक्सिको की जय-जय करने वाले 1990 के दशक के शुरू में कहते थे कि थाईलैण्ड, मलेशिया और इण्डोनेशिया का व्यापार घाटा असल में उसकी कमजोरी नहीं, ताकत का प्रमाण है, इस बात का संकेत है कि बाजार उसी तरह काम कर रहे हैं जैसा कि उनसे अपेक्षा की जाती है। इसी तर्क को अलग तरह से भी दोहराया गया, हिसाब-किताब के लिहाज से भी जिस देश में पूँजी का विशुद्ध आगमन ज्यादा हो उसका व्यापार घाटा उतना ही हो तो यह स्वस्थ अर्थव्यवस्था की निशानी है। इसलिए अगर आपको दक्षिणपूर्वी एशिया के देशों में विदेशी पूँजी का आना उचित लगता है तो आपको उनके व्यापार घाटे को भी अनुचित नहीं मानना चाहिए। इस क्षेत्र में अगर तेज विकास और आर्थिक स्थिरता रहती है तो दुनिया भर के निवेशकों के लिए यहाँ निवेश करना उचित ही है। यहाँ सिर्फ सरकार द्वारा पैसा जुटाने में तो कोई उफान नहीं आया था। मलेशिया और इण्डोनशिया में अगर विशाल और शानदार सार्वजनिक निर्माण के काम हो भी रहे थे तो उनका धन चालू राजस्व खाते से आता था और उनका बजट कोमोबेस संतुलित ही रहा। इस प्रकार के घाटे निजी क्षेत्र के

निर्माणों के चलते थे; इनको लेकर संशय क्यों?

पर जब थाईलैण्ड और मेलेशिया का घाटा उनके जीडीपी के 6,7 और 8 फीसदी तक पहुँचने लगा तो, काफी सारे जानकार लोगों की चिंता भी बढ़ने लगी। टैक्विला संकट के पहले मैक्सिको का घाटा भी कुछ ऐसा ही हो गया था। मैक्सिको के अनुभवों ने कुछ अर्थशास्त्रियों की इस व्यापार को पुष्ट किया कि अंतर्राष्ट्रीय पूँजी का आना, जो निजी क्षेत्र में अपने फैसलों से ही चल रहा हो, हर मामले में आँखें बन्द कर भरोसा करने लायक नहीं होता। एशियाई देशों की संभावनाओं को लेकर निवेशकों में जिस किस्म का उत्साह था वह कुछ वर्ष पहले लातिन अमेरिका को लेकर दिख रहे उत्साह से काफी मेल खाता था और यही मेल काफी चिंता पैदा करता था। और मैक्सिको के अनुभव ने यह भी बता दिया था कि अगर बाजार का उत्साह निराशा में बदला तो उससे निपटना बहुत ही मुश्किल होता है और वह बहुत ज्यादा नुकसान करा देता है।

हमें इस दावे पर भी शक करने के आधार है कि एशियाई देशों को उधार देने का फैसला निजी क्षेत्र का अपना था—यह बात पूरी तहर सच नहीं है। जापान में आर्थिक गुब्बारा फूलने वाले दौर की तरह दक्षिण पूर्वी एशियाई देशों में एक नैतिक जोखिम/खतरे वाली समस्या भी थी—ऐसी समस्या, जिसे जल्दी ही 'क्रोनी कैपिटिलिज़्म' लंगोटिया या भाई-भतीजावादी पूँजीवाद करार दिया जाता

आइए, उसी कहानी पर वापस चले जहाँ से बात शुरू हुई थी-थाई फाइनेंस कंपनी द्वारा येन उधार लेना और इसके ऋण के विस्तार की प्रक्रिया के शुरू होने पर। अब ऐसी फाइनेंस कंपनियाँ वास्तव में क्या थीं? ये कोई सामान्य बैंक न थे; उनके पास अगर जर्माकर्त्ता ये भी तो बहुत कम। उनका स्वरूप पश्चिम में इन्वेस्टमेंट बैंकों जैसा भी नहीं था जो अपने फंड का सबसे लाभदायक निवेश करके ज्यादा-से-ज्यादा पैसा कमाते हैं। तो फिर उनके वजूद में आने का कारण क्या था? वे असल में क्या करते थे?

इसका सवाल है—राजनैतिक संबंध। अक्सर हर फाइनेंस कंपनी का मालिक या उसे चलाने वाला किसी-न-किसी नेता या अधिकारी का रिश्तेदार होता था। इसलिए यह दावा कि कहाँ से धन लाएँ, कहाँ लगाएँ, यह निर्णय निजी-क्षेत्र का था, गलत है। यह सही है कि इन फाइनेंस कंपनियों को आये ऋण के लिए किसी किस्म की औपचारिक गांरटी नहीं दी गयी जैसा कि अमेरिका में बचत और उधार, दोनों मामलों में होता है। लेकिन किसी मंत्री के भतीजे की फाइनेंस कंपनी को पैसा देने

वाला विदेशी बैंक इस बात से निश्चित होगा कि अगर निवेश फलदायी नहीं रहा तो मंत्री भी उस पैसे को निकालने के लिए जरूर कुछ-न-कुछ करेंगे ही। इस अतिरिक्त सुरक्षा के भरोसे से ही यह पैसा इतनी आसानी से आया। और अगर विदेशी धन वालों ने ऐसा सोचा था तो उनकी सोच गलत भी न थी। निवेश संबंधी गड़बड़ में प्रत्येक दस में से नौ ऐसे मामलों में थाइ सरकार ने उन्हें संकट से उबारने का काम किया भी।

अब इस मसले को फाइनेंस कंपनी के मालिक, अर्थात मंत्रीजी के भतीजे के हिसाब से देखें। वह सस्ते दर पर बाहर से पैसा पाने की स्थिति में था और पैसे को लेकर न तो कोई सवाल पूछे गये, न शर्तें लगाई गईं जबकि आमतौर पर उधार देने में यह होता ही है। फिर ऊँची दर पर इसी पैसे को आगे लगा देना स्वाभाविक काम ही था। यह पैसा भी अलग प्रापर्टी का काम करने वाले अपने परिचित-रिश्तेदार या दोस्त को दिया गये तो और लाभ है-वह अधिक कांप्लेक्स बनाकर मोटी कमाई करेगा और ज्यादा दर पर सूद भी चुका देगा। पर इसके साथ जोखिम भी जुड़ा है। अगर सब कुछ ठीक चला तो दोनों पक्ष मुनाफे में रहेंगे। अगर सब कुछ उम्मीद के अनुरूप नहीं हुआ, और स्थिति एकदम नहीं बिगड़ गयी तो मंत्री जी फाइनेंस कंपनी को बचाने के लए अपना दांव भी चलेंगे ही। नुकसान होगा तो करदाताओं का होता रहे—इसे कहते हैं चित की मेरी, पट भी मेरी और नुकसान सिर्फ करदाताओं का।

आगे चलकर जिन-जिन देशों में वित्तीय संकट पहुँचा, उन सबमें ऐसा ही ऐसा किसी-न-किसी रूप में चल रहा था। इण्डोनेशिया में बिचौलिए की भूमिका कम थी; वहाँ राष्ट्रति के भाई-भतीजे द्वारा चलाई जाने वाली कंपनी को सीधे विदेशी बैंक से पैसे मिले और उनका धन्धा संदेहास्पद ढंग से चला। इसका सबसे अच्छा उदाहरण हांगकांग के पेरेग्रिन इंवेस्टमेंट होल्डिंग्स से सुहार्तो की बेटी की टैक्सी कंपनी को किया गया वह बड़ा ऋण है जिसने ऋणदाता को ही कंगाल बना दिया। कोरिया में बड़े उधार 'चाएबोल' (बड़ी कंपनियों, उद्यमियों का गिरोह जिसने राष्ट्र की अर्थव्यवस्था और राजनीति को लगभग अपनी मुट्ठी में रखा था) द्वारा प्रभावी रूप से नियंत्रित बैंकों को ही मिला। सो इस पूरे क्षेत्र में सरकार की तरफ से एक अप्रकट-सी गारंटी यहाँ आने वाले निवेश को होती थी। अगर यह न होता तो यहाँ निवेश करना अपेक्षाकृत ज्यादा जोखिम का काम था और उसमें कमाई की संभावना भी कम होती। और इसी से इस बात को भी बल मिलता है कि यहाँ जो उफान दिखता है उसमें सट्टेबाजी वाला पहलू भी था।

अगर असलियत यही थी तो इसमें संकट पैदा होना कोई हैरानी की बात न थी। हम में से कुछ लोग भी यह दावा कर सकते हैं कि हमने साल भर पहले मुद्रा संकट की भविष्यवाणी कर दी थी। लेकिन किसी को भी अंदाजा नहीं था कि यह संकट कितना गहरा होगा।

2 जुलाई 1997

थाईलैंड में आर्थिक उभार लाने के पीछे जिस ऋण वाली व्यवस्था की बड़ी भूमिका थी, उसने 1996 और 1997 के प्रथमार्द्ध में उल्टी दिशा पकड़ ली। इसका आंशिक कारण तो बाहरी था; जापानी येन सस्ता हो गया था और उसने दक्षिणपूर्ण एशिया में उद्योगों के उत्पादों के मुकाबले जापानी माल को सस्ता कर दिया था। निर्यात बाजार में इससे थाईलैण्ड की परेशानियाँ बढ़ गयी थीं। फिर सस्ते विदेशी ऋण से प्रत्यक्ष या परोक्ष रूप से लिए गये सट्टेबाजी वाले काफी सारे निवेशों में नुकसान की स्थिति बन गयी—और ऐसा होना स्वाभाविक भी था। कई सट्टेबाज तो कंगाल हो गये और कुछ फाइनेंस कंपनियों ने यह काम छोड़ दिया। विदेशी ऋणदाता अब पैसा देने में झिझकने लगे और यह झिझक बढ़ती ही गयी।

विश्वास डाँवाडोल होना कुछ हद तक अपने आप ठीक या होने या बिगड़ने वाली समस्या है। जब तक जायदाद बाजार में कीमतें ठीक थीं और शेयर बाजारों में उफान था, संदेहास्पद निवेश भी लाभदायक और अच्छा लगता था। लेकिन एक बार जब गुब्बारे से हवा निकालनी शुरू हुई नुकसान की मात्रा बढ़ने लगी। और इससे भरोसा और डगमगाया और नए ऋण का आना कम होता गया तथा समस्या और गहराती गयी। 2 जुलाई का संकट आने से काफी पहले ही जमीन-मकान और शेयरों की कीमतें अपने उच्चतम स्तर से काफी नीचे आ चुकी थीं।

विदेशी पूँजी आने की रफ्तार में कमी से केंन्द्रीय बैंक को भी मुश्किलें हुईं। जब बाहर से येन और डॉलर का आना कम हो गया तो 'बहृत' की माँग घट गयी। इस बीच आयात का बिल भरने के लिए 'बहृत' देकर विदेशी मुद्रा लेने की माँग बढ़ती ही गयी। अब 'बहृत' के मूल्य को गिरने से बचाने के लिए बैंक ऑफ थाईलैण्ड को उस प्रक्रिया को एकदम उलट कर चलाना पड़ा जो येन और डॉलर का आना बढ़ने पर चलाना पड़ा था। इसने बाजार में 'बहृत' के लिए येन और डॉलर उठाना शुरू किया और अपनी मुद्रा को समर्थन दिया। अपनी मुद्रा का दाम रखने का प्रयास करना और उसकी कीमत कम बनाये रखने की कोशिश दो बिल्कुल अलग-अलग

तरह के काम हैं : बैंक ऑफ थाईलैण्ड तो 'बहृत' की आपूर्ति जितनी चाहे उतनी कर सकता है क्योंकि उसे सिर्फ नए नोट छापने होते लेकिन वह डॉलर या येन की छपाई नहीं कर सकता। इसलिए 'बहृत' की कीमतों को ऊँचा बनाए रखने के प्रयास की एक सीमा है। इस कोशिश में आपके विदेशी मुद्रा भण्डार की क्षमता कभी-न-कभी जवाब देने ही लगेगी।

ऐसे में मुद्रा की कीमत बनाए रखने का एक ही तरीका कारगर हो सकता था। चलन वाले 'बहृत' की मात्रा को कम करना और सूद की दरें बढ़ाना। इससे 'बहृत' में निवेश करने के लिए डॉलर उधार लेने का आकर्षण बढ़ता लेकिन इससे एक दूसरे किस्म की समस्या उठ खड़ी होती। जैसे ही निवेश वाला उफान थमा, थाई अर्थव्यवस्था की रफ़्तार सुस्त पड़ गयी। निर्माण कार्यों में कमी आ गयी, इसके चलते रोजगार कम हुए, आमदनी कम हुई, खर्च कम हुआ, उत्पादन की मांग घटी और शेष अर्थव्यवस्था में भी छंटनी बढ़ गयी। यह पूरी मन्दी का आना न था लेकिन अर्थव्यवस्था उस रंग में भी नहीं रह गयी थी जिसकी वह अभ्यस्त बन गयी थी। सूद की दरें बढ़ाने से निवेश में और कमी आ सकती थी और संभव था इससे अर्थव्यवस्था एकदम गोते खाने लगती।

इसका विकल्प था मुद्रा को गोते खाने के लिए छोड़ देना; 'बहृत' की खरीद बंद करना और विनिमय दर को गिरने देना। लेकिन यह विकल्प भी अनाकर्षक था इससे एक तो सरकार की प्रतिष्ठा पर आँच आती और फिर काफी सारे बैंकों, फाइनेंस कंपनियों और अन्य थाई उद्यमों ने डॉलर में कर्ज ले रखा था। अगर 'बहृत' की तुलना में डॉलर मंहगा हो जाता तो इनमें से काफी सारों को अपना उधार लौटाना बहुत भारी पड़ जाता।

इसीलिए थाई सरकार हिचकिचाई। वह 'बहृत' को गिरने नहीं देना चाहती थी पर साथ ही ऐसे कठोर कदम उठाने से भी बचना चाहती थी जो उल्टा नुकसान कर देते। इसकी जगह उसने चीजों को खुद-ब-खुद ठीक हो जाने का इंतजार करने का फैसला किया और यह उम्मीद करती रही कि बाजार में कुछ ऐसा बदलाव होगा जो गिरावट थाम लेगा।

यहाँ तक का काम तो विशुद्ध किताबी ढंग का था। मुद्रा संकट आने के पहले की यह एक शास्त्रीय स्थिति थी, वहीं स्थिति, जिसे अर्थशास्त्री माडल के तौर पर रखते है और सट्टेबाज जिसे देखते ही खुश होकर सक्रिय होते हैं। धीरे-धीरे यह स्पष्ट होने लगा कि देसी अर्थव्यवस्था को नुकसान पहुँचा सकने वाला कोई कदम

उठाने की हिम्मत सरकार में नहीं है तो इस बात की संभावना भी बढ़ती गयी कि 'बहूत' को गिरने दिया जाएगा। लेकिन यह स्थिति अभी आयी नहीं थी इसलिए संभावित घटनाक्रम का लाभ लेने का वक्त अभी था। जब तक डॉलर-बहूत निनियम दर स्थिर रहने की संभावना थी तब तक डॉलर में उधार लेकर 'बहूत' में ऋण देना काफी लाभप्रद था क्योंकि अमेरिका के मुकाबले थाईलैण्ड में सूद की दरें काफी ऊँची थीं लेकिन जैसे ही यह संभावना बनी कि 'बहूत' का अवमूल्यन हो सकता है, अब उधार वाले धंधे में उल्टा क्रम ही लाभदायक लगने लगा। 'बहूत' में उधार लेना और यह उम्मीद करना कि इसका डॉलर से मूल्य जल्दी ही कम हो जाएगा, और डॉलर जुटाना इस उम्मीद से कि इन परिसंपत्तियों का 'बहूत' में मोल जल्दी ही बढ़ जाएगा। स्थानीय व्यवसायियों ने 'बहूत' में उधार लिया और अपने डॉलर वाले ऋण चुका दिए। अमीर थाई लोगों ने अपनी सरकारी प्रतिभूतियाँ निकाल दीं और अमेरिकी सरकारी प्रतिभूतियाँ खरीद लीं। फिर हेज फंड भी सक्रिय हो गये। कई बड़े अंतर्राष्ट्रीय हेज फंडों ने 'बहूत' उधार लेना और उन्हें डॉलर में बदलवाना शुरू कर दिया।

इन सभी में बहूत को बेचने और विदेशी मुद्रा खरीदने का काम होता रहा। इसका मतलब यह हुआ कि केंन्द्रीय बैंक को 'बहूत' की कीमत बचाए रखने के लिए और बड़े पैमाने पर अपनी मुद्रा खरीदनी पड़ी, और इस चलते विदेशी मुद्रा का उसका भण्डार, ज्यादा तेजी से रीतने लगा। इस चीज ने 'बहूत' के अवमूल्यन की संभावना और बढ़ा दी। मुद्रा के संकटवाला शास्त्रीय उदाहरण एकदम प्रत्यक्ष सामने घटित होता दिख रहा था।

आर्थिक और मौद्रिक मामलों का कोई भी जानकार आपको बता सकता है कि अगर स्थिति इस हद तक पहुँच गयी हो तो सरकार को निश्चित रूप से निर्णायक ढंग से इधर या उधर वाला कोई फैसला कर ही डालना चाहिए; या तो हर कीमत पर मुद्रा को कमाने का निश्चय जाहिर करना चाहिए या उसे उसके हाल पर छोड़ देना चाहिए। लेकिन सरकारों के लिए आमतौर पर ऐसे फैसले करना आसान नहीं रहता। जैसा कि पहले की कई सरकारों ने किया था और निस्संदेह आगे की सरकारें भी करेंगी। थाई सरकार ने अपने विदेशी मुद्रा भण्डार के रीत जाने तक की स्थिति आने के पहले तक इंतजार किया और बाजार को यह भरोसा दिलाने की कोशिश की कि स्थिति जैसी लगती है असल में उससे बेहतर है। उसके विदेशी मुद्रा भण्डार की रकम को भी बड़ा बताने के लिए 'करेंसी स्वाप'(अर्थात आगे भुगतान करने के वायदे पर अभी डॉलर

उधार लेना) का सहारा भी लिया। हालांकि इस बारे में घोषणा नहीं की गयी। बीच-बीच में लगा कि दबाव थोड़ा कम हो रहा है पर असल में यह बढ़ता ही गया। जुलाई आने के पहले तक यह साफ हो गया कि अब खेल खत्म होने ही वाला है। 2 जुलाई को थाईलैण्ड सरकार ने 'बहृत' को राम भरोसे छोड़ दिया।

यहाँ कोई हैरान करने वाली बात नहीं हुई। सरकारी आरक्षित खजाना चूकता जाए और मुद्रा को कमजोर देखकर सट्टेबाजों का हमला हो—यह सब किताबों में आ चुकी बातें हैं। लेकिन हाल के 'टेक्विला.' संकट के अनुभव के बावजूद अधिकांश लोगों को लगा कि 'बहृत' के अवमूल्यन के साथ यह कथा समाप्त हो जाएगी; फिर सरकार की थोड़ी किरकिरी होगी, कुछ ज्यादा तेजी वाले व्यवसायों को झटका लगेगा लेकिन एकदम भूचाल आने जैसी कोई चीज नहीं होगी। निश्चित रूप से थाईलैण्ड और मैक्सिको की स्थिति में जमीन-आसमान का फर्क था। उस पर कोई भी 'स्थिरता, सुधार और शून्य विकास' का आरोप नहीं लगा सकता था। न ही थाईलैंड में कार्डिनास जैसे लोग बैठे थे जो लोक लुभावन कार्यक्रय लेकर दन से आगे आते। इसलिए माना जा रहा था कि यहाँ भारी बर्बादी लाने वाली मन्दी नहीं आयेगी।

पर वे सारी उम्मीदें गलत साबित हुईं।

जबरदस्त गिरावट

थाई अवमूल्यन के कारण एशिया में फैले मन्दी के तूफान पर दो कुछ अलग-अलग तरह के सवाल उठते हैं। पहला सवाल तो प्रक्रिया वाला ही है, यह गिरावट कैसे हुई? एक छोटे देश द्वारा किया गया अवमूल्यन इतने बड़े इलाके में निवेश और उत्पादन को एकदम चौपट कर देने वाला कैसे साबित हो गया? दूसरा सवाल कुछ ज्यादा गहरा है—सरकार या कहें सरकारें इस संकट को क्यों नहीं रोक पाई? बृहद आर्थिक नीतियों को क्या हो गया था?

इस दूसरे सवाल का जवाब थोड़ा ज्यादा समय लेगा क्योंकि इस पर जानकार लोगों में एकमत बनना मुश्किल है। उनके बीच गहरे मतभेद हैं। इसलिए इस सवाल को अगले अध्याय के लिए छोड़कर आइए यही बताने का प्रयास करें कि असल में क्या हुआ था।

अगर सब कुछ ठीक-ठाक चल रहा हो तो मुद्रा की कीमतों को गिरने देने में कोई फर्क नहीं पड़ता। 1992 में जब ब्रिटेन ने अपनी मुद्रा पौण्ड को बचाना छोड़ दिया तो उसकी कीमतों में 15 फीसदी कमी आयी और इसके बाद वह स्थिर हो

गयी। निवेशकों को लगा कि अब बुरा दौर गुजर गया और मुद्रा की कीमत कम होने से निर्यात बढ़ाने में मदद मिलेगी इसलिए अब ब्रिटेन पहले की तुलना में निवेश का बेहतर ठिकाना बन गया है। 'बह्त' संबंधी गणनाओं में भी यही लगता था कि उसका मूल्य भी यही कोई 15 फीसदी गिरता और इससे थाई उद्योग का उत्पादन विदेशी बाजार में बेहतर स्थिति में आता (कम लागत खर्च के चलते)। उसे भी घाटे के साथ कुछ लाभ हो जाता। पर जब उसने 'बह्त' को गिरने के लिए छोड़ दिया तो अगले कुछ महीनों में ही डॉलर के मुकाबले वह 50 प्रतिशत गिरा। अगर तब थाईलैण्ड ने सूद की दरों में तेज वृद्धि करके स्थिति न संभाली होती तो इससे और ज्यादा गिरावट आती।

'बह्त' इतना अधिक क्यों गिरा? इसका संक्षिप्त-सा जवाब है 'डर और अफरा-तफरी के चलते'। लेकिन डर और अफरा-तफरी भी अलग-अलग किस्म की होती है।

कई बार डर सिर्फ अफवाह पर आधारित होती है और उसके पीछे किसी गलत या अतर्कपूर्ण निवेश के डूबने की खबर भर का आधार होता है। 1981 में डॉलर की हल्की गिरावट के पीछे ऐसी ही एक छोटी खबर—एक पगलाए बंदूकधारी द्वारा रोनाल्ड रीगन को घायल करने की खबर का हाथ था। यह सदमा देने वाली खबर थी; लेकिन इस हमले में अगर रीगन की जान भी चली गयी होती तो अमेरिकी सरकार की स्थिरता और उसकी नीतियों की निरंतरता पर कोई प्रभाव नहीं पड़ता। ऐसी स्थिति में तब जिन लोगों ने अपना चित्त शान्त रखा और हड़बड़ी में डॉलर नहीं निकाला। वे फायदे में रहे।

लेकिन अर्थव्यवस्था के लिए उन डरों और अफरा-तफरी का ज्यादा महत्त्व है जो अपने आप से खुद को सही साबित करते हैं। इस मामले में बैंकों के कंगाल होने की चर्चा और लोगों द्वारा उसके आगे अपने पैसे वापस लेने के लिए दौड़ पड़ने वाला उदाहरण सबसे अच्छा है। ऐसी स्थिति में बैंक जल्दबाजी में अपनी परिसंपत्तियां देखकर लोगों को लौटाने वाले पैसे का इंतजार करते हैं। इस हड़बड़ी में उसका औना-पौना दाम ही मिलता है और बदहाल हुआ बैंक और ज्यादा बदहाल होता जाता है और कंगाल भी हो जाता है। पर यहाँ जमाकर्त्ताओं का हाल भी अलग होता है— जो जर्माकर्त्ता यहाँ धीरज रखकर पैसे वापस लेने की जल्दबाजी नहीं दिखाता उसका भी पैसा डूब जाता है।

थाईलैंड में भी कुछ बैंकों के साथ अफरा-तफरी वाली स्थितियाँ आयी थीं।

इण्डोनेशिया में ऐसा और ज्यादा हुआ लेकिन सिर्फ बैंकों की बदहाली के किस्सों पर चर्चा करने का मतलब इस समय को कुछ ज्यादा ही लम्बा खींचना हो जाएगा। असल में तब क्या हुआ, उसे एक दुश्चक्र कहना ठीक होगा-वित्तीय गिरावट और घटते भरोसे ने इसे गति दी और जब दुश्चक्र चला तो कोई नहीं बचा पर यह पारंपरिक बैंकों में काम-काज का एक और बहुत छोटा पहलू है।

अगले प्रबल का रेखांकन इस प्रक्रिया को बताता है और एशिया के जिन देशों में संकट आया उसमें यही प्रक्रिया दिखाई दी और आप इस चक्र में कहीं से भी शुरूआत कर सकते हैं-जैसे थाईलैण्ड के मामले में आप वहां की मुद्रा और अर्थव्यवस्था में भरोसा गिरने से शुरुआत करें। भरोसा कम होने के बाद देसी हो या विदेशी, सभी निवेशक अपना पैसा देश से निकालना चाहेंगे। अन्य चीजें भी इसी तरह रहेंगी और 'बह्त' का मूल्य नीचे आ जाएगा। चूँकि थाई केंन्द्रीय बैंक विदेशी मुद्रा बाजार से खरीद करके अपनी मुद्रा का मूल्य अब स्थिर नहीं रख सकता (क्योंकि अब इसके पास इस खरीद के लिए डॉलर या येन बचे ही नहीं) सो उसके पास–

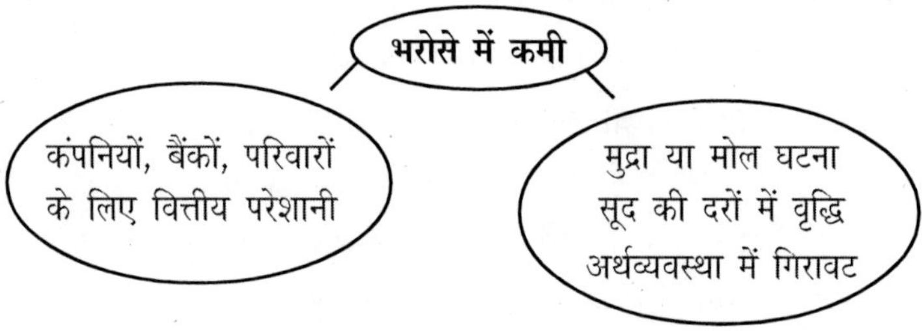

वित्तीय संकट का दुश्चक्र

मुद्रा की गिरावट रोकने का एकमात्र उपाय है– सूद की दरों में तेज वृद्धि और ज्यादा से ज्यादा 'बहूत' को चलन से बाहर लाना। दुर्भाग्य से सूद की दरें बढ़ने और मुद्रा की कीमत में कमी, दोनों ही बातों में व्यवसाय जगत के लिए वित्तीय परेशानी होती है। इनमें से कई पर डॉलर का कर्ज होता है जो डॉलर के मंहगा हो जाने में और बड़ा बोझ हो जाता हैं। फिर जिन पर देसी मुद्रा में कर्ज होता है–उनको सूद की दरों में वृद्धि मार देती है। उनके लिए लौटाने वाली रकम अचानक बहुत बढ़ जाती है। और जब सूद की दरें ज्यादा हो जाए और बैंलेस शीट गड़बड़ाने लगे तो अच्छी से अच्छी शर्तों पर मिले ऋण को चुकाने के लिए कंपनियों को अपने खर्चों में कटौती करनी होती है और इससे मन्दी आती है जिसका अर्थ मुनाफा घटना तथा

बैलेंसशीट का और बिगड़ना होता है। अर्थव्यवस्था से आने वाली इतनी सारी बुरी खबरें निवेशकों के भरोसे को और गिराती हैं और फिर तो अर्थव्यवस्था की गिरावट को थामना मुश्किल हो जाता है।

बहुत सारे जटिल विवरणों (अभी भी शोधकर्त्ता नए विवरण जुटा रहे हैं) को थोड़ी देर के लिए छोड़ भी दें तो यह कहानी एकदम सीधी है—क्योंकि काफी कुछ ऐसी ही चीज मैक्सिको में 1993 में देखने में आयी थी। तो फिर थाईलैण्ड में अवमूल्यन में इतने भारी दुष्परिणाम को लेकर हैरान होने वाली कौन सी चीज थी? इसका बुनियादी जबाब है कि काफी सारे अर्थशास्त्रियों को इस कथा के तत्वों का पता था पर सबको यह अंदाजा नहीं था कि अवमूल्यन को लेकर जो 'फीडबैक' आयेगा वह इतना जबरदस्त नुकसानदेह हो जाएगा। उन्हें भरोसे में गिरावट, वित्तीय बाजार और वास्तविक अर्थव्यवस्था तथा सिद्धान्त में विश्वास के संकट वाले फीडबैक का तो अंदाजा था पर सबका मिला-जुला प्रभाव ऐसा हो जाएगा इसका अंदाजा न था। इसी का परिणाम इस दुश्चक्र की तेजी से होने वाले दुष्प्रभावों का अंदाजा न लग पाना भी था।

यहाँ इसी की समान्तर कथा दी जा रही है किसी सभागार में लगे माईक में सदा थोड़ी आवाज गूंजती है : माइक से जाती आवाज एंप्लीफायर से काफी तेज हो जाती है और माइक वापस उसका भी कुछ अंश पकड़ लेता है और यह क्रम चलता रहता है। अगर कमरे की बनावट में आवाज को ज्यादा गुंजा देने वाला दोष न हो या वापस आने वाली आवाज ज्यादा तेज न हो गयी हो तो लोग हल्की अनुगूंज को बर्दाश्त करते हैं और इससे कोई समस्या नहीं होती। लेकिन माइक का मुँह जरा घुमाइए और या डायल को कुछ ज्यादा ऊपर तक ले जाइए और शोर इतना बढ़ जाता है कि कान फटने लगता है और कोई बात सुनाई नहीं देती। दूसरे शब्दों से कहें, तो जिस चीज से असली असर पड़ता है, वह फीडबैंक नहीं है—वह है फीडबैक का स्वरूप और उसकी मात्रात्मक ताकत। हर आदमी इस बात को जानकर हैरान था कि डॉलर इतना ऊपर कैसे पहुँचा।

निस्संदेह, अभी भी ऐसे काफी सारे लोग हैं जो इस बात में भरोसा करना नहीं चाहते कि बाजार अर्थव्यवस्था वास्तव में अस्थिर हो सकती है, कि रेखांकन में दिखाए फीडबैंक इतने ताकतदर हो सकते हैं कि विस्फोटक संकट पैदा हो जाए। लेकिन असल में ऐसा ही है—और जिस तरह से यह संकट फैला उसमें यह इस चीज को देख सकते हैं।

संक्रामक रोग

अंतर्राष्ट्रीय वित्त, खासकर अंतर्राष्ट्रीय संकट प्रबंधन से जुड़ी महत्त्वपूर्ण बैठकों के दूरदराज के रिसार्टों हो जाने के पीछे ठोस कदम भी है–ठीक उसी तरह जैसे द्वितीय विश्वयुद्ध के बाद की मौद्रिक व्यवस्था का खाका ब्रेटनवुड्स के माउंट वाशिंगटन में बनना या फिर हर साल ब्योमिंग के जैक्सन लेक लॉज में गर्मियों में दुनिया भर के वित्त मंत्रियों और सेंट्रल बैंकरों की बैठकों का होना। शायद इन जगहों का परिवेश इन महत्त्वपूर्ण लोगों को रोजाना की मारा-मारी से दूर जाकर कुछ बड़े मुद्दों का ध्यान केंन्द्रित करने में मदद करता है। खैर, अक्टूबर 1997 के शुरू में एशियाई संकट शुरू तो हो गया था पर उसकी गंभीरता और भीषणता स्पष्ट नहीं हुई थी–वुडस्टाक, वेरमांट में अनेक बैंकर, अधिकारी और अर्थशास्त्री स्थिति की समीक्षा के लिए जमा हुए।

लेकिन तब तक थाईलैण्ड गहरे संकट में आ चुका था–इसके पड़ोसी देश मलेशिया की मुद्रा बदहाल होने लगी थी और इण्डोनेशियाई रूपिया करीब 30 फीसदी नीचे गिर गया था। जिस कक्ष में बैठक थी उसकी सामान्य राय यह थी थाईलैण्ड ने अपनी समस्या खुद बुलाई है और वहाँ मलेशिया को लेकर किसी के मन में सहानुभूति का भाव न था–जो थाईलैण्ड की ही तरह पिछले अनेक बैंकों से चालू खाते में भी भारी घाटे की स्थिति में रहता आया था। वहाँ के प्रधानमंत्री ने जिस तरह से सट्टेबाजी के खिलाफ आग उगली थी उससे स्थितियाँ और खराब हुई थीं लेकिन जहाँ हर आदमी सहमत था कि इण्डोनेशिया ने अपनी मुद्रा को गिरने देकर अच्छा किया–वहाँ इण्डोनेशिया के आर्थिक प्रबंधक को लेकर काफी अच्छी बातें कहीं गयी–लेकिन रूपिया की कमजोरी को लेकर कोई ठोस तर्क नहीं दे सका। इण्डोनेशिया का चालू खाते का घाटा अपने पड़ोसी देशों की तुलना में कहीं भी नहीं था–1996 में घाटा उसके जीडीपी के 4 फीसदी से कम था जो आस्ट्रेलिया जैसे देशों की तुलना में काफी छोटा था। देश के निर्यात का आधार–जो कुछ कच्चा माल तो कुछ श्रम बहुल उत्पादों वाला था–काफी ठोस लग रहा था; अर्थव्यवस्था का सामान्य हाल भी बुनियादी रूप से ठोस लग रहा था।

लेकिन तीन महीनों के ही अंदर इण्डोनेशिया की ताकत दक्षिण पूर्व एशिया में बाकी देशों से ज्यादा खराब हो गयी–बल्कि यह विश्व इतिहास के सबसे भीषण आर्थिक गिरावटों में एक बनने की राह पर था। यह संकट सिर्फ दक्षिण पूर्व एशिया तक सीमित नहीं रहा। यह मुद्दा दक्षिण कोरिया तक गया जिसका जीडीपी

इण्डोनेशिया में दो गुना और थाईलैण्ड में तीन गुना था।

आर्थिक संक्रमण फैले इसके कई बार अच्छे कारण होते हैं। पुरानी कहावत है कि अमेरिकी को जुकाम होता है और कनाडा को छींक आने लगती है—आखिर जब कनाडा का ज्यादातार माल अपने दक्षिणी पड़ोसी के यहाँ ही बिकना है तो यह स्थिति आनी स्वाभाविक है। दक्षिण पूर्व एशिया के संकटग्रस्त मुल्कों में भी प्रत्यक्ष संबंध थे। मलेशिया में बना सामान थाईलैण्ड में बिकता है तो थाईलैण्ड में बनी चीजों के लिए मलेशिया ही मुख्य बाजार है। एशियाई अर्थव्यवस्थाओं में बात थोड़ी ज्यादा दूर तक इसलिए भी जाती है कि वे तीसरे पक्ष को एक जैसी चीजें बेचते हैं। जब थाईलैण्ड अपनी मुद्रा का अवमूल्यन करता है तो पश्चिम को होने वाला निर्यात सस्ता होता है और इण्डोनेशिया में बनने वाले उसी तरह के माल की कीमतें और उत्पादन इससे प्रभावित हुए बिना नहीं रह पाता।

संकट वाली इन अर्थव्यवस्थाओं के बीच अच्छे बाजार वाले ताने-बाने से संकट भी एक-दूसरे के यहाँ पहुँचे इस बात का ज्यादा आधार कहीं दिखता। थाईलैण्ड दक्षिण कोरिया के उत्पादों के लिए बाजार या प्रतिद्वंदी हो सकता है लेकिन इस काफी कड़ी अर्थव्यवस्था को उसकी गड़बड़ियों से ज्यादा नुकसान हो, यह बात सामान्यतः समझ नहीं आती।

इस संक्रमण का एक अधिक मजबूत स्रोत कमोबेश प्रत्यक्ष वित्तीय जुड़ाव हो सकता है। थाई लोगों ने कोरिया में या कोरियाई लोगों ने थाईलैण्ड में निवेश किया हो ऐसा न था पर इस पूरे क्षेत्र में आने वाला धन अक्सर 'उभरते बाजार' के नाम पर बने कोषों (फंडों) से ही आता रहा था तो जो अक्सर इन सभी देशों को एक श्रेणी में रखकर फैसले करते थे। थाईलैंड से बुरी खबरें आईं तो उन फंडों से पैसा वापस आया और पैसा निकालने का काम सभी देशों से हुआ।

पर इन मशीनी या तकनीकी जुड़ावों से भी ज्यादा बड़ा मसला निवेशकों द्वारा मानसिक रूप से इस पूरे क्षेत्र को एक मानना था। वे इस क्षेत्र के देशों को 'एशियाई चमत्कार' कहा करते थे और किसी भी एक देश की अर्थव्यवस्था ने अगर उस चमत्कार से कम अच्छा प्रदर्शन किया तो सभी पर से उनका विश्वास डगमगा गया। वुडस्टॉक में जमा लोग भले ही थाईलैण्ड और इण्डोनेशिया में अलग मानें लेकिन गली का निवेशक यह भेद नहीं करता था और उसने अपना धन वापस निकालना शुरू किया।

और फिर यह बात जाहिर हुई कि इन अर्थव्यवस्थाओं में चाहे जो अंतर हो लेकिन बाजार की अफरा-तफरी में आगे हथियार डालने के मामले में उनकी स्थिति

एक जैसी थी। वुडस्टाक में जमे काफी लोगों ने इण्डोनेशिया को लेकर जो कहा वह गलत था और डरे, घबड़ाए निवेशक सही थे। इन जानकार लोगों ने इण्डोनेशिया के गुणों को न जाना हो, ऐसा नहीं है लेकिन उन्होंने उसकी कमजोरियों को कम करके आँकने की गलती जरूर की। थाईलैण्ड की ही तरह मलेशिया में, इण्डोनेशिया में, कोरिया में बाजार का भरोसा गिरने के साथ एक दुश्चक्र की शुरुआत हुई जिसने वित्तीय और आर्थिक भूचाल.ला दिया। इन देशों के बीच सामानों की आवाजाही का सामान्य सा रिश्ता था, इस बात से ज्यादा फर्क नहीं पड़ा निवेशकों के दिमाग के हिसाब से वे एक ही थे और एशिया के एक देश की अर्थव्यवस्था से जुड़ी खबर का मतलब उनके लिए सभी देशों की बुरी खबर ही थी; और जब एक देश भरोसे के संकट का शिकार होता है तो अंततः यह पूरा सरजाम भरभराकर गिर जाता है।

एशिया ही क्यों? 1997 ही क्यों?

इतना गंभीर आर्थिक संकट एशिया में ही और वह भी 1997 में ही क्यों आया? जैसा कि बिल क्लिंटन इस सवाल को टाल सकते थे कि 'क्यों' से आपका अभिप्राय क्या है? आप उन घटनाओं के बारे में 'क्यों' पूछ रहे होंगे जो यह संकट लेकर आयीं या फिर एशिया की इस असाधारण कमजोरी का स्रोत जानने के लिए भी यह सवाल उठा सकते हैं।

अगर आप एशियाई संकट के लिए कुछ खास घटनाओं को दोषी बताना चाहते हैं तो सामान्य संदिग्ध घटनाओं की सूची काफी बड़ी है। उनमें एक है येन और डॉलर का विनिमय दर। 1995 और 1997 के बीच डॉलर के मुकाबले येन ऊटपटांग ढंग से बहुत चढ़ गया था लेकिन इसी दौरान वह धराशायी भी हो गया। चूँकि लगभग सभी एशियाई मुद्राएँ डॉलर के साथ जुड़ी थीं इसलिए डॉलर की मंहगाई और येन के सस्ता होने का मतलब हुआ कि इन एशियाई देशों को जापान के अंदर और विदेशों में जापानी सामान के मुकाबले अपना सामान बेचने में कठिनाई होने लगी और उनका निर्यात गिरने लगा। 1994 में चीन ने अपनी मुद्रा का अवमूल्यन किया और उसके यहाँ भी भरपूर सस्ता श्रम उपलब्ध है, इसलिए उसके माल ने भी थाई और मलेशियाई निर्माण पर चोट की। इसी समय दुनिया भर में इलैक्ट्रॉनिक सामानों की और खासतौर से सेमी कंडक्टरों की मांग में गिरावट आयी और एशिया के ये देश इन्हीं चीजों के उत्पादन में महारत रखते थे।

लेकिन एशिया इससे पहले इससे ज्यादा बड़े सदमें झेल चुका था। जैसे 1985

में जब तेल की कीमतें गिरीं तो तेल निर्यातक इण्डोनेशिया के लिए वह काफी बडा झटका था; लेकिन इस बुरी खबर में बीच की अर्थव्यवस्था का विकास जारी रहा। 1990-91 की आर्थिक गिरावट बहुत तेज नहीं थी पर इसने लगभग पूरी विकसित दुनिया को प्रभावित किया था। उससे एशियाई देशों के निर्यात की माँग घटी पर उनके आर्थिक विकास की रफ्तार कम नहीं पड़ी। इसलिए यह सवाल महत्त्वपूर्ण है कि एशिया को किसी चीज ने (या पूरी दुनिया को ही) इतना बदल दिया कि कुछ बुरी खबरों ने उसके लिए आर्थिक बर्बादी की राह ही खोल दी।

एशिया के कुछ लोगों, खासतौर से मलेशिया के प्रधानमंत्री महातिर का हाजिर जबाब था षडयंत्र। उनका कहना है कि यह अफरा-तफरी जार्ज सोरोस जैसे बड़े आपरेटरों ने जानबूझ कर फैलाई। उनका यह भी कहना है कि जार्ज सोरोस अमेरिका सरकार के इशारों पर काम कर रहे थे जो एशिया के दमदार देशों की हैसियत घटाना चाहती थी। शुरू में हेज फंडों के खिलाफ महातिर का गुस्सा वाजिब लगता था। धीरे-धीरे जब और बातें सामने आती गयीं तो उसकी चमक धुंधली पड़ती गयी। हेज फंडों की भूमिका जरूर काफी बड़ी और महत्त्वपूर्ण है और तभी हमने उन पर एक पूरा अध्याय (छठा अध्याय) दिया है, लेकिन यह भूमिका 1998 में महत्त्वपूर्ण हुई और तब तक सोरोस और अन्य बड़े आपरेटरों की गतिविधियाँ अमेरिकी नीतियों की दिशा से एकदम उलट थीं) और षड़यन्त्र ने ही सब कुछ करा दिया यह बात ज्यादा दूर तक नहीं जाती।

दूसरी तरफ पश्चिम के अनेक लोग हैं जो एशिया की गिरावट को नैतिकता के आधार पर समझाने का प्रयास करते हैं। उनका कहना है कि यहाँ की अर्थव्यवस्थाओं में बहुत भाई-भतीजावाद छाया था। यह गिरावट उसी की सजा थी। जब यह आर्थिक गिरावट आ गयी तो हर कोई इन देशों में भ्रष्टाचार और भाई भतीजावाद की कथा सुनाने लगा है—थाई फाइनेंस कंपनियों की कथा सुनाने लगा है—थाई फाइनेंस कंपनियों की कथा, मलेशिया के 'टेक्नालाजी कारीडोर' वाली भारी-भरकम योजना के किस्से, सुहार्तो परिवार के द्वारा की गयी लूट की कहानी, कोरियाई बड़ी कंपनियों द्वारा ऊटपटांग कारोबार हाथ में लेने के किस्से (आपने एक अंडरवियर कंपनी द्वारा एक 'स्की रिसार्ट' खरीदने और फिर उसे माइकल जैक्सन को बेचने का किस्सा सुना है क्या?) वगैरह-वगैरह। लेकिन यह नैतिकता वाला खेल दो मामलों में समस्या खड़ा करता है।

पहला, एशिया में भ्रष्टाचार और भाई-भतीजावाद बहुत बड़ी बीमारी थे, पर

ये पहली बार नहीं आये थे। कोरिया के 'चाएबोल' मूल रूप से एक कुनबे का खेल था जिसने आधुनिक निगमों का रूप लिया था, पर जिसमें मालिकों के साथ दशकों तक पुराने सामंती अंदाज वाला व्यवहार ही होता रहा था। ऋण, लाइसेंस, परमिट, सब्सिडी में इनका नंबर हर बार सबसे पहले आता था। और यही दशक कोरिया में सबसे तेज आर्थिक विकास वाले भी थे। पश्चिमी मानकों के हिसाब से यह कोई बहुत अच्छी व्यवस्था न थी पर इसने 32 वर्षों तक चमत्कारी प्रदर्शन करके दिया। यही बात उन सभी देशों में चलने वाली व्यवस्था के बारे में कही जा सकती है जो पहले काफी तेजी से उभरे और फिर गहरे संकट में फँसे। आखिर इस गड़बड़ी ने 1997 में ही क्यों चोट की?

और इसी से जुड़ा एक और मुद्दा; अगर वह संकट एशियाई देशों के कामों की सजा था तो इसका शिकार होने वाले देशों की स्थिति (या पाप) तो एक जैसी न थी। वे विकास के अलग-अलग स्तर पर थे जबकि दंड एक ही समय मिला। 1997 में कोरिया किसी विकसित देश के बहुत पीछे न था, उसकी प्रति व्यक्ति आय दक्षिणी यूरोपीय देशों के बराबर थी जबकि इण्डोनेशिया तब भी काफी गरीब मुल्क था जहाँ की प्रगति लोगों के प्रति दिन की खुराक में कैलोरी की गिनती के आधार पर की जाती थी। अब इतने 'असमान पापियों' को एक साथ सजा क्यों?

मुझे तो इस बात से एक ही जवाब में तर्क दिखता है कि यह संकट किसी पाप की सजा के तौर पर नहीं आया था। इन देशों की अर्थव्यवस्थाओं की यह वास्तविक असफलता थी, लेकिन असली असफल थी अपना नाश खुद करने वाली अफरा-तफरी के आगे इनकी कमजोरी।

बैंकों की गिरावट वाली बात पर वापस चलते हैं; 1931 में अमेरिका के करीब आधे बैंक फेल हो गये थे। ये सभी न तो एक समान थे और न ही इनकी कमजोरी-मजबूती एक जैसी थी। कुछ बुरी तरह से चलाए जाते थे; कुछ ने बहुत ज्यादा जोखिम ले लिया था; 1929 की बातें जानकर भी जोखिमवाला उधार दिया था; अन्य अपेक्षाकृत ठीक-ठाक स्थिति में थे और उनका प्रबंधन बहुत सोच-विचार कर फैसले लिया करता था। लेकिन जब देश में डर फैला और अफरा-तफरी मची, हर कहीं का जमाकर्ता अपनी रकम वापस लेने दौड़ पड़ा तो प्रबंधन के गुण-दोष वाली बातों को बहुत मतलब नहीं रह गया। जो बैंक बहुत ही दकियानूसी या अनुदार नजरिए से चलते थे और अपने जमा का काफी बड़ा हिस्सा नकदी के रूप में रखे हुए थे (जिसे सामान्य दिनों में खराब बैकिंग कहा जाएगा।) सिर्फ वही, बचे इसी

प्रकार थाईलैण्ड की अर्थव्यवस्था बहुत ही खराब ढंग से चलाई जा रही थी। इसने काफी ज्यादा उधार ले रखा था और बहुत संदेहास्पद परियोजनाओं में धन लगाया था। सारे भ्रष्टाचार के बावजूद इण्डोनेशिया का हाल इससे बेहतर था और इसके अपने आर्थिक प्रबंधन में वे सभी गुण भी दिखाए थे जिनकी वे ज्ञानी लोग तारीफ कर रहे थे। लेकिन जब डर और अफरा-तफरी छाई तो इस बातों का कोई मतलब नहीं रह गया।

क्या इन एशियाई देशों की अर्थव्यवस्था में पाँच या दस वर्ष पहले की तुलना में 1997 में ज्यादा कमजोर हालत में थी जो वित्तीय अफरा-तफरी से परेशान हो जाए? निश्चित रूप से हां, पर ऐसा लंगोटिया पूँजीवाद या भाई-भतीजावाद या फिर खराब सरकारी नीतियों के चलते नहीं था। पर अपने वित्तीय बाजार को ज्यादा खोलकर उन्होंने खुद को ऐसी स्थिति से निपटने के मामले में ज्यादा कमजोर कर दिया था, वे मुक्त बाजार का बेहतर रूप बन गये थे-पहले से बदतर तो कतई नहीं। अपनी इस नई लोकप्रियता का लाभ लेने के चलते भी उन्होंने अपनी कमजोरी बढ़ा ली थी। उन्होंने अंतर्राष्ट्रीय ऋणदाताओं से काफी धन उधार ले रखा था वित्तीय गिरावट के चलते भरोसा घटने से ऐसे ऋण की देनदारियाँ बढ़ गईं। उन्होंने संकट गहराया और अर्थव्यवस्था दुश्चक्र में फंसी। ऐसा नहीं है कि जो पैसा आया उसे यूँ ही लुटा दिया गया या खराब कामों पर खर्च किया गया। इसमें कुछ काम गड़बड़ थे। पर ज्यादातर सही थे पर इस बार फर्क यही था कि पुराने धन के विपरीत अब का ऋण डॉलरों में था और इसी ने आर्थिक रूप से चीजों को पलट दिया।

अर्जेन्टीना, 2002

अर्जेन्टीना एशिया का देश नहीं है। लेकिन 2002 में अर्जेन्टीना में भी एशिया की तरह का ही संकट आया और इसने यह बात एक बार फिर स्पष्ट की कि कैसे एक बहुप्रशंसित आर्थिक नीति किसी देश को गंभीर आर्थिक संकट में पहुँचा देती है।

मैंने अर्जेन्टीना के मौद्रिक इतिहास की चर्चा अध्याय 2 में की है। करेंसी नोट छापने के मामले में पीढ़ियों तक प्रिंटिग प्रेस का दुरुपयोग करने के बाद 1991 में अर्जेन्टीना सरकार ने मुद्रा बोर्ड की व्यवस्था लागू करके इस सबको सदा के लिए बिदाई देने का फैसला किया। मुद्रा बोर्ड के माध्यम से अर्जेन्टीना का पेसो अमेरिकी डॉलर के साथ एक निश्चित विनिमय दर पर बंध गया। और फिर जितना पेसो चलन के लिए बाजार में रखा गया उसके बराबर मूल्य का डॉलर रिजर्व में रखा गया

और इस मामले में किसी तरह की ढील की व्यवस्था ही नहीं छोड़ी गयी। फिर माना गया कि यह मौद्रिक स्थिरता ही निरंतर प्रगति और समृद्धि का आधार बनेगी।

जैसा हमने अध्याय 2 में देखा है, अर्जेन्टीना की अर्थव्यवस्था 1995 में संकट की चपेट में आते-आते बची थी, ऐसा मैक्सिको के संकट के दुष्पप्रभाव से हुआ था और उसने यहाँ की बैंकिंग व्यवस्था के लिए वास्तविक संकट खड़ा कर दिया था। लेकिन जैसे ही उस संकट के बादल छंटे लोगों पर भरोसा बढ़ा। विदेशी प्रेक्षक अर्जेन्टीना आर्थिक संचालकों और अर्थव्यवस्था की काफी तारीफ करते थे। इसके साथ भरपूर विदेशी पूँजी आती रही-ज्यादातर डॉलर में। ऐसा ऋण व्यापार जगत और व्यापार जगत और व्यक्तियों, दोनों को आया।

पर 1990 के दशक के आखिरी दिनों में अचानक स्थितियाँ बदलने लगीं।

सबसे पहली समस्या विनिमय दर, अर्थात एक डॉलर के बदले एक पेसो की स्थायी व्यवस्था से आयी जिसमें लचीलापन का एकदम अभाव था। सम्भव है, अर्जेन्टीना के लिए यह कोई समस्या न होती अगर वह भी मैक्सिको की तरह अपना ज्यादातर व्यापार अमेरिका के साथ ही करता। लेकिन जरा दुनिया के नक्शे पर गौर कीजिए। अर्जेन्टीना अमेरिका की तुलना में यूरोप के ज्यादा पास है। और अर्जेन्टीना यूरोपीय संघ और अपने पड़ोसी ब्राजील के साथ अमेरिका की तुलना में ज्यादा व्यापार करता है लेकिन अर्जेन्टीना की विनिमय व्यवस्था में यूरो या ब्राजील की मुद्रा रियाल की तुलना में पेसो का मूल्य स्थिर रखने का प्रावधान ही न था। इसके उलट यह व्यवस्था उन मुद्राओं की तुलना में पेसो की कीमत ऊपर-नीचे करती थी जिससे अर्जेन्टीना की व्यावसायिक स्थिति प्रभावित होती थी। जैसे, अगर डॉलर यूरो की तुलना में चाहे जिन कारणों से मजबूत हुआ, इसका प्रभाव यह होता था कि यूरोप के बाजारों में अर्जेन्टीना का माल महँगा हो जाने के कारण बिक ही नहीं पाता था।

और 1990 के दशक की शुरुआत के साथ ही अर्जेन्टीना के साथ ठीक यही होने लगा था। एक तरफ यूरो की तुलना में डॉलर चढ़ा—एक समय यूरो मात्र 85 अमेरिकी सैण्ट का था जो इस किताब को लिखते समय 1.2 डॉलर का हो चुका था। दूसरी ओर, रूसी वित्तीय संकट की चपेट में ब्राजील भी फंस गया था (देखें अध्याय 6) और उसे रियाल का भारी अवमूल्यन करना पड़ा। विनिमय दरों में इस तरह के बदलावों का मिला जुला असर यह हुआ कि अर्जेन्टीना का माल विदेशी बाजारों की प्रतिद्वंद्विता में टिकने की स्थिति में ही नहीं रहा गया और देश मन्दी

की चपेट में आ गया।

जैसे ही अर्जेन्टीना की अर्थव्यवस्था में सुस्ती आयी, विदेशी निवशकों का भरोसा उठ गया। अब विदेशी मुद्रा देश में आने की जगह देश से भागने लगी और पूँजी उधार का संकट होने लगा। 1995 की तरह विदेशी धन के नुकसान ने भी बैंकिंग संकट पैदा किया।

अर्जेन्टीना के अधिकारियों ने बढ़ते संकट को सँभालने की काफी कोशिशें कीं। उन्होंने सरकारी खर्चों में कमी की जिससे मन्दी और गहरा गयी। यह काम उन्होंने विदेशी निवेशकों का भरोसा जीतने के लिए किया था पर परिणाम उल्टा आये। उन्होंने बैंकों से पैसे निकालने पर कुछ सीमाएँ बाँधी, पर इसके चलते राष्ट्रपति निवास के सामने प्रदर्शन होने लगे। गृहणियाँ, बर्तन-भाण्डों के साथ वहाँ नारे लगाने लगीं। लगा, कोई भी तरीका कारगर नहीं हो रहा है। और 2001 के अंत तक सरकार को स्वयं लगने लगा कि एक डॉलर, एक पेसो के विनिमय दर को बनाए रखने में वह समर्थ नहीं हैं। जल्दी ही पेसो की कीमत एक डॉलर से गिरकर 30 सेण्ट के आस-पास आ गयी।

मुद्रा की इस गिरावट का शुरुआती प्रभाव तो एशियाई देशों की मुद्राओं के गिरावट जैसा ही भयावह था। चूँकि अर्जेन्टीना के काफी सारे व्यवसायियों और व्यक्तियों ने डॉलर में कर्ज ले रखा था, पेसो के मुकाबले डॉलर की कीमतों में इतनी वृद्धि ने उनका हाल बिगाड़ दिया। अनेक मामलों में तो वे कंगाल ही हो गये। अर्थव्यवस्था धड़ाम से गिरी। 2002 में जीडीसी में 11 फीसदी की गिरावट आयी जबकि 2001 में भी इससे 4 फीसदी की गिरावट आ चुकी थी, कुल मिलाकर 1998 से 002 के बीच अर्जेन्टीना की अर्थव्यवस्था के आकार में 18 फीसदी की कमी हो गयी थी। यह कमी आर्थिक महामन्दी वाले आकार ही की थी।

लेकिन अगले पाँच वर्षों में अर्जेन्टीना ने जबरदस्त वापसी की। इसके इस समझौते से भी मदद मिली जिसके अनुसार सरकार को प्रत्येक डॉलर के विदेशी कर्ज पर मात्र 30 सेण्ट की रकम ही लौटाई। अर्थव्यवस्था भी तेजी से पटरी पर लौटी, लेकिन यह अनुभव डरावना था। और अब जबकि यह किताब प्रेस में जा रही है अर्जेन्टीना फिर से संकट में जाता दिख रहा है।

गहरा सवाल

एशियाई संकट से अधिकांश टिप्पणीकारों को इस अध्याय में दिए गये ब्यौरों को

लेकर काफी शिकायतें हो सकती हैं, कुछ कह सकते हैं कि नैतिक संकट वाले उधार वाली चीज से मेरे कहने की तुलना में बहुत ज्यादा नुकसान हुआ। इससे उलट कुछ कह सकते हैं कि अर्थव्यवस्था तो काफी–अच्छी स्थिति में थी, संकट सिर्फ ऊपर ही ऊपर का। संकट किन चीजों से और कैसे आता है इसमें बैंकों के फेल होने की भूमिका, जायदाद की कीमतों में उतार-चढ़ाव, विनिमय दरों, सूद की दरों वगैरह भी क्या भूमिका होती है–इसे लेकर आने वाले काफी वर्षों तक विवाद चलते रहेंगे। फिर भी मुझे लगता है कि आमतौर पर यहाँ दिए ब्यौरों को काफी हद तक स्वीकार किया जाएगा।

लेकिन असली विवाद तो नीतियों को लेकर है–अक्सर इसमें व्यक्तिगत आलोचना आ जाती है। नीतियों के उन्हें लाने वाले और अमल करने वालों की आलोचना भी शुरू हो जाती है। और फिर यह बहस बहुत ही उत्तेजनापूर्ण हो जाती है कि सरकारें नुकसान को कम कर पाने की दिशा में ज्यादा कुछ क्यों नहीं कर पातीं?

5

नीतियों का संदर्भ

दिसंबर 1930 में जैसे ही यह स्पष्ट होने लगा कि अमेरिका बहुत ही भीषण मन्दी की चपेट में आ गया है, जान मेनार्ड कीन्स ने आर्थिक गिरावट के कारणों को आम लोगों के लिए स्पष्ट करने की कोशिश की। उन्होंने कहा "हमारे सामने प्रत्यावर्तित संकट है।" एक तरह से यह बहुत बड़ी और सामान्य से एकदम अलग तरह से कही बात थी। अब अर्थव्यवस्था का इंजन अपने दम से चलेगा ही नहीं, यह कहना बड़ी बात थी, इसके लिए सरकार की तरफ में धक्का लगना जरूरी है। लेकिन बहुत गहरे अर्थों में जाएँ तो कीन्स भी अनुदार लाइन ले रहे थे। वे घोषणा कर रहे थे कि इंजन के साथ कोई मौलिक समस्या नहीं है और इसे एक तकनीकी सुधार से ठीक किया जा सकता है। जिस समय दुनिया काफी सारे बौद्धिक मानते थे कि पूँजीवाद पिट गया है और केन्द्रीकृत योजनाबद्ध अर्थव्यवस्था ही पश्चिम को महामन्दी से उबार सकती है, तब कीन्स कह रहे थे कि पूँजीवाद नहीं डूबा है। बहुत ही सीमित ढंग के दखल (मदद) से यह व्यवस्था फिर से दौड़ने लगेगी—यह दखल किसी पूँजी और निजी तौर पर फैसले की प्रक्रिया को नहीं बदलेगी, उसकी जरूरत नहीं पड़ेगी।

और आलोचकों की भविष्यवाणियों को दरकिनार करते हुए पूँजीवाद बचा रहा। भले ही आज के मुक्त बाजार के पक्षधर इस बात को थोड़ा मुश्किल से स्वीकार कर पाएँ पर सच्चाई यही है कि इसका बचाव उसी रास्ते में हुआ जो

कीन्स ने सुझाया था। द्वितीय विश्व युद्ध ने पूँजीवाद को वह .जरूरी धक्का दिया जिसकी मांग कीन्स कई वर्षों में कर रहे थे; लेकिन मुक्त बाजार में लोगों का भरोसा अर्थव्यवस्था के मन्दी से उबर जाने भर से नहीं हुआ। अर्थव्यवस्था में दखल-सूद की दर बढ़ाकर और बजट घाटा बढ़ाकर मन्दी से लड़ना—से मुक्त बाजार की अर्थव्यवस्था टिकाऊ हो सकती है और सबको काम मिल सकता है। इस बात के एहसास से ही मुक्त बाजार पर लोगों का भरोसा बैठा। प्रभावी रूप से देखें तो पूँजीवाद और उसके पक्षधर अर्थशास्त्रियों ने लोगों के साथ एक सौदा किया; हम आगे से महामन्दी को टालने के लिए जरूरी उपाय जानते हैं, इसीलिए अब से मुक्त बाजार की व्यवस्था चलने देने में हर्ज नहीं है।

इस अप्रकट सौदे का वास्तव में एक नाम भी है; 1950 के दशक में लिखी अपनी प्रसिद्ध पाठ्य पुस्तक में पॉल सैमुएल्सन ने इसे 'निओ क्लासिकल सिंथसिसनव शास्त्रीय संयोजन' नाम दिया पर मैं इसे 'कीन्सीयन कपैक्ट कीन्स' का संविदा कहना पसंद करता हूँ।

अमेरिका और अधिकांश विकसित देशों में आज भी इस संविदा का आदर होता है। हाँ, जब तक जब तक अर्थव्यवस्थाओं में गिरावट में दौर भी आये हैं। लेकिन जब भी ऐसा होता है तो हर किसी को लगता है कि फेडरल रिजर्व ने 1975, 1982 और 1991 में जो कुछ किया था, अर्थव्यवस्था को गति देने के लिए सूद की दरें कम की थीं, वही फिर किया जाएगा। हम यह भी उम्मीद करते हैं कि राष्ट्रपति और अमेरिका के संसद करों में कटौती करेगी और खर्च में बढ़ोतरी करके इस प्रक्रिया में मदद करेगी। हम पक्के तौर पर यह उम्मीद नहीं करते कि सूद की दरें बढ़ाकर, करों में वृद्धि करके और खर्च में कटौती करके हरबर्ट हूवर ने मन्दी से लड़ने की जो गलत रणनीति अपनाई थी उसे दोहराया जाएगा।

लेकिन जब एशिया में वित्तीय संकट आया तो वहाँ की सरकारों ने नीतिगत स्तर पर जो दिशा अपनाई वह अमेरिका द्वारा अपने यहाँ की गिरावटों को रोकने के लिए किये गये निर्माणों की उलट दिशा वाले थे। सब जगह वित्तीय किफायत की गयी। सूद की दरें बढ़ा दी गयी। कई जगह तो बहुत ही मुश्किल स्तर तक। ऐसा नहीं है कि उन देशों ने नीति निर्माता कोई मूर्ख या अनपढ़ लोग हैं। इसके उलट उनमें अधिकांश को कीन्स की संविदा का काफी कुछ पता था और उन्होंने पहले इन्हें लागू करने का प्रयास भी किया था। ख़ैर, जैसे ही वित्तीय संकट आया, एशिया के अधिकांश देशों की राजकोषीय नीतियाँ वाशिगंटन ही तय कराने लगा-

अंतर्राष्ट्रीय मुद्रा कोष और अमेरिका का वित्त विभाग। और इन संस्थाओं का नेतृत्व करने वाले लोग बड़े कुशल थे। कोई दावा कर सकता है कि इतिहास के किसी दौर में इतने विलक्षण अर्थशास्त्री इतने महत्त्वपूर्ण पदों पर नहीं रहे होंगे।

पर ये इतने जानकार और चालाक लोग भी उभरते देशों के लिए मानक आर्थिक नीतियों से एकदम उलट नीतियों की वकालत क्यों कर रहे थे। इसका छोटा-सा जवाब है, 'सट्टेबाजों के डर से'। पर इस छोटे जवाब को जब तक पूरे संदर्भ में रखकर अंतर्राष्ट्रीय धन की विडंबनाओं को साधने में कुछ समय लगाकर ही समझ सकते हैं।

अंतर्राष्ट्रीय मौद्रिक व्यवस्था उभरी नहीं, बनाई हुई है

कभी दुनिया में एक ही मुद्रा–ग्लोबो चला करती थी। इसका कुशल संचालन होता था। रैलन ग्लोबरमैन की अध्यक्षता वाले ग्लोबल रिजर्व बैंक (जिसे आमतौर या ग्लॉब कहा जाता था) के द्वारा। जब भी अर्थव्यवस्था में मन्दी का खतरा होता था, धन की वैश्विक आपूर्ति बढ़ाकर, और जब मुद्रास्फीति में तेज होने का खतरा लगे तो घटाकर इसने काफी अच्छा कार्य किया था। निश्चित रूप से आगे चल कर कोई ग्लोबो वाले दौर को स्वर्णिम युग की तरह याद करेगा। व्यापारियों को यह व्यवस्था आमतौर से पसंद थी क्योंकि वे न्यूनतम झमेले में कहीं से भी समान खरीद और कहीं बेच सकते थे।

लेकिन उस स्वर्ण के काम-काज में भी खलल पड़ा। ग्लोबो के प्रबन्धन ने कभी उतार, कभी मन्दी वाले वैश्विक व्यापार चक्र को तो रोक दिया लेकिन वह चप्पे-चप्पे के लिए ऐसी व्यवस्था न कर सका। और आगे चलकर यह भी साफ हुआ कि तब भी अक्सर मौद्रिक नीति में हितों का टकराव हो जाया करता था। कई बार ग्लॉब आसानी से धन उपलब्ध कराने वाली नीति चलाती थी क्योंकि यूरोप और एशिया मन्दी की कगार पर होते थे तो कभी धन की इसी आसानी से उपलब्धता ने लातिन अमेरिका में सट्टेबाजी का जोर पकड़वा दिया। कई बार ग्लॉब उत्तर अमेरिका में मुद्रास्फीति की ऊँची दर को नीचे लाने के लिए धन के प्रवाह का अंकुश लगाता था। चूँकि तब अलग-अलग नए देशों के लिए अलग मुद्राएँ न थीं, इसलिए महा-देशों की सरकारें इन समस्याओं के बारे में कुछ भी नहीं करती थीं।

आखिरकार ऐसा भी वक्त आया जब कुंठाओं का गुब्बारा फूट गया और पूरी व्यवस्था भंग हो गयी। ग्लोब की जगह हर महादेश ने अपनी-अपनी मुद्रा चला ली

और अपनी जरूरतों के अनुरूप मौद्रिक नीतियाँ बनाकर उन पर यह अमल शुरू किया। जब यूरोप की अर्थव्यवस्था में ज्यादा तेजी दिखती थी तो यूरो की आपूर्ति घटा दी जाती थी। जब लातिन अमेरिकी अर्थव्यवस्था गिरने लगती थी तो वह लातिनों की आपूर्ति बढ़ा देती थी। सबके लिए एक ही आकार और तरह की मौद्रिक नीति वाली परेशानी अब समाप्त हो गयी थी।

लेकिन जल्दी ही यह स्थिति सामने आयी कि एक समस्या को निपटाने में ही दूसरी समस्या उभर आती थी क्योंकि महादेशों की मुद्राओं की विनिमय दर में बहुत ज्यादा उतार-चढ़ाव आता रहता था। कोई सोच सकता है कि लातिनी और यूरो जैसी मुद्राओं का विनिमय दर तो व्यापार की जरूरतों के हिसाब से तय होता होगा; जिससे वे लातिनी अमेरिकी लोग लातिनों को बदल कर यूरो लेते होंगे यूरोप के समान खरीद सकें और यूरोप के लोग लातिन अमेरिका से सामान लेने के लिए यूरो में लातिनो में बदलते होंगे। लेकिन बहुत जल्दी ही यह स्पष्ट हो गया कि सामान वाला हिसाब पीछे रह गया है। बाजार में तो निवेशकों का दबदबा बन गया गया है। उन लोगों का जो शेयरों और बाण्डो में निवेश के लिए यूरो या लातिनो खरीद रहे हैं। चूँकि निवेश वाली इस मांग में काफी उतार-चढ़ाव आते हैं जिसमें सट्टेबाजी भी काफी बड़ी भूमिका है, इसलिए मुद्राओं के मूल्य में भी उसी तरह की अस्थिरता बनी रहती है। यह इससे भी बुरी बात यह हुई कि लोग मुद्राओं की कीमत पर भी सट्टा लगाने लगे। परिणाम हुआ कि विनिमय दर एकदम डांवाडोल रहने वाली चीज बन गयी और व्यवसाय के लिए निश्चितता आ गयी। व्यवसाय करने वालों की अपनी भी परिसंपतियाँ और देनदारियों के वास्तविक मूल्य का भरोसा ही नहीं रह गया।

तो कुछ महादेशों ने विनिमय दरों को स्थिर करने का प्रयास किया। यूरो को लातिनो या गीन्ग्रो को एफ्रो के समक्ष एक स्थिर दाम पर रखने के लिए विदेशी मुद्रा बाजार की खरीद फरोख्त में हिस्सा लेना शुरू किया। पर केन्द्रीय बैंकों ने लक्षित विनिमय दर जरूरत पड़ने पर बदलाव कर सकने का अधिकार अपने पास रखा- जैसे, जब उन्हें अपने यहाँ की बेरोजगारी दूर करने के लिए जरूरी लगे तो वे अपनी मुद्रा का अवमूल्यन कर लेते थे।

अब बदलाव कर सकने वाली इस व्यवस्था ने सट्टेबाजों ने हाथ में कई दाँव पकड़ा दिए। जब किसी महादेश को आर्थिक मुश्किलों का सामना करना पड़ा और अपनी मुद्रा के उसने अवमूल्यन पर विचार शुरू किया तब तक सट्टेबाज उस मुद्रा

को बाजार में बेचकर काफी रकम का वारा-न्यारा करने लगे। इससे महादेश का केन्द्रीय बैंक अपनी मुद्रा का तत्काल अवमूल्यन करने का सूद की दरे बढ़ाने को मजबूर हो जाता था। या एक अन्य बचा विकल्प था कि वह सट्टेबाजों में सीधे निपटे, पूँजी की आवाजाही पर रोक या पाबंदियाँ लगा दे।

इस प्रकार दुनिया के महादेशों को तीन 'मुद्रा व्यवस्थाओं' में से किसी एक का चुनाव करना था और सबके साथ कुछ-न-कुछ परेशानियाँ जुड़ी हुई थीं। वे एक स्वतन्त्र मौद्रिक नीति चला सकते थे। और विनियम दर को गिरने-चढ़ने के लिए आजाद छोड़ सकते थे; इससे उनके मन्दी से लड़ने में आजादी रहती थी लेकिन इसने व्यापार में अनियमितता भर दी थी। वे विनिमय दर तय कर सकते थे और बाजार को आश्वस्त भी कर सकते थे कि वे अपनी मुद्रा का अवमूल्यन कभी नहीं करेंगे; इससे व्यवसाय का जीवन आसान और सुरक्षित होता था लेकिन हर हालत में एक ही तरह की मौद्रिक नीति से होने वाली तकलीफें इससे जुड़ी रहतीं या वे भी स्थितियों के अनुरूप बदलाव वाली व्यवस्था अपनाते; विनिमय दर तो सरकार तय करें पर उसमें बदलाव का विकल्प भी रखे। लेकिन यह व्यवस्था तभी कारगर होती जब पूँजी की आवाजाही पर नियन्त्रण हो और यह काम अपने आप में बहुत मुश्किल है। इसमें व्यवस्था पर अतिरिक्त बोझ भी आता है और भ्रष्टाचार भी बढ़ता क्योंकि किसी भी लाभप्रद कारोबार पर रोक और बन्दिशों की स्थिति में भ्रष्टाचार पनपता ही है।

ठीक है, ठीक है, चीजें एकदम इसी तरह नहीं चली हैं। कभी कोई ग्लोबो नहीं था। इसमें सबसे नजदीक आ सकने वाली व्यवस्था 1930 से पूर्व चलने वाला 'गोल्ड स्टैण्डर्ड' थी। दुर्भाग्य से उसका संचालन इतने व्यवस्थित ढंग से नहीं होता था कि वैश्विक आर्थिक गतिविधियों के उतार-चढ़ाव में वह कोई बड़ी भूमिका निभाता। लेकिन हमारा काल्पनिक इतिहास इस चीज का कुछ ज्यादा कारक ढंग से दिखाता है त्रिकोणीय उलझन 'ट्राइलेम' में कितने तरह की वास्तविक जटिलताएँ आती हैं। जब राष्ट्रीय अर्थव्यवस्थाएं एक वैश्विक अर्थव्यवस्था से रू-ब-रू होती हैं तो यह दुविधा या त्रिविधा उत्पन्न होती है।

अब जरा इस मसले को अलग तरह से देखें। अर्थव्यवस्था के संचालक अपनी अपनी अर्थव्यवस्थाओं के लिए तीन चीजें चाहते थे। वे मन्दी में लड़ने और मुद्रास्फीति को अंकुश में रखने के लिए अपनी आर्थिक नीतियाँ तय करने का विशेषाधिकार चाहते थे। व्यापार की अधिक अनिश्चितता को समाप्त करने के लिए

वे स्थिर विनिमय दर चाहते थे। और वे अंतर्राष्ट्रीय व्यापार को मुक्त रखना चाहते थे। खासतौर से लोगों को उनकी मर्जी के मुताबिक अपने पैसे को बदलने की आजादी देना चाहते थे—निजी क्षेत्र के रास्ते में नहीं आना चाहते थे।

ग्लोबो और उसके अवसान की कहानी हमें यही बताती है कि देश अपनी सभी तीनों इच्छाओं को पूरा नहीं कर सकते; वे ज्यादा-से-ज्यादा दो चीजें हासिल कर सकते हैं। वे विनिमय दर की स्थिरता वाली चीज को छोड़ सकते हैं। इसका मतलब है कि वे विनिमय दर को बाजार के भरोसे छोड़ दें जैसा कि अमेरिका और आस्ट्रेलिया ने किया है। वे आर्थिक नीतियाँ तय करने का विशेषाधिकार छोड़ सकते हैं; इसका मतलब है कि विनिमय दर तक करना जैसा कि 1990 के दशक में अर्जेन्टीना ने किया था। और संभवतः अपनी मुद्रा का भी त्याग करना जैसा कि यूरोप के देशों ने किया। या फिर वे मुक्त बाजार सिद्धान्त को छोड़ें और पूँजी की आवाजाही पर नियंत्रण लगा दें; 1940 में से लेकर 1960 के दशक में अधिकांश देशों ने ऐसा तो किया और चीन ने अभी भी यही किया है।

इन तीन अपूर्ण या सदोष समाधानों में से कौन सर्वश्रेष्ठ है? कुछ ऐसे लोग हैं जो मानते हैं कि स्थिर विनिमय दर में काफी लाभ है और स्वतन्त्र आर्थिक नीति के लाभों को बढ़ा-चढ़ाकर बताया जाता है। वे यह उदाहरण देते हैं कि लगभग पूरे महादेश में फैले अमेरिका ने एक मुद्रा रखकर बहुत अच्छा काम-काज चलाया है और अब 30 करोड़ यूरोप वासियों ने भी एक साझा मुद्रा अपनायी है। तो फिर पूरी दुनिया को ही एक बनाकर काम क्यों न हो? लेकिन अधिकांश अर्थशास्त्री बताएँगे कि अमेरिका के अन्दर कुछ विशेषताएँ हैं और इसी चलते वह एक मुद्रा के साथ यहाँ तक बढ़ गया; सबसे उल्लेखनीय विशेषता है पिछले इलाकों से मजदूरों का तेजी से विकास कर रहे इलाकों में जाना या जा सकना। ऐसे में समान आर्थिक नीति से सभी को कमोबेश लाभ मिलता है। यूरोप की मुद्रा यूरो को उतारने का मामला इतना सरल और सीधा न होकर विवादास्पद था और अनेक अर्थशास्त्री यह सवाल उठाते रहे हैं कि क्या यूरोप भी अमेरिका की तरह एक मुद्रा चलाने के अनुकूल है। पर यूरोप की अधिकांश बड़ी अर्थव्यवस्थाओं में एक तरह की समानता है और वे काफी हद तक जुड़ी भी है, इसलिए जो आर्थिक नीति फ्रांस की होती है जर्मीनी के लिए भी काफी हद तक अनुकूल होती है। और इसी तरह की समानता सभी प्रमुख देशों की अर्थनीतियों में दिखायी देती है। पर यह देख पाना मुश्किल है कि किस तरह ऐसी उपयुक्त आर्थिक नीति बनाई जाए जो जापान और अमेरिका या

अर्जेन्टीना और अमेरिका के लिए समान रूप से लाभकर हो। इसीलिए आज शायद ही कोई अर्थशास्त्री 'गोल्ड स्टैण्डर्ड' वाले दिनों की व्यवस्था को लेकर बहुत ऊँचे विचार रखता हो या ग्लोबो की कल्पना करता हो। राष्ट्रीय या संभवतः क्षेत्रीय आर्थिक आजादी की अभी भी जरूरत है।

दूसरी तरफ, विकसित देशों के लिए स्थिर विनिमय दर और कीन्स की नीतियों को युद्धोत्तर काल में मिलाकर चलाने वाली पूँजी की पाबंदी वाली नीतियाँ आज चलन से बाहर हो चुकी हैं। इस तरह की पाबंदियों की मूल दिक्कत है अंतर्राष्ट्रीय सौदों में 'अच्छे' और 'बुरे' की पहचान न कर पाना। मलेशिया की मुद्रा में गिरावट और अवमूल्यन की उम्मीद से वहाँ से अपनी पूँजी निकाल कर भागने वाला सट्टेबाज समाज विरोधी गतिविधियों वाला माना जाता है; पर विदेश में अभी माल में और बाद में चुकाएँ की रणनीति पर अपना माल खपाने वाला मलेशियाई विश्व बाजार में मुल्क की जगह बना रहा है। निर्यातक जरा सोचिए कि यही निर्यातक अपनी मुद्रा रिंगिट के अवमूल्यन का अंदाजा लगाकर अपने ग्राहकों में डॉलर में भुगतान करने और बाद में हिसाब-किताब निपटाने की बात करता है तो उसकी इस गतिविधि में कुछ भी 'गलत' नहीं लगता। अगर वह रिंगिट लेकर काले बाजार से डॉलर खरीदता है तो प्रभाव में ठीक यही कुछ होता है। और फिर दर्जनों ऐसे तरीके हैं जिनमें उत्पादक कारोबार और मुद्रा की सट्टेबाजी के बीच फर्क बंद सा हो जाता है। इसका मतलब है कि या तो सट्टेबाजी रोकने की कोशिशों को बहुत आसानी से असफल किया जा सकता है या सरकार सामान्य कारोबार पर भी काफी दुर्वह पाबन्दियाँ लगा कर सट्टेबाजी को सीमित कर सकती है (निर्यातकों द्वारा अपने ग्राहकों को दिये जाने वाले उधार पर सीमा बाँधना भी ऐसी ही एक पाबन्दी है)। पचास साल पहले प्रायः सभी सरकारें ऐसी पाबंदियों को लाभकर मानती थीं। लेकिन आज हम जिस दुनिया में रहते हैं उसके मुक्त बाजार के फायदों को फिर से जान समझ लिया है, सरकारी दखलंदाजी को लेकर संदेह करती है और यह जान गयी है कि जितनी ही चीजों पर पाबंदियाँ होंगी, भ्रष्टाचार और भाई-भतीजावाद की गुंजाइश उतनी ही ज्यादा हो जाती है।

इसके बाद अब मुक्त विनिमय दर की बात ही बचती है और 1990 के मध्य तक अधिकांश अर्थशास्त्री मानने लगे थे कि इसी में तीनों की तुलना में सबसे कम बुराई है। यह सही है कि विनिमय दर को आर्थिक गणित के हिसाब से जितने पर

रहना चाहिए, यह उससे ज्यादा तेज उतार-चढ़ाव दिखाता है (पिछले 15 वर्षों में डॉलर-येन का दर 120 से 80 पर, फिर करीब 150 पर और अब 110 से नीचे आ गया है)। जो अर्थशास्त्री मुद्राओं के आपसी मूल्य को पूरी तरह आजाद छोड़ने की वकालत करते हैं, वे भी मानते हैं कि मजबूती से आपस में जुड़े क्षेत्र जो ऑप्टिमल करेंसी बनाते है उन्हें स्थिर विनिमय दर की अंतिम अवस्था–एक साझा मुद्रा–को अपना लेना चाहिए (यूरोप ऐसा क्षेत्र है या नहीं, यह अलग सवाल है) लेकिन सामान्य नियम के तौर पर ज्यादातर अर्थशास्त्री–खासतौर से वे जो 'कीन्स संविदा' में विश्वास रखते हैं, विनिमय दर को मुक्त छोड़ने के पक्ष में हैं क्योंकि इससे हर देश मुक्त बाजार और पूर्ण रोजगार की नीतियों पर साथ-साथ चलने के लिए आजाद होता है।

ऐसे मुक्त काम-काज की समझदारी जब सचमुच कारगर होती है तो उसे दिखाना ज्यादा मुश्किल नहीं है। अमेरिका ने डॉलर के विनिमय दर की कभी परवाह नहीं की और उसमें उसे कोई नुकसान नहीं हुआ। डॉलर-येन और डॉलर-यूरो की दरें कभी एकदम ऊपर तो कभी एकदम नीचे भी आयीं पर अमेरिका ने उस तरफ ज्यादा ध्यान नहीं दिया। पर इस 'भोली उपेक्षा' के बदले फेडरल रिजर्व को अन्य बातों– वित्तीय सेवा या मन्दीवाली स्थिति में तो सूद की दरों में कभी वृद्धि की क्षमता का जो लाभ होता है, वह बहुत महत्त्वपूर्ण है।

इससे भी बेहतर उदाहरण एशियाई संकट के दौरान आस्ट्रेलिया का है। 1996 में आस्ट्रेलियाई डॉलर का मोल अमेरिकी अस्सी सेंट के बराबर था। 1995 की गर्मियों में यह गिरकर करीब साठ सेंट पर आ गया। इसमें हैरानी की बात भी नहीं थी क्योंकि आस्ट्रेलिया का ज्यादातर माल जापान या एशिया में उन नन्हें देशों में जाता था जिन्हें 'एशियन टाइगर्स' बुलाया जाता था। वे सभी देश संकट में थे। 1998 की एक छोटी अवधि को छोड़ दें, जब लगा कि हेज फंड वाले मिल-जुल कर आस्ट्रेलियाई डॉलर को गिराने का प्रयत्न कर रहे हैं (इस बारे में अगले अध्ययन में ज्यादा विस्तार में बातें होंगी) तब के अलावा उसने अपनी मुद्रा को बचाने के लिए कुछ भी खास नहीं किया। उसने न तो विदेशी मुद्रा बाजार से अपने डॉलर की बड़ी खरीद करके उसका मोल बढ़ाने का प्रयास किया न ही सूद की दरें बढ़ाकर उसकी तेगी की। मुद्रा गिरते-गिरते एक जगह आकर स्वयं थम गयी और कई तरह से के लाभ दे गयीं। जब आस्ट्रेलियाई डॉलर गिरा तो निवेशकों को एक मजबूत अर्थव्यवस्था में सस्ता निवेश करने का अवसर आ गया

लगा और 'आस्ट्रेलियाई चमत्कार' ने इस भरोसे को सही भी साबित किया। एशियाई अर्थव्यवस्थाओं पर निर्भर होने के बावजूद एशियाई संकट के समय असल में आस्ट्रेलिया की अर्थव्यवस्था तेजी से फली-फूली।

लेकिन अगर आस्ट्रेलिया ने अपने पड़ोसी मुल्कों की वित्तीय बदहाली में सन जाने से खुद को इतनी आसानी से बचा लिया तो इण्डोनेशिया या दक्षिण कोरिया ऐसा क्यों नहीं कर पाए?

सट्टेबाजी का खतरा

ऐसी अर्थव्यवस्था की कल्पना कीजिए जो पूरी तरह दुरुस्त न हो। संभव है कि सरकार घाटे में बजट चला रही हो, हो सकता है कि बैंक राजनैतिक कनेक्शन वालों को काफी ऋण दे चुके हों, हो सकता है इसकी क्षमता उतनी न हो जितनी होनी चाहिए। लेकिन आंकड़ों के आधार पर कोई भी कह सकता है कि ऐसी कोई समस्या नहीं है जिसे कुछ वर्षों के स्थायित्व और अच्छी साख के आकार का निपटाया नहीं जा सकता।

फिर कुछ कारकों से—संभवतः दुनिया के दूसरे हिस्से में आये एक आर्थिक संकट में चलते—निवेशक डर गये और वे एक साथ अपना पैसा वापस निकालना शुरू कर देते हैं। अचानक वह देश संकट में पड़ जाता है। इसके शेयर बाजार गोता खाने लगे, इसके यहाँ सूद की दरें ऊपर उठने लगीं। आप सोच सकते है कि कोई चालाक निवेशक होता तो इसे नई परिसंपत्तियाँ खरीदने के आकार के रूप में देखेगा, आखिर मुल्क की अर्थव्यवस्था की बुनियादी चीजों में कोई बदलाव नहीं हुआ है तो क्या इस स्थिति का यह मतलब नहीं है कि इन्हीं परिसंपत्तियों का मोल अब कम हो गया है? लेकिन जैसा हमने अध्याय 4 में देखा है 'ऐसा ही हुआ हो, यह जरूरी नहीं है।' परिसंपत्तियों का मूल्य गिरने से पहले एकदम अच्छी स्थिति में चल रहा बैंक भी दिवालिया हो सकता है और स्थिति बिगड़े तो आर्थिक परेशानियाँ राजनैतिक अस्थिरता पैदा कर सकती हैं। जब हर आदमी बाजार से निकलने की दौड़ लगा रहा हो तो आज नई खरीद करें यह लाभ का विचार हो। यह जरूरी नहीं है। संभव है कि आप भी उनके साथ भागकर उसने अपने निवेश को निकालने का प्रयास करें तो यही फायदेमंद हो।

सिद्धान्त रूप में यह संभव है कि एक मुल्क में भरोसा उठने से आर्थिक संकट आ सकता है और यह इस अविश्वास को यही साबित करें—कि देश भी अपना-अपना

घर भरने के लिए लगे सट्टेबाजों के हमलों के आगे कमजोर हो। अनेक अर्थशास्त्री इस बाद वाली संभावना को लेकर पहले थोड़ा आलोचनात्मक नजरिया रखते थे लेकिन 1990 के दशक में लातिन अमेरिका और एशिया की घटनाओं ने उन शक-शुबहों को शांत कर दिया।

अगर सट्टेबाजी में पैदा संकट वाली बात को आप ज्यादा गंभीरता से लेते हैं तो बाजार की मानसिकता बहुत महत्त्वपूर्ण बन जाती है—इतना महत्त्वपूर्ण कि कुछ सीमाओं के साथ बाजार की उम्मीदें, निवेशकों के पूर्वाग्रह तक बुनियादी आर्थिक चीजें बन जाते हैं क्योंकि भरोसे करने से ही चीजें उसी अनुरूप हो जाती हैं।

मान लीजिए, उदाहरण के तौर पर हर आदमी मानता है कि विदेशी पूँजी पर बहुत ही ज्यादा निर्भरता के बावजूद आस्ट्रेलिया (दशकों से यह चालू खाते में भी जीडीपी के 4 फीसदी तक के घाटे पर चल रहा है) एक मजबूत देश है। इसे राजनैतिक और आर्थिक रूप से मजबूत देशों में गिना जा सकता है। ऐसे में जब आस्ट्रेलियाई डॉलर की कीमतें गिरती हैं तो बाजार का रुख होगा, ''अच्छा है, महँगे डॉलर का दौर गया। आइए अब आस्ट्रेलिया डॉलर लें'', और इससे असल में वहाँ की अर्थव्यवस्था को लाभ होगा। इस प्रकार बाजार में अच्छी राय की पुष्टि भी हो गयी।

दूसरी ओर, मान लें इण्डोनेशिया के बीस वर्षों तक उल्लेखनीय प्रगति करने के बाद भी लोगों को भरोसा नहीं होता कि वह अब 'खतरनाक ढंग से काम करने वाला देश' नहीं रहा। ऐसे में वहाँ की मुद्रा रुपिया गिरने लगे तो वे कहेंगे, "हे भगवान, वे तो फिर में उसी पुराने जमाने वाली हालत में जा रहे हैं।" फिर वहाँ से पूँजी निकालने का जो दौर शुरू होगा वह वित्तीय, आर्थिक और राजनैतिक संकट खड़ा कर देगा और पिछले किस्से की तरह ही यहाँ की बाजार की धारणा की पुष्टि होगी।

दूसरे शब्दों में कहें तो ऐसा लगता है कि कीन्स संविदा कुछ समय तक चलने वाली चीज है। अर्थशास्त्रियों में यह राय आम है। कि खुले विनिमय दर ही सर्वश्रेष्ठ है और अगर कोई गड़बड़ हो तो कनाडा, ब्रिटेन और अमेरिका जैसे देशों के अनुभवों पर आधारित इलाज किया जा सकता है। लेकिन 1990 के दशक में मैक्सिको, थाइलैण्ड, कोरिया इण्डोनेशिया जैसे देशों ने अपने-अपने अनुभवों में पाया कि अलग-अलग नियमों से ही समाधान हो सकता है। हल्के अवमूल्यन के प्रयासों में बार-बार बाजार का भरोसा रसातल में चला गया। अविश्वास के इसी संकट ने यह स्पष्ट किया है कि क्यों कीन्स संविदा टूट गयी है।

भरोसे का खेल

1998 की गर्मियों तक ब्राजील आर्थिक सुस्ती का अनुभव करने लगा था। बेरोजगारी बढ़ रही थी जबकि मुद्रास्फीति—ब्राजील की पुरानी बीमारी—की जगह कीमतें स्थिर हो गयी थीं और कुछ लोग तो मुद्रा अवस्फीति तक की बात करने लगे थे। तभी रूस में आर्थिक सुधारों के पतन ने ब्राजील की मुद्रा 'रियाल' (क्यों? देखे अध्याय 6) पर हमला शुरू कर दिया। ब्राजील ने मदद के लिए अमेरिकी और अंतर्राष्ट्रीय मुद्रा कोष से गुहार लगाई। ब्राजील उनसे पैसे की मदद तो चाहता ही था पर इसके साथ ही वह चाहता था कि वे दोनों उसकी नीतियों और स्थिति के बारे में सकारात्मक बयान दे जिससे बेचैन निवेशक वहाँ से भागना बंद करेंगे। इसके बदले उसने आर्थिक 'स्थिरीकरण' का कार्यक्रम लागू करने का वायदा किया।

जिस देश की अर्थव्यवस्था सुस्ती का अनुभव करने लगी हो और जहाँ मुद्रास्फीति न हो वहाँ के लिए इस कार्यक्रम में क्या-क्या चीजें शामिल थी? कर की ऊँची दरें, सरकारी खर्च में कटौती और सूद की बहुत ही ऊँची दरों को जारी रखना (जब संकट शुरू हुआ तो ब्राजील ने ये दरें बढ़ा कर करीब 50 फीसदी कर दी थीं) दूसरे शब्दों में कहें तो ब्राजील की सरकार ने बहुत ही सख्त मौद्रिक और राजकोषीय नीतियाँ लागू कीं और उन्होंने सुनिश्चित-सा कर दिया कि 1999 में देश मन्दी का अनुभव करेगा।

ब्राजील के लिए कार्यक्रम खासतौर में बहुत सख्त थे। यह साल भर पहले एशिया में लागू हुई नीतियों के ठीक उलट और उनका उपहास उड़ाते लगते थे लेकिन काफी सारे मजाक और कार्टूनों की तरह इनमें भी विषय की विशेष बातें उभर कर आ रही थीं। संकट वाले अनेक देशों में वाशिंगटन ने जो नीतियाँ थोपी थीं उनकी बुनियादी चीज ही कीन्स की संविदा को उलटने वाली थी; यहाँ आर्थिक संकट में पड़े मुल्कों को सूद की दरें बढ़ाने, खर्च घटाने और करों को बढ़ाने के लिए कहा जा रहा था।

क्यों ? क्या कोई सोच सकता है कि साठ साल बाद कीन्स संविदा को इतने निर्णायक ढंग से उलट देना क्यों एक अच्छा खयाल लगता है? इसका जवाब है कि हर हाल में बाजार का भरोसा बरकरार रखने को जरूरी माना गया है।

सबसे पहले आस्ट्रेलिया वाले समाधान—मुद्रा को गिरने से लापरवाह हो जाना को खारिज किया गया। ब्राजील में आर्थिक सुधार का एक केन्द्रीय तत्व का रियाल और डॉलर के विनिमय दर को स्थिर रखना, और इसी के चलते पीढ़ियों तक मुद्रास्फीति की ऊँची दर झेलने वाले इस मुल्क में कीमतें स्थिर हुई थीं। ब्राजील और

वाशिंगटन, दोनों को लगता था कि अगर तय तक विनिमय दर की बात को छोड़ दिया गया तो इसका निवेशकों के भरोसे का बहुत ही बुरा असर पड़ेगा। यह सही है कि कोई कह सकता है कि रियाल का मूल्य उसके वास्तविक मूल्य से 80 फीसदी ऊपर था और उसमें 20 फीसदी का अवमूल्यन देश को जितना नुकसान पहुँचाएगा उससे कहीं ज्यादा लाभ देगी। लेकिन किसी को भी विश्वास न था कि 20 फीसदी अवमूल्यन कोई यथार्थवादी रणनीति है । जैसा कि एक अमेरिकी अधिकारी ने कहा, "विकासशील देशों के लिए कोई अवमूल्यन छोटा नहीं होता।"

तो रियाल का अवमूल्यन कैसे टाला जाए? अंतर्राष्ट्रीय मुद्रा कोष धन दे सकता था जो देश से अपने विदेशी मुद्रा के भण्डार के साथ मिलकर बाजार में देसी मुद्रा को समर्थन दे सकता था। लेकिन जब तक पूँजी पलायन के बारे में कुछ ठोस नहीं किया गया तो यह रकम थोड़े ही दिनों में बिला जाएगी। तत्काल तो एक ही हथियार हाथ में था—सूद की ऊँची दर थोप देने का, इतनी ऊँची कि लोभ उसी के लोग में ब्राजील में ही पैसा रखें। उन्हें भले ही यह लगता हो कि मुद्रा का अवमूल्यन होगा ही तब भी सूद की दर उन्हें मुनाफे की उम्मीद बनाए रखे तो वे अपना पैसा वापस नहीं ले जाएंगे।

मामला इतना ही नहीं था। जब बाजार ने यह तय कर लिया कि ब्राजील एक मुश्किल जोखिम है तो उन्होंने यह भी फैसला कर लिया कि ब्राजील की समस्याओं की जड़ है उसका विशाल बजट घाटा अब आप चाहें तो इस मूल्याँकन का सवाल उठा सकते हैं। ब्राजील सरकार पर असल में उतना ज्यादा कर्ज का बोझ न था। यूरोप के देशों और जापान में उनकी राष्ट्रीय आय और कर्ज का जो अनुपात हे उससे कम कर्ज ब्राजील पर था। और बजट घाटे का मुख्य हिस्सा भी असल में संकट के चलते ही आया था। सूद की ऊँची दरों ने सरकार की कर्ज अदायगी की देनदारियाँ काफी बढ़ा दी थीं जबकि सुस्त पड़ती अर्थव्यवस्था ने राजस्व के स्रोत्रों को सुखा दिया था (रोजगार के स्तर और सूद की सामान्य दरों पर ब्राजील का बजट घाटा भी बहुत औसत किस्म का ही रहता)। लेकिन इस तर्क-वितर्क का क्या फायदा? निवेशकों का मानना था कि जब तक ब्राजील अपने घाटे को जल्दी से कम नहीं करता अर्थव्यवस्था पर इसका बहुत नुकसानदेह प्रभाव पड़ेगा। और निश्चित रूप से उनका मानना सही था क्योंकि ऐसा न होने पर वे स्वयं संकट पैदा कर देते (और उन्होंने जनवरी 1999 में किया भी)।

मुद्दा यह है कि जब सट्टेबाजी के हमले चीजों को अपनी धारणा के अनुरूप

ले जाकर अपने को सही साबित करते हैं तो बुनियादी आर्थिक चीजों को प्रभावित करने वाली आर्थिक नीति को लागू करने का कोई मतलब नहीं रह जाता क्योंकि उनसे बाजार का भरोसा बनने वाला नहीं है। दरअसल उनका भरोसा जीतने का चक्कर मुल्क को अच्छी और उपयोगी नीतियों को लाने से रोक कर ऐसी नीतियाँ अपनाने को मजबूर कर सकता है जो सामान्य तौर पर बकवास लगती हैं।

अब स्थिति जो उन चालाक अर्थशास्त्रियों के नजरिए से देखने की कोशिश कीजिए जो वाशिंगटन में बैठकर नीतियाँ तय करते हैं। वे खुद को ऐसी अर्थव्यवस्थाओं से निपटते आते हैं जिनकी निवेशकों के भरोसे पर कोई पकड़ ही नहीं है। परिभाषा के तौर पर यह कहा जा सकता है कि जो कोई देश अमेरिकी और या अंतर्राष्ट्रीय मुद्रा कोष के पास मदद के लिए पहुँचता है वह अपनी मुद्रा की गिरावट का एकाध दौर देख चुका होता है और अगले खतों को देखकर ही यहाँ पहुँचता है। ऐसे में यहाँ से दी जाने वाली नीतियों में सबसे जरूरी इसी चीज को माना जाता है कि पहले बाजार को शान्त किया जाए। लेकिन ये संकट अपने आप में भी परिपूर्ण हो सकते हैं, ठोस आर्थिक नीति में बाजार का भरोसा बहाल हो जाए यह जरूरी नहीं है। उसके लिए जरूरी है बाजार की धारणाओं, पूर्वाग्रहों और मनमानी के अनुरूप नीति होना या, बल्कि यह कहना होगा कि बाजार की धाराणाएँ क्या हैं, इसको पूरा करने की उम्मीद के साथ नीतियों का बनना जरूरी है।

और इस प्रकार तो कीन्स संविदा कहीं ठहरता ही नहीं; अंतर्राष्ट्रीय आर्थिक नीतियों का असल में अर्थशास्त्र से बहुत ही कम रिश्ता रह गया है। यह तो मनो भावनाओं को समझने-शान्त करने का खेल बन गया है जिसमें अंतर्राष्ट्रीय मुद्रा कोष और अमेरिकी वित्त विभाग संकट में पड़े देशों को समझाने का प्रयास करते हैं कि वे वही चीजें करें जो बाजार ने अपने अनुकूल लगे। हैरानी नहीं कि जैसे ही संकट आना है अर्थशास्त्र की किताबें बेमानी बन जाती हैं।

दुर्भाग्य से अर्थशास्त्र में किताबी मुद्दे गायब नहीं हो जाते। मान लीजिए कि वाशिंगटन की यह सलाह सही होती है कि जिस देश में निवेशक डर कर भागना शुरू कर दें और आर्थिक संकट बड़ा हो तो सूद की दरें बढ़ाना, सरकारी खर्च कम करना और संकट को बर्बादी वाला रूप लेने से रोकने के लिए अपनी मुद्रा को बचाने का काम करना चाहिए। यह अभी भी सही है कि सख्त मौद्रिक और राजकोषीय नीतियों के साथ अगर अपने वास्तविक मूल्य ने ज्यादा कीमत वाली मुद्रा हो तो मन्दी की स्थिति पैदा होती है। भी तो वाशिंगटन कौन-सा इलाज पेश करता है? कोई भी नहीं। भरोसा

बनाने समझ की गयी जरूरत ने आर्थिक नीतियों की सामान्य चिंताओं में अगर स्थान बना लिया है। यह बात कुछ अजीब भले ही लगे, पर सही है।

और अब हमें उस रहस्य को सुलझाना होगा जिसके बताने के साथ अध्याय प्रारम्भ हुआ था। एक के बाद एक देश की अर्थव्यवस्थाएँ ध्वस्त होती रहीं और नीतियों के स्तर पर इस पर प्रयास क्यों नहीं दिया गया? इसका जबाब यह है कि जो नीतियाँ बनाने वाले हैं उनको लगता था कि भरोसे वाला खेल खेलना ज्यादा जरूरी हैं, और जिन्हें यह भी लगता था कि बृहद् आर्थिक नीतियों पर चलने का मतलब आर्थिक गिरावट को रोकना नहीं, और बढ़ाना ही है।

लेकिन क्या यह खेल खेलना सचमुच में जरूरी था?

क्या मुद्रा कोष ने स्थिति को बिगाड़ा है?

अंतर्राष्ट्रीय मुद्राकोषों को कोई भी पसन्द नहीं करता; अगर कोई करता था तो उसे बुरा संकेत माना जाता था। राष्ट्रीय सरकारों के लिए यह उधार पाने का आखिरी ठिकाना है। वे जब संकट में होती हैं तो इसके पास पैसों के लिए आती हैं। और जो सबसे आखिर में काम दे उस महाजन को सबसे मुश्किल शर्तों पर पैसा देने वाला भी माना जाता है। आप क्या चाहते हैं, इसकी जगह वह आपको क्या चाहिए वाले पैमाने से पैसा देता है और इस प्रक्रिया में वह आपसे काफी सारी चीजें मनवा लेता है। अगर ऐसा महाजन, अर्थात अंतर्राष्ट्रीय मुद्राकोष बहुत गर्मजोशी से आपका सत्कार करने वाला बन जाए तो इसका मतलब है वह अपना काम ठीक से नहीं कर रहा है।

पर इसका उल्टा सही हो यह जरूरी नहीं है; लोग अंतर्राष्ट्रीय मुद्रा कोष को नापसंद करते हैं। इसका यह मतलब नहीं है कि वह अपना काम ठीक से कर रहा है। और एशियाई संकट आने के बाद से तो अंतर्राष्ट्रीय मुद्रा कोष की भूमिका को लेकर काफी भारी शिकायतें आती रही हैं। काफी सारे लोग तो यह भी मानते हैं कि अंतर्राष्ट्रीय मुद्रा कोष और अमेरिकी वित्त विभाग, जो मुद्रा कोष की नीतियाँ तय करने में बड़ी भूमिका निभाता है, ने ही संकट बुला दिया है; या उसने संकट के समय वह सब कर-करा दिया जिससे यह सुलझने की जगह और उलझ गया—मर्ज बढ़ता गया ज्यों-ज्यों दवा की। क्या उनका कहना सही है?

आइए, पहले इसी बात से शुरुआत करें। अंतर्राष्ट्रीय मुद्रा कोष के दो ऐसे काम जो स्पष्ट रूप से गलत थे।

पहला, जब अंतर्राष्ट्रीय मुद्रा कोष से थाईलैण्ड, इण्डोनेशिया और कोरिया के

संकट के समय मदद माँगी गयी तो उसने इनमें वित्तीय किफायत बरतने की सलाह दे दी अर्थात वे करों में वृद्धि करें और खर्चों में कटौती करके बजट घाटे को कम करें। यह बचाव कार्यक्रम का प्रमुख हिस्सा कैसे बना यह समझना मुश्किल है क्योंकि एशिया (और साल भर बाद, ब्राजील) में अंतर्राष्ट्रीय मुद्रा कोष के अलावा कोई भी बजट घाटे को एक बड़ी हुई समस्या नहीं मानता था और बजट संबंधी इन दिशा निर्देशों के पालन ने हालात और चौपट कर दिए; जहाँ इनका पूरा पालन हुआ वहाँ स्थिति ज्यादा खराब हुई क्योंकि वहाँ मांग घटने से मन्दी और बढ़ गयी।' जहाँ उनका पालन नहीं हुआ वहाँ परिणाम मिले-जुले थे—वहाँ भी यह धारणा गहराने से ज्यादा नुकसान हुआ कि स्थिति पर कोई नियंत्रण नहीं है।

दूसरे, अंतर्राष्ट्रीय मुद्रा कोष ने कर्ज की शर्तों पर ढाँचागत सुधारों की मांग की- ऐसे बदलावों की, जो मौद्रिक और राजकोषीय नीतियों से काफी अलग भी हैं। खराब बैंकों को बंद करने जैसी कुछ चीजों को तो हम वित्तीय संकट के संदर्भ में प्रासंगिक मान सकते हैं। लेकिन काफी ऐसी शर्तों का इससे कोई मतलब नहीं है—जैसे इण्डोनेशिया से यह मांग की गयी कि यह कुछ राष्ट्रपति के नाते-रिश्तेदारों और पास के लोगों को कुछ व्यवसायों में लाभदायक एकाधिकार देना बंद करे। इस तरह के काम मुद्रा कोष के जिम्मे तो नहीं ही हैं। यह सही है कि लौंग जैसी चीज पर एकाधिकार (इण्डोनेशिया में बनने वाले सिगरेट में इसका खूब इस्तेमाल होता है) गलत चलन है और यह लंगोटिया पूँजीवाद या भाई-भतीजाबाद का साफ उदाहरण है। लेकिन रुपिया की गिरावट से इसका क्या लेना-देना है?

अगर उस समय आप अंतर्राष्ट्रीय मुद्रा कोष के अधिकारियों से पूछते कि आप यह क्या कर रहे हैं तो उनका जवाब होता कि यह सब कुछ बाजार का गरिमा बनाने के लिए करना जरूरी है। तब बाजार बजट घाटे को लेकर चिंतित नहीं था लेकिन अधिकारियों का मानना था कि जल्दी ही इसकी चिंता शुरू हो जाएगी। उनका यह भी मानना था कि वह मुल्क भाई-भतीजावाद और भ्रष्टाचार को दूर करने का प्रयास कर रहा है। यह दिखाना बाजार के भरोसे जो पुख्ता करेगा कि मुल्क में स्थितियाँ बदल रही हैं। सरकारें अपने ऊपर चोट करके अपनी गंभीरता दिखाने का प्रयास भी इसी तरह करती है—वैसे यह अलग बात है कि उस चोट का तात्कालिक समस्या के निदान से कोई सीधा संबंध है यह नहीं, इसकी कोई परवाह नहीं करता। उनका मानना था कि बाजार का भरोसा वापस करने के लिए यह सब करना जरूरी है।

अगर यही सिद्धान्त है तो काफी गलत है और यह सिद्ध भी हो चुका है। आखिरकार बजट संबंधी दिशा-निर्देशों में ढील देनी पड़ी और किसी ने भी उस पर खास ध्यान नहीं दिया; कोरिया में इससे बाजार में एक बार फिर से उत्साह जगा जबकि 'ढाँचागत' सुधारों को रोक दिया गया था। अंतर्राष्ट्रीय मुद्रा कोष और उसके पीछे से अमेरिकी संकटों का इस्तेमाल एशिया पर अपने वैचारिक नजरिए को थोपने के लिए कर रहा है, इस संदेह को गहराने और एशियाई देशों तथा उनका बचाव करने वालों के बीच लम्बे तर्क-वितर्क के अलावा अंतर्राष्ट्रीय मुद्राकोषों की माँगों की लम्बी सूची ने इस टकराव को लम्बा खींचने का ही पक्का इन्तजाम किया। उससे समस्या तो नहीं सुलझी पर यह लम्बे समय तक जरूर खिंच गयी और इसमें भरोसा और डगमगाया ही।

इस प्रकार अंतर्राष्ट्रीय मुद्रा कोष ने बचाव के दो महत्त्वपूर्ण मुद्दों या मामलों में तो भूल की ही लेकिन असली बड़े मुद्दे हैं सूद की दर और विनिमय दर। क्या मुद्रा कोष ने इन मुद्दों पर भी गड़बड़ की है।

आइए देखें कि अंतर्राष्ट्रीय मुद्रा कोष ने क्या किया। एशिया में (ब्राजील में उलट और जैसा मैंने कहा कि वह एशियाई कार्यक्रम का प्रहसन जैसा था।) इसने संकट वाले देशों में हर हाल में अपनी मुद्रा को बचाने के लिए नहीं कहा। लेकिन इसने उन्हें सूद की दरें शुरू में इतनी ऊँची करने की सलाह जरूर दी जिसमें निवेशक अपना धन वहीं रखने को राजी हो जाएँ। अंतर्राष्ट्रीय मुद्रा कोष के कुछ प्रबल आलोचकों, जिनमें सबसे उल्लेखनीय है हार्वर्ड के जेफ्रे साक्स—ने कहा कि यह बहुत ही गलत सलाह है। साक्स का मानना है कि एशियाई देशों को भी आस्ट्रेलिया की तरह का व्यवहार करना चाहिए था और वे ऐसा कर भी सकते थे—अपनी मुद्रा को तब तक गिरने के लिए छोड़ देना जब वह निवेशकों को मुनाफा कमाने के लिए निवेश करने लायक आकर्षक स्तर पर आ गयी न लगें। अगर इन्होंने ऐसा किया होता तो अर्थव्यवस्था में इतनी भारी गिरावट आती ही नहीं।

जवाब में अंतर्राष्ट्रीय मुद्रा कोष ने कहा कि एशिया कोई आस्ट्रेलिया नहीं है। यहाँ अगर मुद्राओं को बेरोक-टोक गिरने दिया जाता—तो एकदम बेमोल हो जातीं। हाइपर डिवैल्यूमेशन का शिकार बन जातीं। और इसका परिणाम भारी वित्तीय मुश्किलों के साथ-साथ अधिक मुद्रास्फीति के रूप में सामने आता। अब इस तर्क के साथ दिक्कत यह है कि इसे पेश करने वालों की तरफ के दिए गये समाधान भी तो वित्तीय तबाही को नहीं रोक पाए। इसके लिए उनकी नीतियों के अनुसार लागू

सूद की भारी दरें और उससे पैदा मन्दी जिम्मेदार है। इसलिए अंतर्राष्ट्रीय मुद्रा कोष अगर एक दुश्चक्र को बचाता है तो दूसरा स्वयं ला देता है।

यही निष्कर्ष अंतर्राष्ट्रीय मुद्रा कोष के दक्षिणपंथी आलोचकों के तर्कों से भी आते हैं कि मुद्रा कोष को संकटग्रस्त देशों को सलाह देनी चाहिए थी कि वे अपनी मुद्राओं को हर हाल में बचाने का प्रयास करें उसके मूल विनिमय दर को गिरने न दें। इससे एशियाई मुद्राओं में भरोसा उठाने वाले संकट को टाला जा सकता था लेकिन एशिया की अर्थव्यवस्थाओं से भरोसा उठने वाला संकट इससे कैसे टलता और संभवतः आर्थिक भूचाल तब भी आता ही।

क्या मुद्रा को गिरने देने वाला विकल्प बेहतर काम करता? साक्स का तर्क है कि सूद की दरें न बढ़ाकर सरकारें वित्तीय अफरा-तफरी को और बढ़ाने का काम न करतीं। उस फैसले ने ज्यादा नुकसान किया। उसका परिणाम भी बेहता आता, सहने लायक अवमूल्यन होता और काफी अच्छे आर्थिक नतीजे आते। अनेक लोगों (जिनमें मैं भी शामिल हूँ) को एशियाई संकट के समय यह तर्क गले से नीचे नहीं उतरा। लेकिन जनवरी 1999 में इस पर थोड़ा भरोसा तब बढ़ा जब वाशिंगटन ने स्पष्ट रूप से ब्राजील को झटका दिया—लेकिन इसके बारे में अध्याय 7 में विस्तार में बात होगी।

लेकिन निश्चित रूप से हम इसी निष्कर्ष पर आते हैं कि हमारे पास बहुत अच्छे विकल्प नहीं हैं। ऐसा लगता है कि अंतर्राष्ट्रीय वित्तीय व्यवस्था के कायदे-कानून अनेक देशों के लिए कोई भी ढंग का रास्ता नहीं सुझाते और इसलिए चीजों के इतना बिगड़ जाने का दोष असल में किसी को नहीं दिया जा सकता।

लेकिन यह कहने का अर्थ ऐसा भी नहीं है कि इस कहानी में खलनायक थे ही नहीं।

6

ब्रह्माण्ड के स्वामी

पुराने दिनों में सूदखोर, पठान और महाजन या दाँव लगाकर पैसे बढ़ाने का खेल करने वाला सट्टेबाज लोक मानस का खलनायक था जो ईमानदार किसान और मजदूर की कमाई तिकड़मों से खा जाता है और बाजार को उँगलियों पर नचाता है। पर यह पूंजीवाद का झण्डा बुलंद हो जाने से पहले के दौर की बात है। भले ही यह छवि अभी भी लोक मानस में किसी-न-किसी रूप में बची हुई हो या साम्यवाद के पतन, भूमण्डलीकरण की सफलता और मुक्त बाजार में लोगों का भरोसा बढ़ते जाने के साथ यह दुष्ट महाजन सदा के विदा हो चुका है—कम-से-कम पढ़े-लिखे और समझदार लोगों के लिए तो जरूर। आज कोई भी इस बात से इंकार करता कि इन्साइडर सूचनाओं के आधार पर शेयर बाजार में गड़बड़ियाँ की गयीं और कभी किसी शेयर तो कभी किसी वस्तु के भावों में चालबाजियाँ हुई हैं। लेकिन निश्चित रूप से ये छोटे अपराध है। बड़ी वित्तीय घटनाओं, जिन्होंने राष्ट्र के भविष्य किये हैं, वे बाजार को पूरी तरह और दूर तक साथ रखा और उनसे इस षडयंत्र वाली बात ज्यादा दूर तक नहीं जाती दिखती है। एक मंझोले आकार में देश की मुद्रा के मूल्य को भी कोई एक व्यक्ति या छोटा समूह या गिरोह ज्यादा प्रभावित करना चाहे तो क्या प्रभावित कर सकता है?

संभव है, ऐसा हो भी। 1990 के दशक में आर्थिक संकट में तो 'हेज फंडों' ने प्रमुख भूमिका निभाई ही थी। अपने मालिक की संपत्ति से ज्यादा, परिसंपत्तियों

को अस्थायी रूप से संभाल रख सकने में सक्षम निवेश संस्थाओं को ही 'हेज फंड' कहते हैं।, निस्संदेह अपनी सफलता और अपनी असफलता, दोनों की स्थितियों में हेज फंडों ने विश्व बाजार को हिलाए रखा और कम-से-कम कुछेक मामलों में ही उन्होंने पुराने दुष्ट महाजन वाली छवि को फिर से जिन्दा कर दिया।

दुष्ट दानव की प्रकृति

हेज फंड कोई बाड़ नहीं लगाते। असल में वे ठीक उल्टा काम करते हैं। वेबस्टर शब्द कोश कहता है कि 'हेज' का अर्थ होता है प्रतिसंतुलनकारी दांव लगाकर, निवेश वगैरह करके नुकसान को रोकने का या कम करने का प्रयास करना। अर्थात कोई भी व्यक्ति बाजार के उतार-चढ़ाव से अपनी संपत्ति को बचाने के लिए 'हेज' करता है।

पर इससे उलट हेज फंड बाजार की उतार-चढ़ाव से ज्यादा-से-ज्यादा कमाई कर लेने की कोशिश करते हैं। कुछ संपत्तियों के मामले में शार्ट सौदे करते हैं (कम मूल्य आंकने)—उन्हें किसी आगे की तारीख तक की कीमत देने का वायदा देकर या काम करके नई परिसंपत्तियों में लांग सौदा करते चलते हैं। अगर इस कम आंकी गयी संपत्ति की कीमत गिरती है (जिससे उसकी डिलीवरी सस्ती की जा सके) या खरीदी गयी परिसंपत्ति की कीमत चढ़ती है, दोनों ही स्थितियों में हेज फंड कमाई कर लेते हैं।*

इस किस्म के वित्तीय खिलंदडपने का लाभ यह है कि यह हेज फंडों में पैसा लगाने वालों को बहुत ज्यादा रिटर्न-लाभ दे सकते हैं। इसका कारण यह है कि फंड मालिकों द्वारा लगाई पूँजी से काफी ज्यादा पैसों का सौदा कर सकते हैं। वे 'शार्ट'

---

* 'लांग' और 'शार्ट' पोजीशन बनाना असल में धन्धेवाले शब्द हैं पर व्यवहार में इतना अधिक आ गये हैं कि उनके इस्तेमाल से बचना मुश्किल है। 'लांग' का मतलब आपने जिस संपत्ति पर पैसा लगाया है उसकी कीमतें बढ़ें तभी आप को लाभ होता है। सामान्य निवेशक भी शेयर, घर, या कोई और निवेश करते हुए इसी सोच से काम करता है। 'शार्ट' का मतलब खुद को इस स्थिति में रखकर सौदे करना जिसमें कीमतें कम होने में आपको लाभ हो। शेयरों में 'शार्ट' का मतलब होता है शेयरों के मालिक से आगे लौटाने के वायदे, जिसकी एक हल्की कीमत भी दी जाती है, पर शेयर लेना और बेचना इसका मतलब यह है कि तय तारीख तक उसी शेयर को वापिस लौटाना होता है। शार्ट सौदे वाले को भरोसा या अंदाजा होता है कि तब तक की कीमत गिरेगी जिसमें वह सस्ते में शेयर उठाकर मूल मालिक को लौटा देगा। पहला सौदा बेचने में उसके पास नकदी आ जाती है और इस वह लांग सौदों में लगा देता है। हाँ जिस व्यक्ति से परिसंपत्तियाँ उधार ली। जाती हैं उन्हें यह आश्वासन देना होता है कि शार्ट सेलर के पास पर्याप्त धन है जिससे वह उस परिसंपत्ति को खरीदकर वापिस दे देगा। शार्ट सौदों में ऐसे निवेशक तब मुश्किल में फंसते हैं जब इस धन्धे में उनको नुकसान हो क्योंकि फिर उन्हें उधार भरने में काफी मुश्किल आती है। जब इस तरह के निवेशक बाजार में ज्यादा हों और बाजार चलाने लगें तो दिलचस्प स्थितियाँ बनती हैं जिनकी चर्चा हम आगे जल्दी ही करेंगे।

पोजीशनों में कमाई करके जो नकदी बचाते हैं उन्हें 'लांग' सौदों में लगा सकते हैं। दरअसल इसे तो 'शार्ट सेलिंग' के लिए ली गयी परिसंपत्तियों के मालिकों को यह भरोसा दिलाने भर के लिए ही नकदी की जरूरत होती है कि उन्हें जब जरूरी होगा वायदे के अनुसार सौदा वापस मिल जाएगा। अच्छी ख्याति वाले हेज फंड तो अपने मालिकों की पूँजी से सौ गुना ज्यादा तक के 'पोजीशन' ले लेते हैं; अर्थात उनके सौदों वाली परिसंपत्तियों में उनके अनुमान के अनुसार अगर मात्र एक फीसदी की ही कमी या बेसी हो जाए तो उनकी पूँजी दोगुनी हो जाती है।

इसका उल्टा भी उतना ही सच है कि हेज फंड बहुत तेजी से पैसा डुबो भी सकते हैं। सामान्य निवेशक को बाजार का जो उतार-चढ़ाव कुछ ज्यादा नहीं लगेगा, संभव है उतने में कोई हेज फंड दीवालिया हो जाए या उसे भारी नुकसान उठाना पड़ जाए। उन्हें वायदे के अनुसार लोगों को भुगतान और परिसंपत्तियाँ लौटानी ही होती हैं।

पर हेज फंडों का धन्धा कितना बड़ा है? कोई भी ठीक-ठीक नहीं जानता क्योंकि अभी हाल तक किसी को यह जानने में दिलचस्पी नहीं थी। कुछ अर्थशास्त्रियों की जब-तब दी गयी चेतावनियों और कुछ घटनाओं, जिनका जिक्र मैं आगे करूँगा, के बावजूद हेज फंड लगभग पूरी तरह कायदे-कानून से आजाद ही रहे। इसका एक कारण तो यह था कि हेज फंड कहीं भी अपना 'अड्डा' या दफ्तर रख सकते थे। अक्सर वे विदेशी जमीन से ही काम करते थे जिससे वे तरह-तरह की दखलंदाजियों से खुद को मुक्त रख सके। उनमें न तो ज्यादा पूँजी लगी होती है, न ज्यादा लोगों की पूँजी, इसलिए भी उनका ज्यादा ध्यान नहीं दिया गया। उनके काम काज पर निगरानी रखना असंभव नहीं है, पर मुश्किल जरूर है, या इससे भी बड़ी बात यह है कि काफी समय में यह आम राय थी कम-से-कम अमेरिका में, कि इनको कायदे कानून के दायरे में लाने की जरूरत नहीं है।

लेकिन यह कुछ अजीबोगरीब नजरिया था क्योंकि 1992 में ही एक प्रसिद्ध हेज फंड ने इस बात का बहुत प्रभावी प्रदर्शन किया था कि अपनी पूँजी से ज्यादा 'लीवरेज' लेकर निवेशक कितना ज्यादा प्रभाव कायम कर सकता है।

जार्ज सोरोस का मिथक

हंगरी से शरणार्थी के रूप में आकर अमेरिकी उद्यमी बने जार्ज सोरोस ने 1969 में अपने क्वाण्टम फंड की शुरुआत की। 1992 तक वह अरबपति तो बन ही गया था, वह 'दुनिया सबसे बड़े निवेशक' के रूप में भी प्रसिद्ध हो गया था। तब तक उसने काम करने के तरीकों, उसकी दिलेरी और चालाकियों के किस्से भी चर्चित

हो चुके थे लेकिन बौद्धिक और वित्तीय महत्त्वाकांक्षा रखने वाला सोरोस चाहता था कि लोग उसको व्यावसायिक बुद्धि के साथ-साथ उसके दार्शनिक बातों को भी ध्यान से सुनें और वह इतने पर ही रुकना नहीं चाहता था। और जैसा कि उसने खुद कहा है, अब वह व्यापार में कुछ ऐसी उथल-पुथल करने की तलाश में निकला जो इसे सिर्फ पैसा कमाकर देने की जगह चर्चा में भी ला दें। इस प्रसिद्धि के आधार पर वह अपने और व्यवसायिक उद्यमों को आगे बढ़ा सकता था।

उसी साल गर्मियों में उसे ब्रिटेन में यह अवसर मिला। 1990 में ब्रिटेन यूरोपियन मोनेटरी सिस्टम एक्सचेंज रेट मेकेनिज्म (ईआएएम) में शामिल हुआ था। यूरोप की मुद्राओं को बदलकर एक मुद्रा चलाने के लिए सभी मुद्राओं को एक जैसी विनिमय दर में बदलने की सुविधा देने के लिए यह व्यवस्था की गयी थी। ब्रिटेन को एक मुद्रा वाली व्यवस्था पसंद न आयी क्योंकि उसे यह थोपी हुई व्यवस्था लगती थी। तब यूरोप में कोई यूरोपियन सेंट्रल बैंक न था। सभी देशों की कानूनी व्यवस्था में एक तरह की समानता बनाई गयी थी लेकिन व्यवहार में सभी जर्मनी में बुंदेसबैंक की मौद्रिक नीतियों का अनुसरण करते थे और स्वयं जर्मनी उस समय यूरोप के बाकी देशों से अलग स्थिति में था। थोड़े ही दिन पहले एकीकृत होने से चलते उसे पूर्वी जर्मनी वाले हिस्से के पुनर्निर्माण पर काफी धन खर्च करना होता था। यह भारी खर्च मुद्रास्फीति की दर ज्यादा न बढ़ा दे, इस पर बुंदेसबैंक ने सूद की दरें थोड़ी ऊँची रखीं जिससे अर्थव्यवस्था व्यवस्थित ढंग से चलती रहे। उधर ब्रिटेन जो ईआरएम में बहुत ऊँची विनिमय दर के समय शामिल हुआ था, गहरी आर्थिक गिरावट वाले दौर से गुजर रहा था और उसकी सरकार लोगों की नाराजगी का शिकार हो रही थी। आधिकारिक रूप से लगातार इस बात का खंडन किया गया कि ब्रिटेन 'ईआरएम' व्यवस्था से बाहर आ रहा है लेकिन किसी के मन में संदेह नहीं था कि वह असल में चाहता क्या है।

मुद्रा संकट के लिए तो यह स्थिति बहुत 'अनुकूल' थी और जार्ज सोरोस ने न सिर्फ इस संकट का लाभ उठाने का फैसला किया बल्कि उसने इसे और बढ़ाने का दाँव भी चलाया।

सट्टे का हिसाब-किताब बहुत साफ है लेकिन उसके ब्यौरे और निर्णयों का तर्क गिनवाना बहुत मुश्किल है। सबसे पहले दौर में तो आपको भुगतान या बहुत कम चर्चा में आये बगैर काम करना होता है जैसा कि क्वांटम फंड ने किया। इसने चुपचाप करीब 15 अरब डालर मूल्य के ब्रिटिश पाउंड उधार लेने और उन्हें

अपनी इच्छा अनुसार डालर में बदल सकने वाली क्रेडिट लाइनें जमाईं। फिर जब फंड ने डालर के 'लांग' सौदे और पाउंड के शार्ट सौदे जमा लिए तो इस 'हमले' पर तो हंगामा मचना ही था। और सोरोस भी तड़क-भड़क और आत्मश्लाफा में युक्त बातें करने लगे उन्होंने ब्रिटेन के वित्तीय अखबारों को दिए। इंटरव्यू में यह बार-बार कहा उन्हें पक्का यकीन है कि पाउंड का जल्दी ही अवमूल्यन होगा और इसी चलते वे इसकी शार्ट-सेलिंग किये जा रहे हैं। अगर सब कुछ कायदे और योजना में चला तो इससे अन्य निवेशक भी पाउंड के सौदों की तरफ दौड़ते और इस भागादौड़ी का ब्रिटेन सरकार पर दबाव बनता और वह अपनी मुद्रा का अवमूलयन कर देती।

असल में ऐसा ही हुआ भी। अगस्त में सोरोस ने पाउंड का हल्ला बोला था। कुछ हफ्तों में ही ब्रिटेन सरकार ने पाउंड की स्थिति को मजबूत बनाए रखने पर करीब 50 अरब डालर खर्च कर दिए पर कोई लाभ नहीं हुआ। सितम्बर के मध्य में सरकार ने मुद्रा को बचाने के लिए सूद की दरें बढ़ाईं लेकिन यह राजनैतिक रूप से अमान्य हो गया। तीन दिनों के अन्दर की ब्रिटेन ने खुद को 'ईआरएम' प्रणाली से अलग कर लिया और पाउण्ड को बाज़ार में अपना मूल्य स्वयं तय कर लेने के लिए आजाद छोड़ दिया गया (और यह आज तक लगभग उसी स्तर पर बना हुआ है।) सोरोस ने इस दौरान पूँजीगत लाभ के रूप में न सिर्फ करीब एक अरब डालर की कमाई कर ली बल्कि इतिहास के संभवतः सबसे बड़े सट्टेबाज के रूप में खुद को स्थापित कर लिया।

पर असल में सोरोस ने किया क्या था? यहाँ इस बारे में तीन सवाल हैं।

पहला, क्या सोरोस ने उस मुद्रा का भाव षडयन्त्र से कम किया जो वैसे ही अपना मूल्य बनाए रखती? संभवतः ऐसा नहीं हुआ था। असलियत यही है कि पाउंड पर धीरे-धीरे दबाव बढ़ता जा रहा था और अनेक अर्थशास्त्रियों संदेह जताया था कि ब्रिटेन 'ईआरएम' व्यवस्था में नहीं रहने वाला है (यह राय बाजार में भागीदारी करने वालों की नहीं थी)। इस धारणा की सच्चाई का पता कोई नहीं लगा सकता लेकिन मेरी पक्की राय है कि महाद्वीपीय मौद्रिक क्लब में ब्रिटेन के शामिल होने का प्रयास डूबना ही था। सोरोस होते या न होते तो इससे फर्क नहीं पड़ता।

लेकिन ऐसी स्थिति में भी यह सवाल उठता ही है कि क्या सोरोस ने पाउंड के सामान्य गति में जल्दी अवमूल्यित करा दिया? इसका जवाब प्रायः हाँ में ही देना होगा। पर यह सवाल फिर भी उठेगा कि उन्होंने कितना पहले यह करा दिया? यहाँ

भी कोई ठोस जवाब देना मुश्किल है पर मेरा अनुमान यह है कि आर्थिक स्थितियाँ ब्रिटेन को जिस दिशा में ले जा रही थीं वह 'ईआरएम' व्यवस्था से बीच में ही बाहर आने वाली थी और जार्ज सोरोस ने इस चीज को कुछ हफ्ते पहले करा दिया।

आखिरी सवाल यह कि क्या सोरोस ने अपने 'शिकार' का सचमुच कोई नुकसान किया? प्रधानमन्त्री जान मेजर की सरकार इस अपमान से कभी नहीं उबर पाई लेकिन यह तर्क देना संभव है कि अपने इन कामों से जार्ज सोरोस ने असल में ब्रिटेन की मदद की। पाउंड की गिरावट ने कोई आर्थिक संकट नहीं पैदा किया। यह मुद्रा अपने पहले के स्तर में करीब 15 फीसदी नीचे आकर खुद-ब-खुद स्थिर हो गयी। पाउंड को पैसा झोंक-झोंक करके बचाने की जरूरत न रह जाने से ब्रिटेन सरकार ने भी राहत की सांस ली और उसने सूद की दरें कम कर दीं। (वित्त मन्त्री नार्मन लामोंट ने कहा कि कुछ दिन पहले तक मुद्रा को कमाने के लिए उठाने वाले कदमों की सिरदर्दी हटने से वे अब 'नहाते हुए गाना गाने' या आनंद ले रहे थे। पर उनका राहत महसूस करना वक्त से पहले का कदम साबित हुआ। मुद्रा के अवमूलयन में सभी अंग्रेजों को लाभ हुआ था पर उन्हें राजनैतिक दबाव के चलते इस्तीफा देना पड़ा)। सूद की दरों में कमी और अधिक प्रतिद्वन्द्वितापूर्ण विनिमय दर के चलते ब्रिटिश अर्थव्यवस्था बहुत जल्दी ही पटरी पर आयी और फलने-फूलने लगी और कुछ वर्षों के अन्दर ही वहाँ बेरोजगारी की दर इतनी कम हो गयी कि यूरोप के पड़ोसी देश उस स्तर तक पहुँचने की कल्पना की नहीं कर सकते थे। पाउंड पर सोरोस के हमले के फल मूलतः अच्छे ही आये।

इसलिए यह कोई डरावनी कथा न थी। यह यही है कि यूरोप के जो लोग एक मुद्रा व्यवस्था अपनाने के पक्के पक्षधर हैं वे 1992 की इस कथा को त्रासदी मानते हैं। 1992 और 1993 में सट्टेबाजों के हमले का मुकाबला (उन्होंने थोड़े समय के लिए किये फ्रैंक को मुक्त रूप में तैरने दिया लेकिन जल्दी ही उसे ईआरएम बैंड में ले आये) करने वाले फ्रांसीसी जरूर सट्टेबाजों को पुराने दिनों की तरह दानव महाजन जैसा मानते रहे। लेकिन एंग्लो-सैक्शन समुदाय के ज्यादातर हिस्से की नीतिगत चर्चाओं में सोरोस और पाउंड की कहानी को बहुत डरावनी कथा के रूप में रखा जाता।

पर जब एशियाई संकट आया तो यह पूरा नजरिया बदल गया और यह मान लेना कि सट्टेबाजी का परिणाम काफी बुरे हो सकते हैं। उन्हें ब्रिटेन जितना गैर नुकसानदेह या लाभकर साफ लगा गलत होगा।

प्रधानमन्त्री महातिर की बौखलाहट

जरा सोचिए, उन्हें कैसा लगा होगा? उन्होंने अपने मुल्क की अजीबोगरीब जातीय बनावट वाली आबादी को बहुत ही होशियारी से संभाला था; उन्होंने बहुसंख्यक मलयों को 'भूमिपुत्र' कार्यक्रम के जरिए शान्त रखा जिसके तहत उन्हें आर्थिक मामलों में विशेष अवसर मिलते थे लेकिन उनके इस फैसले में अल्पसंख्यक चीनी मूल वाले नाराज नहीं हुए जबकि व्यवसाय के क्षेत्र में उनकी भूमिका महत्त्वपूर्ण है। उन्होंने देश में एक स्वतन्त्र, और कुछ हद तक पश्चिम विरोधी ऐसी नीति चलाते हुए भी बहुराष्ट्रीय निगमों को अपने यहाँ आमंत्रित किया, जो बहुसंख्यात्मक मुसलमान आबादी के अनुकूल थी। उनके नेतृत्व में ही उनका मुल्क एशियाई चमत्कार का पूर्ण भागीदार बन पाया; जब मलेशिया की अर्थव्यवस्था तेजी से उभरी तो फिर बिल गेट्स से लेकर सारे विदेशी व्यवसायी वहाँ पहुँचने लगे और 1997 में 'टाइम' पत्रिका के उन्हें दुनिया के सबसे 100 बड़े 'तकनीकी नेताओं' में शुमार किया।

हाँ कुछ आलोचनाएँ भी हुआ करती थीं। उनके कुछ दोस्त और घर वाले जल्दी और ज्यादा आसानी से अमीर हुए लगते थे। कई विदेशी उन पर 'महानता' का भूत सवार होने की शिकायत करते थे। दुनिया की सबसे ऊँची इमारत बनवाने, नई राजधानी बनवाने, नया टेक्नालॉजी कारीडोर बनाने जैसी चीजें इस आलोचना का आधार थी लेकिन कुल मिलाकर उनके काम उनकी उपलब्धियों पर संतोष करने के पर्याप्त आधार थे।

तभी एक झटके में सारा कुछ गड़बड़ा गया। उनके अनुशासनहीन पड़ोसी देशों में मुद्रा का संकट खड़ा हुआ पर यह तो उनकी समस्या थी। लेकिन फिर उनके देश से भी पैसा भागने लगा। उन्हें अपनी मुद्रा को गिरने देने या सूद की दरें बढ़ाने में से एक का चुनाव करना था जो उनके लिए अपमानजनक विकल्प थे। इनमें से कोई भी फैसला उन व्यवसायों को बुरी तरह प्रभावित करता जो बड़ी मुश्किल में खड़े किये गये थे।

और हम एक तरह से मलेशिया के प्रधानमंत्री महातिर मोहम्मद द्वारा अपने खिलाफ षडयंत्र होने का आरोप लगाने भर उन्हें दोषी नहीं कहेंगे क्योंकि यह सभी जानते हैं कि साल पहले जार्ज सोरोस ने पाउंड को गिराने की मुद्रिम चलाई और मोटा मुनाफा कमाया था और उसका क्वाण्टम फंड दक्षिण पूर्व एशियाई मुद्राओं पर कई वर्षों से सट्टेबाजी कर भी रहा था। इसलिए अपनी परेशानियों का दोष इतने 'कुख्यात' सट्टेबाज को देना स्वाभाविक भी था। कोई चाहे तो इसे स्वाभाविक

न्याय भी कह सकता है। सोरोस ने पाउंड को गिराने के साथ अपना भी काफी प्रचार किया था; अब उसे अपनी इस छवि के चलते आरोप झेलने पड़ रहे थे।

यह अच्छा होता अगर महातिर अपनी जुबान बंद ही रखते। जिस वक्त उनकी अर्थव्यवस्था में भरोसा कम हुआ जा रहा था उस समय प्रधानमंत्री एशिया के खिलाफ अमेरिका के और यह संकेत देते हुए कि यह असल में यहूदी षडयंत्र है-षडयंत्र की बात कहें यह शोभा नहीं देता और वित्तीय मामलों का कोई भी जानकार उनको इस तरह का बयान देने को नहीं कहता।

और यह बात सही निकली भी नहीं। क्वांटम फंड ने थाईलैंड के खिलाफ सट्टेबाजी की थी, पर यह काम अनेक दूसरे लोग भी कर रहे थे। सट्टेबाजी के चलते मलेशिया में पूँजी का पलायन हुआ था पर यहाँ सट्टेबाजी मुख्य रूप से मलेशिया के अपने लोग ही कर रहे थे खासतौर से वे कुछ व्यवसायी जो महातिर के दुलारे थे और उनकी मदद से ही अमीर हुए थे।

फिर भी महातिर ने अपनी बात को जोर-शोर से रखना जारी रखा। प्रेस कान्फ्रेन्स और भाषणों में सोरोस पर हमले करते रहे। पर ऐसा कई महीनों तक जारी रखने के बाद जब मलेशियाई अर्थव्यवस्था की स्थिति सचमुच चिन्ताजनक लगने लगी। उनकी जुबान पर कुछ अंकुश लगा और उनको लगा कि उनके बोलने से बाजार में और ज्यादा डर फैला रहा है। शायद उनको इस बात का भी एहसास हो गया कि उनकी बातों का दुनिया से ज्यादातर लोग भरोसा नहीं करके, उन्हें बचकाना मानते हैं। इस तरह के षडयंत्र वास्तविक दुनिया में नहीं होते।

और फिर ऐसा एक हुआ भी।

हांगकांग पर हल्ला बोल

मुक्त बाजार के पक्षधरों के दिलों में हांगकांग के लिए काफी समय से विशेष स्थान रहा था। जिस समय तीसरी दुनिया में अधिकांश देश संरक्षरणवाद और योजनाबद्ध विकास को ही आगे बढ़ने का रास्ता मानते थे, हांगकांग मुक्त बाजार और उद्यमियों को छूट देता रहा। और उसने यह दिखा दिया कि इसकी खुली अर्थव्यवस्था जिस रफ्तार से बढ़ सकती है उसकी कल्पना विकास के सिद्धान्तकारों ने कभी नहीं की थी। एक नगर से बने इस मुल्क ने ही मुद्रा बोर्ड के चलन को वापस लाने का काम किया जबकि अनुदारवादी अर्थशास्त्री इसे वापस 'गोल्ड स्टैंडर्ड' पर लौटने के रास्ते का पहला कदम मानते थे। फिर तो साल दर साल अनुदारवादी हेरिटेज फाउण्डेशन

को भी 'आर्थिक आजादी मूल्यांक' में हांगकांग को सर्वोच्च स्थान देना पड़ा।

लेकिन एशियाई संकट ने हांगकांग को भी चपेट में ले लिया। इस मुल्क के अपने प्रबन्धन में कोई गलती ढूंढना मुश्किल है। इस क्षेत्र के किसी भी मुल्क की तुलना में यहाँ की अर्थव्यवस्था कानून के मुताबिक चल रही थी। बैंक पूरे कायदे कानूनों के अनुसार करते थे और बजट पूरी तरह अनुशासित रहता था। संकट के पहले इस बात के भी संकेत नहीं थे कि वहाँ यारबाज़ या गिरोहवादी पूँजीवाद चल रहा है और न ही वहाँ से हड़बड़ी में पूँजी का पलायन शुरू हुआ था। फिर भी यह शहर वक्त और स्थान (दिक और काल) में हिसाब से उल्टी स्थिति में था। जब इसके पड़ोसी देशों की अर्थव्यवस्था गिरी तो इसका व्यापार भी प्रभावित हुआ। जापानियों ने खरीदारी के लिए हांगकांग आना बंद कर दिया। दक्षिण पूर्व एशिया की कम्पनियों ने हांगकांग के बैंकों से सेवाएँ लेनी छोड़ दीं। इससे भी ज्यादा नुकसान मुद्रा की स्थिर कीमत से हुआ। हांगकांग ने मुद्रा बोर्ड की व्यवस्था के तहत अपने डॉलर को अमेरिकी डॉलर के साथ 7.8 के तक विनिमयदर या बाँध दिया था। और जब शेष ऐशिया की ज्यादातर मुद्राएँ अवमूल्यित हो गयीं तो अचानक हांगकांग, बैंकाक और यहाँ तक टोक्यो से भी मँहगा हो गया। परिणाम भयावह मन्दी के रूप में आया और इतनी डरावनी स्थिति किसी की याद में भी न थी।

फिर कई तरह से शक-शुबहे उभरने लगे। क्या हांगकांग अपने विनिमय दर को किसी भी कीमत पर बचा लेगा? हांगकांग के कुछ व्यापारी खुलेआम मोनेटरी अथॉरिटी (मौद्रिक प्राधिकरण) से माँग करने लगे कि वह मुद्रा का अवमूल्यन करके अर्थव्यवस्था को फिर से प्रतिद्वंद्विता में टिकने लायक बनाए। ऐसी मांगों को ठुकरा दिया गया और सरकार ने घोषणा की कि विनिमय दर में कोई बदलाव नहीं होगा। पर ऐसी ही घोषणा तो ब्रिटेन सरकार के भी 1992 में भी थी। और फिर चीन का क्या कहना? एशिया की इस महाशक्ति ने वित्तीय संकट के पहले दौर को तो अपने सख़्त मुद्रा नियंत्रण के जरिये संभाल लिया, लेकिन 1998 की गर्मियों तक आर्थिक सुस्ती के लक्षण दिखाई देने लगे और उसके साथ ही ये अफवाहें भी आने लगीं कि चीनी मुद्रा का भी अवमूल्यन होगा। इन सबसे हांगकांग ज्यादा दबाव में आ गया।

कुछ लोग इन सभी चीजों को बुरी खबर के तौर पर ले रहे होंगे पर कुछ हेज फंडों ने इसे अवसर मानकर अपना काम शुरू कर दिया।

1998 के अगस्त और सितंम्बर में क्या हुआ, इस बारे में स्पष्ट और ठोस आंकड़े तो नहीं है, और यह कोई अजूबा भी नहीं है, लेकिन उसके किस्से जरूर हैं—

अधिकारियों द्वारा कहे जाने वाले और बाजार के खिलाड़ियों द्वारा कहे जाने वाले। हेज फंडो का छोटा समूह-अपवादों के अनुसार इनमें सोरोस का क्वांटम फंड और जुलियन रॉबर्टसन का उतना ही ताकतवर लेकिन कम चर्चित टाइगर फंड शामिल थे लेकिन अधिकारी कोई नाम कहीं लेते-ने हांगकांग के खिलाफ 'डबल गेम' शुरू किया। उन्होंने हांगकांग की प्रतिभूतियों को 'शार्ट' सेल किया, (अर्थात अपने मालिकों से फंड उधार लिया और उन्हें हांगकांग डॉलर के लिए बेच दिया। इसके मालिकों को वायदे के साथ कि उन्हें रेंटल फी तो दिया ही जाएगा, उनकी प्रतिभूतियाँ से वापस कर दी जाएँगी)। उन्होंने अब इन डॉलरों से अमेरिकी डालर लिया। प्रभावी ढंग से वे दो चीजों में से एक होने पर सट्टा लगा रहे थे। या तो हांगकांग का डालर टूटेगा और वे मुद्रा की अपनी सट्टेबाजी से कमाई करेंगे या हांगकांग मोनेटरी अथॉरिटी सूद की दरें बढ़ाकर अपनी मुद्रा को बचाएगी और इससे स्थानीय बाज़ार में गिरावट आयेगी तथा वे शेयर बाज़ार के अपने 'शार्ट' पोजीशन निकालकर मुनाफा बना लेंगे।

लेकिन हांगकांग के अधिकारियों के अनुसार हेज फंड सिर्फ इतना ही नहीं कर रहे थे चाह रहे थे। 1992 में सोरोस ने ब्रिटेन में जो कुछ किया था, ये फंड भी खुद ऐसी स्थिति बनाने का प्रयास कर रहे थे। हांगकांग डॉलरों की ब्रिकी बहुत धूम धड़ाके से और नियमित अंतराल पर भी जाती रही जिससे बाजार का हर कोई जान ले। फिर बिना नाम लिये हांगकांग के अधिकारी यह भी दावा करते हैं कि हेज फंडों ने रिपोर्टरों और संपादकों को पैसे देकर हांगकांग डॉलर या चीनी येन या दोनों के अवमूल्यन का संकेत करने वाली कथाएँ प्रकाशित कराईं। दूसरे शब्दों में वे चाहते थे कि बैंकों और वित्तीय संस्थाओं के काम-काज में अराजकता आ जाए और हर आदमी अपना जमा वापिस लेने के लिए उनकी तरफ दौड़ पड़े।

तो क्या हेज फंडों के मिल-जुल कर सचमुच कोई षड्यंत्र रचा था ? यह संभव है। माइक्रोसॉफ्ट जैसी कंपनियों के लोगों की कीमत में व्यवस्थित ढंग से उतार-चढ़ाव लाने की कोशिश करने वालों को तो जेल की सजा हो सकती है लेकिन हांगकांग के शेयर बाजार (जिसके शेयरों का कुछ मूल्य उसके बराबर ही था—1998 में) में ऐसा करने पर आप कानूनी दाँव-पेंच के सहारे बन सकते हैं। या यह भी संभव है कि इन हेज फंडों का आपस में कोई भी संपर्क न हो लेकिन ज्यादा संभावना है कि बैठकर षडयंत्र तो नहीं रचा गया। पर कभी गोल्फ खेलते तो कभी क्लब में मदिरापान करते हुए कुछ संकेत, कुछ इशारों का आदान-प्रदान

हुआ होगा। क्योंकि बाजार में बहुत ज्यादा, 'खिलाड़ी' न थे और उन सबको मालूम था कि खेल कैसे और कहाँ चल रहा है।

हाँ, कुछ प्रेक्षकों को इससे भी बड़े षडयंत्र की छाया दिखाई देती है। हांगकांग फोर (या फाइव या जितना भी) इसके साथ ही एक और दाँव खेल रहा था। उन्होंने येन में 'शार्ट' सौदे किये थे क्योंकि जापान में सूद की दर काफी कम थी और उन्हें लगता था कि हांगकांग के डॉलर के साथ ये भी डूब सकता है। उनको आस्ट्रेलियाई डालर, कैनेडियन डॉलर और कई अन्य मुद्राओं के टूटने की उम्मीद थी और इन मुद्राओं को बेचने का काम काफी हंगामेदार ढंग से हुआ। बहुत दिखावे हुए, बहुत दावे किये गये। इसलिए आप सोच सकते है जब एशिया-प्रशांत क्षेत्र में पूरे इलाके पर नजर थी तो हांगकांग तो उसके मध्य में ही था-संभव है कि बाजार का यह आज तक का सबसे बड़ा षड्यंत्र हो।

और लगा कि ये सब चीजें सफल होने जा रही हैं और इसमें बेचारा हांगकांग क्या कर सकता है? अधिकांश विकासशील देशों की तुलना में इसका शेयर बाजार बड़ा था लेकिन हेज फंडों के विशाल संसाधनों में आगे तो छोटा ही था। ऐसी खबरें थीं कि कथित षड्यंत्रकारियों ने करीब 30 अरब डॉलर की शार्ट पोजीशन बनाई थी जो मोटे तौर पर अमेरिकी शेयर बाजार में 15 खराब डॉलर की शार्ट सेलिंग के बराबर बैठता। इतना ही नहीं, हांगकांग का बाजार एकदम खुला था और उसके बंद होने की संभावना भी न थी। जिस शहर के लोगों का जीवन उसकी इसी ख्याति पर ही टिका था कि वहाँ लोग अपने पैसे से मनमाना काम कर सकते हैं सरकारी दखल लगभग नहीं होता। वह पूँजी के पलायन पर अंकुश लगाने जैसे कदम नहीं उठा सकता था। या इससे भी ज्यादा बड़ी बात यह है, उन लोगों की योजना बहुत 'शानदार' लग रही थी जिसके सफल होने की उम्मीद बहुत ज्यादा थी।

अप्रकाशित रूप से हांगकांग ने अच्छा मुकाबला करके षड्यंत्र को असफल कर दिया।

और उसका मुख्य उपकरण बना हांगकांग मोनेटरी अथॉरिटी के फंडों का एकदम नायाब और गैर पारम्परिक इस्तेमाल। अथॉरिटी के पास काफी धन था। याद रखिए कि हांगकांग ने मुद्रा बोर्ड की व्यवस्था करके प्रत्येक डॉलर को हांगकांग के 7.8 डॉलर के साथ पक्का कर दिया था और जितना भी पैसा चलन में आता था, उतने मूल्य का अमेरिकी डॉलर खजाने में रहना जरूरी था। लेकिन बाद में यह सच्चाई सामने आयी कि हांगकांग के खजाने में अपनी मुद्रा के हिसाब से भी काफी

अधिक डॉलर पड़े थे। इस धन का उपयोग हेज फंडों के खिलाफ किस तरह किया जा सका? इससे स्थानीय शेयर और प्रतिभूतियों की खरीद पर ली गयी जिससे उनकी कीमतें चढ़ गयीं। अब जिन हेज फंडों ने बड़े-बड़े 'शार्ट' पोजीशन बना लिए थे, उन्हें भारी नुकसान हो गया क्योंकि उनके अनुमान के अनुरूप कीमतें टूटी नहीं। निस्संदेह ऐसी खरीद तभी प्रभावी हो सकती है जब बहुत बड़ी मात्रा में की जाए, खासकर हेज फंडों द्वारा बनाई की शार्ट पोजीशन के बराबर या उससे ज्यादा की। लेकिन अधिकारियों के पास ऐसे सौदे करने लायक पर्याप्त धन था।

फिर, हेज फंडों ने इस तरह की कार्रवाई का पूर्वानुमान क्यों नहीं किया था? क्योंकि उनको अंदाजा नहीं था कि हांगकांग सरकार स्वयं मैदान में उतर जाएगी और मुक्त बाजार का यह आदर्श स्थान सरकार द्वारा बाजार के संचालन की प्रयोग स्थली बन जाएगा। बाजारवासियों की प्रतिक्रिया बहुत तीखी थी। मिल्टन फ्रेइडमैन ने कहा कि सरकार की कार्रवाई 'पागलपन' है। हेरिटेज फाऊण्डेशन ने हांगकांग का आर्थिक आजादी का गढ़ होने की अपनी पदवी वापस ले ली। अखबारों में हांगकांग और मलेशिया की तुलना करने वाली रपटें और लेख छपे क्योंकि अब उसने भी पूँजी के प्रवाह पर रोक वाले ''दमनकारी' कदम उठाए हैं। हांगकांग के वित्त मंत्री डोनाल्ड- त्सांग ने दुनिया भर में दौरे किये और निवेशकों के सामने अपनी बात रखी और उन्हें आश्वस्त किया कि उनकी सरकार सदा की तरह पूँजीवादी और मुक्त बाजारवादी ही है। लेकिन यह भरोसा दिलवा पाना आसान काम न था।

हेज फंड कुछ समय तक तो यह उम्मीद लगाए रहे कि हांगकांग सरकार अपने कदम वापस लेगी उन्होंने अपने 'शार्ट' पोजीशन को आगे बढ़ाया (रोलओवर किया) इसके तहत शेयरों, प्रतिभूतियों के असली मालिकों को अतिरिक्त पैसे देने होते हैं और इस बात का इंतजार करते कि सरकार झुके। लेकिन सरकार ने उल्टे और सख्ती कर की और शार्ट-सेलिंग पर पाबंदियाँ लगा दीं। अब हांगकांग ने जिन निवेशकों ने अपने शेयर पर प्रतिभूतियों को 'रेंटल फीस' लेकर शार्ट सेटिंग में इसलिए लगाया था वे उन्हें वापस लेने पर मजबूर हुए। इससे हेज फंडों को अपनी पोजीशन तोड़ने पर मजबूर होना पड़ा। यह काम जैसे-जैसे हुआ, हांगकांग सरकार के फैसलों के खिलाफ ज्यादा तेज आवाजें उठती गयीं।

और फिर हांगकांग का पूरा मसला शौंत और चर्चा से बाहर चला गया; दुनिया भर में घटी अन्य काफी सारी घटनाओं ने हेज फंडों को मजबूर कर दिया कि वे स्वयं अपनी गतिविधियों को सीमित करें।

पोटेमकिन अर्थव्यवस्था

1787 में रूस की महारानी कैथरीन ने अपने साम्राज्य के दक्षिणी हिस्से का दौरा किया। कहा जाता है कि उनके प्रधानमंत्री ग्रेगरी एलेक्मांद्रोविच पोटेमकिन उन सभी जगहों पर महारानी से एक दिन आगे पहुँच जाते थे और खस्ताहाल गांवों के आगे समृद्धि के नकली सामान खड़े करवा देते थे जिससे महारानी खुश हों। एक बार उनका दौरा हो जाता था तो फिर वही सब साजो-सामान उठाकर उन नए गाँवों में पहुँचा दिया जाता था जहाँ महारानी को जाना होता था। तभी से असलियत कुछ और दिखाई देना कुछ और के लिए 'पोटेमकिन विलेज' पद का इस्तेमाल किया जाने लगा।

और 1990 के दश के उत्तरार्द्ध में पूरा रूस ही पोटेमकिन अर्थव्यवस्था का बहुत अच्छा उदाहरण बन गया था।

समाजवादी अर्थव्यवस्था से पूँजीवादी अर्थव्यवस्था में आना किसी के लिए भी आसान नहीं रहा लेकिन रूस के लिए यह अधिकांश देशों में ज्यादा परेशानी वाला था। साम्यवाद के पतन के बाद वर्षों तक इसकी अर्थव्यवस्था एकदम अजीबोगरीब स्थिति में फंसी रही। केन्द्रीय योजना से चलने वाली अर्थव्यवस्था वाला निर्देश भी अब इसको उपलब्ध न था और न ही यहाँ कामचलाऊ बाजार व्यवस्था ही बन पायी थी। जो चीजें पहले एक हद तक काम करती भी थीं उन्होंने भी काम करना बंद कर दिया। पहले कारखानों में घटिया स्तर का सामान बनता था अब वहाँ कुछ भी नहीं बन रहा था। सामूहिक खेत पहले से भी कम उत्पादन करने लगे क्योंकि न किसी को डर था, न ज्यादा काम करने का स्पष्ट लाभ। और अब तो ब्रेझनेव युग के मुश्किल भरे वर्ष भी स्वर्ग जैसे लगने लगे थे। लाखों कुशल प्रोग्रामर, इंजीनियर, वैज्ञानिक, गणितज्ञ मौजूद थे लेकिन उनके लायक काम न था।

यह बहुत ही बुरी स्थिति थी, पर रूस के पास कम-से-कम एक बड़ी संपत्ति थी; सोवियत संघ का वारिस होने के चलते इसके पास अभी भी परमाणु हथियारों का विशाल भण्डार था। उसने इन हथियारों को बोली लगाकर बेचने की धमकी तो नहीं दी लेकिन इस खतरे ने पश्चिमी नीति निर्माताओं के होश जरूर उड़ा दिए थे। और इसी ने अमेरिका को काफी अच्छे कदम उठाने को प्रेरित किया। जब जानकार लोग रूस की स्थिति को लेकर काफी निराशाजनक बातें करने लगे इसके बाद तक अमेरिकी यह उम्मीद लगाए रहा कि रूस के सुधारक बदलाव की रुकी प्रक्रिया को संभाल लेंगे और नेतृत्व इतना भी ज्यादा लोभी और छोटी दृष्टि का नहीं होगा जो मुल्क के साथ अपना भी नाश करा लेगा। इसलिए

अमेरिकी ने अंतर्राष्ट्रीय मुद्रा कोष को मजबूर कया कि वह रूस को एक स्थायित्व योजना पर काम करने के लिए धन उपलब्ध कराए। वैसे यह योजना कभी भी फलीभूत नहीं हुई (अंतर्राष्ट्रीय आर्थिक पत्रिका 'द मेडले रिमोर्ट' ने लिखा अमेरिका चूहे के बिल में पैसा नहीं फेंक रहा है—वह तो मिसाइल खत्री (बरबादी) में पैसा झोंक रहा है)।

रूस अपने परमाणु हथियारों को रेहन रखने की क्षमता रखता है, इस अकेले और स्पष्ट बल ने भागम भाग में लगे रहने वाले विदेशी निवेशकों को जोखिम लेकर वहाँ पैसा लगाने का प्रोत्साहन दिया है। हर किसी को पता था कि रूबल का भारी अवमूल्यन हो सकता है या फिर रूसी सरकार अपनी देनदारियों में चूक सकती है लेकिन जब तक यह स्थिति आ नहीं जाती तब तक रूस में निवेश का जोखिम सबको लाभप्रद लग रहा था। चूँकि रूसी सरकार के ऋण पर बहुत अच्छा सूद मिल रहा था, जो आखिरकार 150 फीसदी तक गया था, इसलिए जो निवेशक जोखिम लेने के अभ्यस्त थे उनके लिए यहाँ पैसा लगाना आकर्षक रहा, खासकर हेज फंडों के लिए।

लेकिन आखिर में जो स्थिति बनी उसमें यही साबित हुआ कि वहाँ जोखिम मोल लेना लाभदायक नहीं रहा। 1998 की गर्मियों में रूस की वित्तीय हालत सभी के अंदेशों से ज्यादा तेजी से खराब हुई। अगस्त में जार्ज सोरोस ने सुझाव दिया कि रूस को भी रूबल का अवमूल्यन और मुद्रा बोर्ड का चलन शुरू करना चाहिए। इस टिप्पणी के बाद रूबल की बदहाली शुरू हो गयी। फिर मैक्सिको की तरह का अवमूल्यन किया गया लेकिन अपर्याप्त। फिर तो मुद्रा भी तेजी से गिरी और ऋण पर रोक लग गयी। अभी तक पश्चिम जगत रूस में काफी कुछ कर और गंवा चुका था और उसकी तरफ से इस बार बचाव के लिए कोई प्रयास नहीं हुआ। फिर अपने 'फेस वैल्यू' के अंश मात्र में रूस बिक सकता है, यह चर्चा उठी और अरबों डॉलर डूब गये (अब परमाणु हथियारों को रेहन रखने वाली बात कहाँ चली गयी? सवाल तो अच्छा है पर इसे छोड़िए)।

रूस में कुल कितना पैसा डूबा? डॉलर के हिसाब से वह बहुत बड़ी रकम नहीं है। अमेरिका में शेयर बाजार गिरने में एक दिन में उससे काफी ज्यादा नुकसान हो गया, बल्कि वहाँ तो हर दूसरे तीसरे दिन इस किस्म का नुकसान होने लगा था, लेकिन नुकसान में ज्यादा हिस्सा उन मुट्ठी भर आपरेटरों का था जिन्होंने अपनी मूल पूँजी में काफी ज्यादा 'लीवरेज' ले रखा था। निस्संदेह रूप से कुछ हफ्तों तो यही लगा कि रूस के वित्तीय पतन में पूरी दुनिया भी सनेगी।

1998 की अफरा-तफरी

1998 में विश्व के हेज फंडों में बैलेंसशीट न सिर्फ काफी बड़े थे बल्कि जटिलताओं से भरे भी थे। लेकिन उनमें एक स्पष्ट प्रकृति दिखती थी। इन सबके के काम में सुरक्षित परिसंपत्तियों पर शार्ट पोजीशन थी जिनका मूल्य गिरने की संभावना न थी। और उनके पास तरल परिसंपत्तियों भी कम थी जिन्हें नकदी की जरूरत के समय जल्दी से निपटारा कर नकदी हासिल की जा सके। साथ ही, उन्होंने जोखिम वाली और आसानी से न बिक सकने वाली परिसंपत्तियों पर 'लाँग' पोशीजन ली हुई थी। इसलिए हो सकता है कि किसी हेज फंड ने जर्मन सरकार के ऋण पर जो सुरक्षित और दन से बिकने वाला है, शार्ट सौदे किये हुए थे तो डेनमार्क के रेहन के आधार पर बनी प्रतिभूतियों (मोर्गेज बैक्ड सिक्योरिटीज) अर्थात मकानों पर अप्रत्यक्ष दावे वाले काग़जातों पर लाँग पोजीशन लिए हुए थे क्योंकि इनमें न सिर्फ जोखिम था बल्कि जल्दी में इनको बेचना आसान न था। यह भी संभव है कि वे जापानी बांडों में 'शार्ट' हों और रूसी ऋण पर 'लाँग' पोजीशन लिया हो।

यहाँ पर यह सामान्य सिद्धान्त सामने आता है कि ऐतिहासिक रूप से बाजार सुरक्षा और तरलता, दोनों के लिए ऊँचा प्रीमियम देता रहा है क्योंकि छोटे निवेशक जोखिम से डरते हैं। और उन्हें पता नहीं होता कि कब नकदी की जरूरत आ जाए। इसी के चलते बड़े कारोबारियों को अवसर मिल जाता है जो बहुत सावधानी से हर तरह के सौदे उठाकर जोखिम को कम कर डालते हैं। एक में घाटा हो तो दूसरे में फायदे से उसकी भरपाई की जा सकती है। फिर इन बड़े कारोबारियों को कभी-कभी नकदी की वैसी जरूरत नहीं आती जैसे छोटे निवेशकों को आ जाती है। और इन्हीं चीजों का लाभ लेकर हेज फण्ड साल दर साल इतनी कमाई करते जाते हैं।

लेकिन 1999 में अनेक लोग इस बुनियादी बात को जानते थे और हेज फंडों की आपसी प्रतिद्वंद्विता ने उनके लिए पैसा बनाना निरंतर मुश्किल बना दिया था। बल्कि कुछ हेज फंडों ने वापिस तो निवेशकों का पैसा वापस लौटाना शुरू कर दिया था और कहा कि वे अब इसका निवेश करने के लिए लाभदायक अवसर नहीं देख रहे हैं। लेकिन उन्होंने और ज्यादा जोखिम लेकर, नए क्षेत्रों में उतर कर नए अवसर बनाने की कोशिश की। उन्होंने ऐसे जटिल पोजीशन लिए जो ऊपर से देखने में ज्यादा जोखिम वाले लगते थे लेकिन नुकसान के अंदेशों को खत्म करने के लिए बहुत ही चालाकी में उठाए गये कदम थे।

लेकिन वित्तीय तूफान आने के पहले किसी की कल्पना नहीं की थी कि हेज

फंडों ने आपसी प्रतियोगिता में लाभ के मुश्किल-से-मुश्किल अवसरों की तैयार में जो वितान खड़ा किया वह अन्दर से ज्यादा खोखला हो गया था और स्वयं आफत को निमंत्रित करने वाला था।

यह काम कैसे हुआ था इसे कुछ इस तरह समझा जा सकता है। मान लीजिए कि रिलेटिविटी फंड नामक हेज फंड ने रूसी सरकार के ऋण पर बड़ा दाँव/सट्टा लगाया। फिर रूसी सरकार ने ऋण की अदायगी छोड़ दी और इस फंड को एक अरब के करीब घाटा हो जाता है। इसमें रिलेटिविटी की सौदेबाजी में अनेक फंड या शेयर शामिल कराने वाले (और उसके बदले अच्छा-खासा रैंटल वसूलने वाले) लोग बेचैन होते हैं। वे अपनी परिसंपत्तियाँ वापस माँगते हैं लेकिन अभी रिलेटिविटी के पास वे बांड या शेयर नहीं हैं—उसे बाजार से खरीदकर वापस करने हैं। इसका मतलब यह हुआ कि उसे ये परिसंपत्तियाँ खरीदने के लिए अपने पास पड़ी दूसरी परिसंपत्तियों को बेचना होगा। फिर जब इतना बड़ा खिलाड़ी अपनी परिसंपत्तियाँ बेचनी शुरू करता है तो उनकी कीमतें स्वयं नीचे आने लगती हैं।

इस बीच होता यह है कि रिलेटिविटी के प्रतिद्वंदी पुसीकैट फंड ने भी उन्हीं में से कई परिसंपत्तियों में निवेश किया होता है जो रिलेटिविटी के पास भी हैं। इसलिए जब रिलेटिविटी को मजबूरी में अपनी परिसंपत्तियाँ बेचनी पड़ती हैं और उनकी कीमतें नीचे आ जाती है तो इसका व्यावहारिक मतलब यही है कि 'पुसीकैट' की परिसंपत्तियों का मोल भी गिर गया। फिर यह भी अपने 'शार्ट' सौदों को निपटाने के लिए अपनी परिसंपत्तियों बेचने को मजबूर होता है जिससे कीमतें और नीचे जाती हैं। और उसके ऐसा करने से तीसरे फंड एलिजाबेथ, चौथे फंड राम-रहीम वगैरह-वगैरह की हालत इसी तरह खराब होती चली जाती हैं।

अगर इन सबसे आपको एशियाई वित्तीय संकट की याद आती है जिसकी चर्चा मैंने अध्याय 4 में की है, तो आप पाएँगें कि मौलिक स्तर पर यह उसी तरह की प्रक्रिया थी, इसमें भी कीमतों की गिरावट, बैलेंस शीट अंतःस्फोट और लीवरेज से बाहर आने का दुश्चक्र जैसी सारी चीजें शामिल थीं। किसी ने भी नहीं सोचा था कि आधुनिक विश्व में इस तरह की चीज भी हो सकती है। लेकिन ऐसा ही हुआ और इसके परिणाम चौंकाने वाले थे।

आप पाते हैं कि हेज फंड तरलता और जोखिम लाभ के मामले में निर्णायक/विवाचन में इतने अध्यवसायी रहे थे कि उनके पास इतनी अतरल परिसंपत्तियाँ आ गईं कि वही बाजार मान के लिए गये और उनको भी जब इन लोगों ने बेचना चाहा

तो उसके वैकल्पिक ग्राहक नहीं मिले। इसलिए वर्षों तक तरलता और जोखिम लाभ के बीच का फासला धीरे-धीरे घटते हुए अचानक इतनी ऊँचाई पर आ गया जो पहले किसी ने सुना नहीं था। ऐसा तब हुआ जब हेज फंडों के लिए दबाव में अपनी परिसंपत्तियाँ निकालने की मजबूरी आयी। अमेरिकी के 29 वर्ष वाले सरकारी बांडों का जिन्हें एकदम सुरक्षित जायदाद माना जाता है क्योंकि कहा जाता है कि अगर अमेरिकी सरकार जाती है तो बाकी कुछ भी नहीं बचेगा। अधिक बड़े बाजारों में सौदा होता है और उन्हें बेचने में थोड़ा आसान माना जाता है। कंपनियों के बांडों में अमेरिकी की सरकार के ऋण से ज्यादा कमाई होती है या इनका फैलाव काफी ज्यादा है। कई प्रतिशत अंक ऊपर और व्यावसायिक रेहन के आधार पर कभी प्रतिभूतियाँ–अधिकांश गैर आवासीय निर्माण के लिए अप्रत्यक्ष कोष जुटाने वाले वित्तीय उपकरण–एकदम बिक ही नहीं सकीं। एक बैठक में मैं भी था, जिसमें भाग लेने वालों ने फेडरल रिजर्व के अधिकारियों से मुद्रा बाजार की जो स्थिति हो गयी है उसे सुधारने के लिए क्या किया जा सकता है, तो उन्हें जवाब मिला 'ईश्वर से प्रार्थना कीजिए।'

सौभाग्य में फेडरल रिजर्व भगवान के भरोसे नहीं बैठा रहा। सबसे पहले इसने हेज फंडों में सबसे ज्यादा और चर्चित नुकसान उठाने वाले कनेक्टिकट के लांग टर्म कैपिटल मैनेजमेंट को बचाने के कदम उठाए।

'एल्टीसीएम' नाम से प्रसिद्ध इस हेज फंड का किस्सा जार्ज सोरोस से भी ज्यादा दिलचस्प है। सोरोस सट्टेबाजी वाली एक लंबी परंपरा में आते हैं भले ही ज्यादा बड़े हो गये हों पर जिय फिस्क का या जाय गोल्ड जैसे लोग इसी काम में रहे और चर्चित हुए हैं। पर 'एल्टीसीएम' से मैनेजर तो काफी कुछ मार्डन टाइप के थे-कैलकुलेटरों की गणना और फार्मूलों से चलकर बाजार से आगे निकालने वाले लोग। इसके साथ नोबल पुरस्कार पाने वाले दो अर्थशास्त्रियों का नाम जुड़ा रहा है और उनके कई छात्र तो यहाँ बाकायदा काम भी किया करते थे। उनका मानना था कि अगर उन्होंने परिसंपत्तियों के ऐतिहासिक अंतर संबंधों को बारीकी से पढ़ा तो इसके आधार पर वे चलाकी भरा फोर्टफोलियों बना सकते हैं–जायदाद में लांग पोजीशन और अन्य में शार्ट पोजीशन से। इनमें कमाई अच्छी होती है और जोखिम भी उतना नहीं होता जिसका लोगों ने समझा होता है। और साल-दर-साल उन्होंने चमत्कारी लाभ हासिल किये और इतने विकसित ढंग से कि उनको कैसे उधार देने वाले लोगों ने यह सवाल करना भी छोड़ दिया कि क्या उनके पास पर्याप्त पूँजी है भी या नहीं।

तभी बाजार में उथल-पुथल हुई। यह अभी भी स्पष्ट नहीं है कि एलटीसीएम को जो नुकसान हुआ वह जीवन में कभी भी आ सकने वाली एक त्रासदी थी जिसका कोई अनुमान नहीं सकता या फिर उनके कम्प्यूटर मॉडलों में कोई दोष था जो बाजार में समय-समय पर होने वाली सभी उठा-पटक या हिसाब रखना ही भूल गये थे। (या भी यह बचकानापन जान-बूझकर बनाया गया था। वैसे यह सवाल भी न ही उठाया जाए तो अच्छा है)। कारण जो भी रहे हों, सितम्बर तक कंपनी में इस बात का हाहाकार मचने लगा कि वह अपने पड़तों का निपटारा करे। उधार देने वालों के जमा पर ज्यादा नकदी दे या शॉट पोजीशन की देनदारियाँ बढ़ाकर उन्हें आगे के लिए राजी करे। और ये माँगे वह पूरी नहीं कर पाया और जल्दी ही यह स्पष्ट हो गया कि 'एल्टीसीएम' बाजार का इतना बड़ा खिलाड़ी बन चुका है कि अगर यह फेल होता है और इसकी पोजीशनों को खत्म किया जाता है तो एक-एकर नए हेज फंड धराशायी होते जाऐंगे और बाजार में अफरा-तफरी मच जायेगी।

फिर कुछ-न-कुछ किया ही जाना था। पर अंततः इस काम में जनता का पैसा नहीं गवाँना पड़ा। न्यूयार्क में फेडरल रिजर्व ने निवेशकों में एक समूह को इस बात के लिए राजी किया कि वह 'एल्टीसीएम' की तात्कालिक नकदी जरूरतें पूरी करके कंपनी की मिल्कियत में बहुमत का स्वामी बन जाए। और आगे चलकर यही हुआ कि जब बाजार शांत हुआ तो इस फंड में पैसा लगाने वाले बैंकों ने अच्छा-खासा मुनाफा कमा लिया।

यह बचाव के प्रयास के बावजूद यह निश्चित तौर पर नहीं मान लिया गया था कि संकट से पार पाया जा सकता है। जब सितम्बर की अपनी नियमित बैठक में फेडरल रिजर्व ने सूद की दरों में 0.25 फीसदी की कटौती की, कटौती के इस आकार में बाजार निराश हुआ और पहले से मुश्किल दिख रहे वित्तीय हालात डर और अफरा-तफरी में बदलने लगे। अचानक लोग महामन्दी के दौरान अमेरिकी बैंकों में लोगों द्वारा अपना पैसा निकालने की दौड़ वाली स्थिति में मौजूदा स्थिति की तुलना करके लगे। जे.पी. मार्गन ने तो 1999 में गंभीर आर्थिक मन्दी की भविष्यवाणी भी कर डाली।

लेकिन फेडरल रिजर्व ने अपने तरकश में कुछ और तीर छुपाकर रखे थे। आमतौर पर फेडरल ओपन मार्केट की बैठकों में ही सूद की दरों में कमी-बेसी करने का फैसला होता है और यह बैठक आमतौर पर छह हफ्ते में एक बार होती है। सितम्बर की बैठक में कमेटी ने एलन ग्रीनस्पैन को यह विशेषाधिकार सौंपा था कि

वे जब जरूरी समझें सूद की दरों में चौथाई अंक की कमी और कर सकते हैं। और अक्टूबर को उन्होंने यह कमी करके की घोषणा करके बाजार को चौंका दिया। इस घोषणा से बाजार में उछाल भरी और अपना घाटा काफी हद तक भर लिया। और जब अपनी अगली नियमित बैठक में फेडरल रिजर्व ने सूद की दरें और कम कर दीं तो बाजार की निराशा उत्साह में बदल गयी। 1998 में अन्त तक सभी असामान्य बिक्री के पैसे लौटाने वाली स्थिति समाप्त हो गयी और शेयर बाजार नए रिकार्ड बनाने लगा।

यह बात महसूस करनी महत्त्वपूर्ण है कि अभी तक फेडरल रिजर्व के अधिकारियों को ही भरोसा नहीं होता कि उन्होंने यह काम कैसे कर दिया। जब संकट अपने चरम पर था तो हर किसी को पक्का जैसा लगता था कि सूद की दरों में कटौती का भी कोई असर नहीं होगा क्योंकि जब कोई उधार ही नहीं ले सकता तो इस बात से क्या फर्क पड़ेगा कि सूद की दर कम है या ज्यादा। और अगर हर किसी को यह भरोसा हो कि अब दुनिया का अन्त होने ही वाला है, उनका यह डर ही चीजों को बदलने का आधार बन गया होगा—दर्द का हद से गुजर कर दवा बन जाने जैसा। और अब पीछे की बातों पर गौर करने पर ग्रीनस्पैन हतोत्साहित फौज में ऐसे जनरल लगते हैं जो उनके आगे चलते हुए तलवार भाँजता है, जोर-जोर से उत्साहवर्धक आवाजें देता है और किसी-न-किसी तरह युद्ध की दिशा बदल देता है। बहुत अच्छा, लेकिन इसमें कुछ भी ऐसा नहीं है जो आपको अगली लड़ाई में काम दे जाए।

फेडरल रिजर्व ने कुछ अधिकारियों को लगता है कि लोग हम पर कुछ ज्यादा ही भरोसा करते है और हमारे लिए यह एक नैतिक परेशानी बन गयी है। एलन ग्रीनस्पैन के एक सलाहकार बताते हैं कि लोगों को लगता है कि फेडरल रिजर्व अर्थव्यवस्था और बाजार को किसी भी संकट से उबारने में सक्षम है। पर जब 2008 के संकट ने धक्का मारा तो फेडरल रिजर्व की ताकत का इस मिथक की सीमाएँ भी साफ दिख गईं।

लेकिन उसकी चर्चा करने के पहले, आइए पहले एलन ग्रीनस्पैन के मिथक और उसके एकदम चूक जाने की कहानी पर गौर कर लें।

7

ग्रीनस्पैन के गुब्बारे

अठारह लंबे वर्षों से भी ज्यादा समय तक एलन ग्रीनस्पैन फेडरल रिजर्व के बोर्ड ऑफ गवर्नर्स के प्रमुख थे-मई 1987 से जनवरी 2006 तक। सिर्फ इस पद ने ही उन्हें दुनिया के सबसे प्रमुख और ताकतवर वित्तीय प्रशासकों में एक बना दिया था लेकिन ग्रीनस्पैन का प्रयास उनके औपचारिक अधिकार या अधिकार क्षेत्र से काफी बाहर तक था, जैसाकि 1999 में इसे 'टाइम' की एक आवरण कथा में कहा गया था, के 'आप्तपुरुष (ओरेकल) थे, उस्ताद (माएस्ट्रो) थे, 'कमेटी टू सेव द वर्ल्ड' के वरिष्ठ सदस्य थे।

जब ग्रीनस्पैन ने सेवानिवृत्ति ली तो अपने पीछे एक विशाल आभामण्डल छोड़ गये थे। प्रिस्टन विश्वविद्यालय के एलन ब्लाइंडर ने उन्हें इतिहास का संभवतः सबसे बड़ा बैंकर घोषित किया। ग्रीनस्पैन जब संसद के अपने आखिरी व्याख्यानों में से एक देने पहुँचे तो उन्हें 'मोनेटरी मसीहा' (मौद्रिक मसीहा) कहा गया। एक सांसद ने कहा ''आपने शेयर बाजारों की गिरावटों, युद्धों, आतंकी हमलों और प्राकृतिक आपदाओं के बीच मौद्रिक नीति का सफल संचालन किया। आपने अमेरिकी समृद्धि में महान योगदान किया है और राष्ट्र आपका ऋणी है।''

पर करीब तीन साल बाद इसी ग्रीनस्पैन का नाम मिट्टी में मिल चुका था।

एलन ग्रीनस्पैन की प्रतिष्ठा के आसमान पर फहराने और धूल में मिटने की कहानी सिर्फ एक व्यक्ति की कहानी भर नहीं है, न इससे नैतिकता संबंधी बहुत

सीख मिलने का दावा किया जा सकता है। यह कहानी इस बात को भी बताती है कि आर्थिक नीतियों के कर्णधार किस तरह यह मानते कि सारा कुछ उनके नियंत्रण में है जबकि अमल में किसी चीज पर उनका वश न था।

ग्रीनस्पैन युग

ग्रीनस्पैन किस तरह एक मिथक बन गये? इसका काफी बड़ा श्रेय तो अकेले इसी तथ्य को दिया जा सकता है कि उनके कार्यकाल में ज्यादातर समय अर्थव्यवस्था अच्छी हालत में चलती रही। 1970 का दशक और 1980 दशक के शुरुआत में अर्थव्यवस्था को काफी बड़े झटके लग रहे थे। मुद्रास्फीति और बेरोजगारी की दर दोहरे अंकों तक चली गयी और महामन्दी के बाद अर्थव्यवस्था की रफ्तार सबसे ज्यादा सुस्त हुई। इसके उपलट ग्रीनस्पैन का कार्यकाल अपेक्षाकृत बहुत आराम से गुजरा इस पूरी अवधि में मुद्रास्फीति की रफ्तार काफी कम थी और दो बार अर्थव्यवस्था सुस्त पड़ी भी तो बहुत कम कम दिनों में लिए-आधिकारिक रूप से इसे आठ महीनों का ही बताया गया। (इस पर ज्यादा चर्चा आगे होगी)। इस अवधि में रोजगार की कमी न थी। 1990 में दशक के आखिर और फिर अगले दशक में मध्य में तो बेरोजगारी की दर इतनी नीचे आ गयी जितनी 1960 के दशक के बाद से नहीं आयी थी। वित्तीय निवेशकों के लिए तो ग्रीनस्पैन स्वर्ग में रहने जैसे थे : डाउ जोन्स सूचकांक 10000 से ऊपर निकल गया और शेयरों की कीमतों में सालाना औसत 10 फीसदी से भी ज्यादा की वृद्धि हुई।

इस अच्छे प्रदर्शन का कितना श्रेय ग्रीनस्पैन को दिया जाना चाहिए? मुद्रास्फीति पर अंकुश लगाने का काम तो ग्रीनस्पैन के पूर्ववर्ती प्रमुख पाल वोल्कर ने ही लगाया था। उन्होंने मुद्रा की आपूर्ति में सख्ती करके मुद्रास्फीति की मानसिकता को तोड़ा जबकि इन नीतियों के चलते अर्थव्यवस्था की रफ्तार सुस्त भी पड़ती रही। वोल्कर द्वारा सख्त और अप्रिय काम कर चुकने के बाद ग्रीनस्पैन इस उपलब्धि पर चमकते फिरे।

अधिकांश अच्छी आर्थिक खबरों का मौद्रिक नीति से कोई खास लेना-देना नहीं होता। ग्रीनस्पैन के कार्यकाल में अमेरिकी व्यवसाय जगत ने सूचना तकनीक का प्रभावी इस्तेमाल करना जान लिया। जब नई तकनीक आती है तो उसका आर्थिक लाभ मिलने में कुछ वक्त लग ही जाता है। नए आविष्कार का यही लाभ लेने के लिए व्यवसाय जगत को अपनी पिछली सारी चीजों को नया रूप देने में वक्त

लगता है। इसका सबसे अच्छा उदाहरण है बिजली। वैसे तो बिजली वाले उपकरण 1880 के दशक में ही खूब सारे बनने लगे थे लकिन काफी समय तक व्यवसाय जगत पुराने तरीके की फैक्टरियाँ ही लगाता रहा। बहुमंजिला इमारतों के ऊपर तले में बाकी मशीनें लगती थीं जबकि भूतल पर काम का बड़ा इंजन होता था जो सबको चलाता था। प्रथम विश्व युद्ध के पहले तक उद्योग जगत को इस बात पर बहुत भरोसा नहीं जम रहा था कि अब उन्हें स्वयं एक केन्द्रीय बल पैदा करने वाला स्रोत रखने की जरूरत नहीं है। अब वे मजे से खुले में एक मंजिला कारखाना लगा सकते थे जिसके एक एक हाल में अलग-अलग काम हो सकता था और चीजों को लाने ले-जाने में कोई समस्या ही नहीं रह गयी थी।

सूचना तकनीक के साथ भी यही बात हुई। माइक्रोप्रोसेसर का आविष्कार 1971 में हुआ और 1980 के दशक तक पर्सनल कम्प्यूटरों का इस्तेमाल व्यापक स्तर पर होने लगा। लेकिन काफी समय तक दफ्तरों का काम-काज कार्बन पेपर वाले युग के हिसाब से ही चलता रहा। 1990 के मध्य तक आकर व्यवसाय जगत ने नेटवर्क वाले दफ्तर बनाने, निरंतर अपडेट होने वाली इंवेंटरी (फर्द) वगैरह जैसे काम शुरू किये जो नई तकनीक या आधारित थे। और जब उन्होंने यह काम कर लिया उनका धन्धा तेजी से बढ़ा और अमेरिकी उत्पादकता दर में तेज वृद्धि हुई। प्रत्येक मजदूर के प्रति घण्टे उत्पादन में वृद्धि हुई। इससे मुनाफा बढ़ा और मुद्रास्फीति को अंकुश में रखने में मदद मिली। और वे सभी चीजें ग्रीनस्पैन काल की अच्छी आर्थिक खबरों में जुड़ती गईं : लेकिन असल में फेडरल बैंक प्रमुख का इससे कोई लेना-देना न था।

वैसे तो ग्रीनस्पैन ने न तो मुद्रास्फीति पर अंकुश लगाया और न ही उत्पादकता में क्रांतिकारी वृद्धि कर दी लेकिन मौद्रिक नीति के बारे में उनका एक विशिष्ट नजरिया था जो तब ठीक-ठाक काम करता लग रहा था। अब यह 'लग रहा था' वाला पद व्याख्या की मांग करता है लेकिन उस पर जाने से पहले आइए इस बात पर चर्चा करें कि अध्यक्ष के रूप में ग्रीनस्पैन के कार्यकाल की विशेषताएँ क्या थीं।

अमेरिकी के नियुक्त चालक

कार्यकाल के मामले में ग्रीनस्पैन सबसे ज्यादा समय तक अध्यक्ष नहीं रहे हैं। उनके पहले विलियन मैक्चेस्नी मार्टिन जूनियर 1951 से 1970 तक फेडरल बैंक में प्रमुख रह चुके हैं। पर इन दो लोगों की मौद्रिक नीतियों में जमीन-आसमान का फर्क था।

मार्टिन का यह कथन वाली चर्चित हुआ था कि फेडरल रिजर्व का काम ''पार्टी शुरू ठीक होने के पहले पंच बाउल (शराब मिलने वाला पात्र) हटा लेना है।'' इस कथन से उनका आशय यह था कि तेजी से काम कर रही अर्थव्यवस्था उफान भर कर बेकाबू हो, जिससे मुद्रास्फीति पैदा हो सकती है, उससे पहले फेडरल रिजर्व को सूद की दर बढ़ाकर उसे बचाना चाहिए पर उनके बचाव की व्याख्या इस तरह भी की गयी कि फेडरल रिजर्व को वित्तीय बाजार की 'अतार्किक प्रचुरता' (यह पद ग्रीनस्पैन का गढ़ा हुआ है) पर रोक लगाने का प्रयास करना चाहिए।

एलन ग्रीनस्पैन ने अतार्किक प्रचुरता के खिलाफ चेतावनी तो दी लेकिन उन्होंने इस बारे में कुछ ज्यादा ठोस काम कभी नहीं किया। अपने 1996 के भाषण में उन्होंने 'अतार्किक प्रचुरता' पद का प्रयोग शेयर कीमतों में उफान के संदर्भ में किया था लेकिन उन्होंने बाजार के अति उत्साह का अंकुश लगाने के लिए सूद की दरें नहीं बढ़ाई थीं। बल्कि उन्होंने तो शेयर बाजार के निवेशकों पर पड़ता ठोकने संबंधी जरूरत के बारे में भी प्रयास नहीं किया। इसकी जगह उन्होंने इस गुब्बारे के फूटने का इन्तजार किया। जैसा कि इसलिए सन 2000 में हुआ, और फिर बिखरे मलबे को साफ करने का प्रयास किया।

जैसाकि रायटर्स के वितरित एक व्यंग लेख में ठीक-ठीक कहा गया था, ग्रीनस्पैन ने उस अभिभावक की तरह आचरण किया जो किशोरों को रोज किसी काम को ज्यादा करने के नुकसान कर पाठ पढ़ाता रहा था लेकिन असल में जब बच्चे वही कर रहे थे तो उन्हें रोका नहीं और खुद को उस आखिरी भाषण के लिए तैयार करता रहा जो बच्चों के पिट-पिटा जाने के बाद उसे बतौर अभिभावक 'नियुक्त' व्यक्ति के हिसाब से देना था।

पर ग्रीनस्पैन के मामले में सही बात यही है कि दोनों ही रंग की राजनैतिक विचारधारा के अर्थशास्त्री लोग उनकी नीतियों से सहमत रहे। फिर यह भी सच्चाई है कि अच्छे वक्त में चल रही अमेरिकी अर्थव्यवस्था को उसी तरह चलने देकर उन्होंने उसे कम से कम एक मामले में मदद की। क्लिंटन के शासन काल में रोजगार के जितने नए अवसर बने वे उतने शानदार कभी न होते अगर कोई भी अन्य व्यक्ति फेडरल रिजर्व का प्रमुख होता।

पृष्ठ 141 पर दिया गया चार्ट 1987 के बाद के बेरोजगारी दर को दिखाता और इस सच्चाई को बयान करता है। आर्थिक गिरावट की आधिकारिक तारीखों

को धुंधले स्तम्भों में प्रदर्शित किया गया है। इस चार्ट में जो चीज सबसे प्रमुखता से उभरती है वह है 1993 में 2000 के बीच बेरोजगारी में असामान्य गिरावट आना। 1920 के बाद पहली बार बेरोजगारी दर 4 फीसदी से नीचे आयी। ग्रीनस्पैन के चलते यह कमी नहीं आयी थी लेकिन उन्होंने ऐसा होने दिया और बेरोजगारी दर गिरने के प्रति उनकी यह कल्याणकारी लापरवाही न सिर्फ असमान्य बात थी, बल्कि लाभदायक भी थी। कोई भी दूसरा होता तो कुछ-न-कुछ जरूर करता और संभव था उसमें नुकसान ही हो जाता।

1990 में दशक में शुरू से मध्य तक पारम्परिक नजरिए ने (जिसे मैं भी मानता हूँ) यह माना जा रहा था कि अगर बेरोजगारी की दर करीब 5.5 फीसदी में नीचे आ जाएगी तो मुद्रास्फीति की दर बढ़नी शुरू हो जाएगी। वह बात पिछले कुछ दशकों के अनुभव के आधार पर कही जा रही थी। दरअसल, 1980 के दशक के आखिरी दिनों में बेरोजगारी की दर 5 फीसदी के करीब पहुँची तो मुद्रास्फीति की दर बढ़ने लगी। सो 1990 के दशक वे मध्य में भी जब बेरोजगारी की दर पारंपरिक लाभ रेखा के नीचे आने लगी तो काफी सारे अर्थशास्त्रियों ने मुद्रास्फीति का अंकुश लगाने के लिए सूद की दरें बढ़ाने का आग्रह किया।

लेकिन ग्रीनस्पैन ने मुद्रास्फीति को ठोस रूप में बढ़ता पाए बिना कोई कदम उठाने से इंकार कर दिया। उन्होंने सार्वजनिक रूप से यह अटकल लगाई कि उत्पादकता से वृद्धि में संभव है कि बेरोजगारी और मुद्रास्फीति का ऐतिहासिक

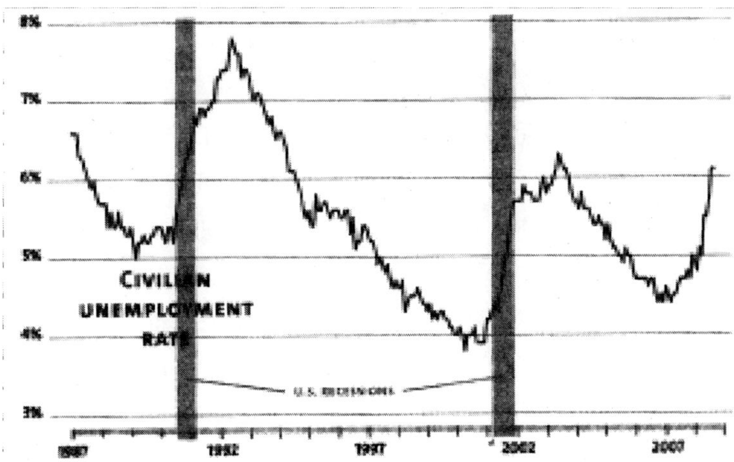

* स्रोत : फेडरल रिजर्व ऑफ सेंट लुईस : सामान्य बेरोजगारी दर अमेरिकी श्रम विभाग के ब्यूरो ऑफ लेबर स्टेटिस्टिक्स से है : अमेरिकी मंदी का आंकड़ा इनबोईआर का है।

रिश्ता बदल गया हो। उन्होंने मुद्रास्फीति बढ़ने के स्पष्ट प्रमाण दिखे बगैर सूद की दरें न बढ़ाने के फैसले के पक्ष में अपना यही तर्क दोहराया। और यही चीज अर्थव्यवस्था में बदलाव ला देने वाली संजीवनी बन गयी (और अर्थशास्त्री अभी भी बहस में लगे हैं कि वह चीज असल में थी क्या)। बेरोजगारी की दर गिरकर इस स्तर पर आ गयी जिनकी दशकों से नहीं आयी थी। फिर भी मुद्रास्फीति की दर शांत रही और राष्ट्र ने भी साठ के दशक के बाद से समृद्धि के जिस काल का अनुभव नहीं दिया था वह ग्रीनस्पैन के दौर में किया।

जब रोजगार सृजन का मामला हो तो जश्न चलते जाने के दौर में भी 'पंच बाउल' को वहीं बने रहने देना एक शानदार कदम था। लेकिन जब जायदाद बाजार में अतार्किक उत्साह का मामला आया तब ग्रीनस्पैनवादी नजरिया उतना सफल नहीं हुआ। जब वे कुर्सी से बाहर हो गये तभी जाकर यह स्पष्ट हुआ कि ग्रीनस्पैन कितने असफल थे।

ग्रीनस्पैन का गुब्बारा

जैसा कि मैंने अभी यही कहा है कि ग्रीनस्पैन ने अतार्किक उत्साह के प्रति चेतावनी तो दी थी लेकिन उन्होंने इस बारे में कुछ भी नहीं किया था और मुझे लगता है कि केन्द्रीय बैंकरों में फेडरल रिजर्व के इस प्रमुख के नाम यह खास रिकार्ड है कि उन्होंने एक नहीं, दो-दो गुब्बारे फूटने के दौर में केंद्रीय बैंकर की भूमिका निभाई—पहले शेयर बाजार का गुब्बारा फूटा था और फिर आवास का।

पृष्ठ 143 पर बना ग्राफ* इन दो गुब्बारों के आकार और अवधि को दर्शाता है। एक रेखा कम्पनियों की कमाई और शेयर मूल्यों के अनुपात को प्रदर्शित करती है। यही वह पैमाना है जिससे यह देखा जाता है कि शेयरों की कीमत तार्किक रूप से सही है या नहीं। दूसरी रेखा मकानों की कीमतों का तुलनात्मक पैमाना बताती है। आवास की औसत अमेरिकी कीमत और औसत किराए के अनुपात को बताने वाला यह सूचकांक 1987 के 100 आधार से चलता है और अगले दशक में हाउसिंग का गुब्बारा फूटने तक* काम आता रहा। हाउसिंग की कीमतों में कभी भी उस सीमा तक की तेजी नहीं दिखी जैसी कि शेयर मूल्यों में दिखाई देती है लेकिन ग्राफ में स्पष्ट दिखने वाली यह चीज कई मामलों में भ्रम में डाल सकती है। पहली बात तो यही है कि शेयर खरीदने और मकान खरीदने, खासकर मध्यवर्गीय परिवारों के लिए, में काफी अन्तर है। उनके लिए मकान ही अपना मुख्य जायदाद होता है। दूसरे, आवास की कीमतों में आया उछाल एक समान रफ्तार में नहीं बढ़ा। मध्य अमेरिकी

में जहाँ जमीन की बहुतायत है, मकानों की कीमतें कभी भी मुद्रास्फीति की रफ्तार से बहुत ज्यादा नहीं गयी जबकि फ्लोरिडा और दक्षिणी कैलिफोर्निया जैसे तटीय इलाकों में कीमतों के भाड़े के अनुपात में दो गुने से ज्यादा तक की वृद्धि देखने में आयी। और आखिरी बात यह है कि मकानों की कीमतें धराशायी होने का वित्तीय बाजार पर जितना बुरा असर हुआ, वैसा शेयर बाजार की गिरावट का नहीं हुआ। अध्याय 9 में मैं इस बात की व्याख्या करूँगा।

पर ये गुब्बारे फूले कैसे?

1990 के दशक शेयर गुब्बारा संभवतः दो प्रमुख चीजों से फूला था। सूचना तकनीक के संभावित मुनाफे को लेकर जरूरत से ज्यादा आशावादिता पाल लेना पहला कारण था जिसकी काफी चर्चा हो चुकी है। दूसरे, अर्थव्यवस्था को लेकर सुरक्षा भाव ज्यादा प्रबल हुआ था लेकिन इस चीज की ज्यादा चर्चा नहीं हुई। लोग मान बैठे थे कि अब मन्दी इतिहास की चीज बन गयी है। इन्हीं दो चीजों के मिलकर शेयर की कीमतों को हैरान करने वाली ऊँचाई तक पहुँचा दिया था।

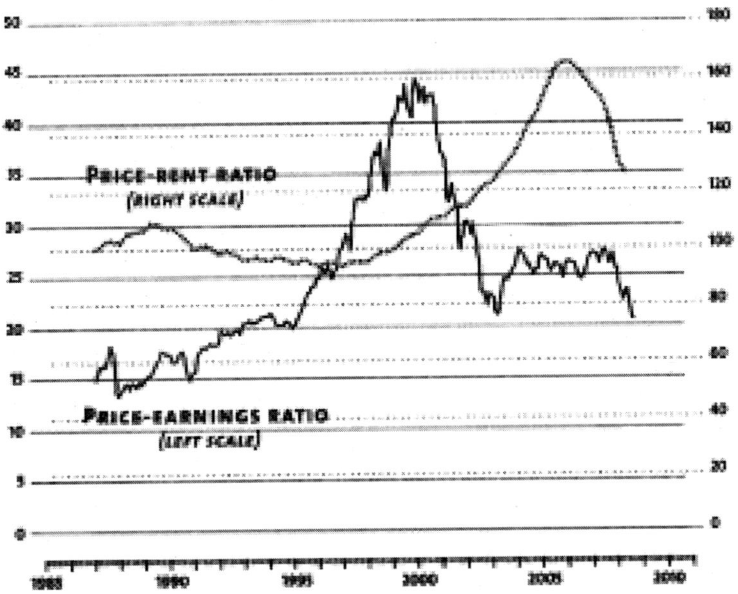

* मूल्य कमाई अनुमान के आंकड़े येल विवि के रावर्ट शिलर से लिए गये है जो पिछले दशक की औसत कमाई के आधार पर शेयर मूल्यों की तुलना करते हैं। आवास मूल्य सूचकांक केस-शिलर नेशनल इंडेक्स है जिसमें किराए के आंकड़े ब्यूरो ऑफ इकॉनामिक एनालिसिस से लिए गये हैं।

आज हर आदमी डॉट-काम गुब्बारे के बारे में जानता है और इसका सबसे अच्छा प्रतीक 'पेट्स.काम' था जो बाद में एक चालाकी भरा विज्ञापन अभियान निकाला था। इसने भी एक संदेहास्पद व्यावसायिक माडल खड़ा किया लेकिन यह एक डॉट काम भर नहीं था। लगभग सारे व्यवसाय जगत में कंपनियों ने यह शोर -सा मचा दिया था कि नई तकनीक ने सब कुछ बदल दिया है और किस तरह मुनाफा और विकास की उसकी सारी सीमाएँ बेमानी हो चुकी हैं। हमने बाद में जाना कि इन 'फील गुड' कथाओं के पीछे असल में हिसाब-किताब में गड़बड़ करके ज्यादा मुनाफा दिखाने वाले उदाहरण भी थे। लेकिन मुख्य बात थी निवेशकों का भरोसा जिन्होंने माइक्रोसॉफ्ट और सूचना प्रौद्योगिक क्षेत्र में आने वाली नई-नई कम्पनियों को मालामाल होते देखा था और जिन्हें लगता था कि काफी सारी दूसरी कम्पनियाँ भी ऐसा ही चमत्कार कर लेंगी। निश्चित रूप से इन सबमें झूठ और छलावा भी था। अर्थव्यवस्था में उतनी गुंजाइश ही नहीं थी जितनी माइक्रोसॉफ्ट के लोग देख और दिखा रहे थे। लेकिन इस हंगामे और शोर-शराबे में लोग अपनी तर्क बुद्धि को कुछ समय तक ताक पर रख देने को तैयार थे।

शेयरों की खरीद करने के अन्य गंभीर कारण भी थे। अर्थशास्त्री और वित्तीय विशेषज्ञ यह बात काफी अच्छी तरह से जानते थे कि शेयरों में निवेश काफी लाभदायक होता है—खास कर उन लोगों के लिए, जो शेयर खरीदकर उसे तुरत-फुरत निकालने की जगह रुके रहते हैं। 'इक्विटी प्रीमियम' की पहेली को लेकर अर्थशास्त्र में काफी साहित्य भी है और यह माना जाता है कि शेयर निवेश के किसी भी अन्य उपाय से ज्यादा लाभ देते हैं। फिर यह सवाल भी उठाया जाता रहा कि इस स्थिति में भी लोग शेयरों में निवेश क्यों नहीं करते? इसका जवाब संभवतः है— डर। 1930 के दशक में शेयर रखने वालों की कंगाली और 1970 के दशक की गिरावट के किस्से सबके जेहन में हैं। जब शेयरों की कीमतों में 1968 से 1978 के बीच सालाना औसत 7 फीसदी की गिरावट हो आयी लेकिन मुद्रास्फीति के गिरने और आर्थिक मन्दी के लक्षण न दिखने से धीरे-धीरे डर भी कम होता गया। 'डाऊ 3600' जैसी किताबें , जिसके शेयर बाजार में कमाने के किस्से गलत-सलत आंकड़ों के साथ दिए गये होते हैं (लेखक सारी गणना गलत करते हैं पर उस पर कौन ध्यान देता है) बेस्टसेलर बनने लगीं।

और जब शेयरों की कीमतों में वृद्धि हुई तो वे फिर स्वयं बाजार को उठाने लगीं। शेयर में निवेश करने के पक्ष में दी जाने वाल मजबूत या कमजोर दलीलें अपनी जगह हैं पर 1998 के आस-पास सभी को लगने लगा कि जिन लोगों ने शेयर

में पैसा लगाया है उन्होंने काफी कमाई कर ली है और जो लोग गुणा-भाग करते हुए बाहर ही बैठे रह गये वे मुँह देखते रह गये हैं। फिर तो बाजार में ज्यादा-से-ज्यादा पैसा आने लगा, कीमतें ऊपर भागने लगी और बाजार का गुब्बारा फूलने लगा तथा यह भी लगा कि इसके फूलने की कोई सीमा नहीं है।

पर निश्चित रूप से इसकी भी कोई सीमा थी। 'इंटरनेशनल एक्जुबरेंस' के लेखक राबर्ट शिलर कहते है कि जायदाद बाजार का गुब्बारा एक तरह की प्राकृतिक व्यवस्था है जिसमें जब तक लोग आते रहेंगे, अंदर आ चुके लोग पैसा बनाते लेकिन आखिरकार लोगों के आने और पैसा खर्च करने की सीमा है। जब यह सीमा रहेंगे। आ जाती है तो सब कुछ धड़ाम से गिर जाता है क्योंकि तब तक कीमतें या अतार्किक स्तर तक पहुँच चुकी होती हैं। शेयरों के मामलों में उभार का उच्चतम स्तर सन 2000 की गर्मियों में आया था। अगले दो वर्षों में शेयरों की कीमतें औसतन 40 फीसदी गिरीं।

अगला गुब्बारा इसके थोड़े समय बाद से ही फूलना शुरू हो गया।

हाउसिंग का गुब्बारा तो शेयर बाजार के गुब्बारे की तुलना में और भी ज्यादा नकली आधार पर फूला। पेट डॉट काम और उस जैसी चीजों को लेकर इतना उत्साहित और उत्तेजित होना निश्चित रूप से मूर्खता थी लेकिन सच्चाई यह भी थी कि नया तकनीकी ब्रह्माण्ड नई चीज को पा सकने के लिए खुल रहा था। इसमें यह चीज भी जुड़ गयी थी कि अर्थव्यवस्था का प्रदर्शन सचमुच सुधरा था। बनावटी तेजी कुछ रुक कर खतरे के अंदेशों को खत्म कर चुकी थी और व्यापार चक्र भी ठीक -ठाक रफ्तार में आगे बढ़ रहा था। और इस बात पर भरोसा करने लायक कई चीजें दिखाई दे रही थीं कि कुछ पुराने नियम अब सचमुच पुराने पढ़ चुके हैं और लागू नहीं होते।

लेकिन आवास बाजार का गुब्बारा फूलने के पीछे क्या तर्क थे? हमें मालूम है कि मकानों की कीमतें क्यों बढ़ने लगीं। इस दशक के शुरुआती वर्षों में सूद की दरें काफी कम थीं और कई कारणों से, जिनकी चर्चा मैं आगे करूँगा, मकान खरीदना लाभदायक/आकर्षक काम बन गया था। और इन कारणों ने मकानों की कीमतों में कुछ वृद्धि कराई तो इस बात को भी समझा जा सकता है।

पर इस भरोसे को इस चीज के आधार पर उचित नहीं माना जा सकता कि पुराने सारे नियम अब बेमानी हो चुके हैं। मकान आखिर मकान है; अमेरिका में लोग काफी समय से उधार लेकर ही मकान खरीदते रहे हैं। लेकिन उधार लेने का यह मूल सिद्धान्त सन 2003 आते-आते तक खारिज हो चुका था और इसे कोई

भी देख सकता था। लंबे अनुभव के आधार पर हम जानते हैं कि मकान खरीदने वालों को इतनी बड़ी रकम नहीं लेनी चाहिए जिसे लौटाना उनके लिए मुश्किल हो। फिर उनके पास इतना खुद का पैसा भी होना चाहिए कि अगर मकान की कीमतों में कुछ कमी आती भी है तो वे जब उसे बेचकर निकलें तो उनके पास कुछ बचा ही रहे। यह सूरत न आये कि मकान बेचकर भी सारी उधारी चुकानी मुश्किल हो जाए। सूद की कम दरों से उधारी लौटाते समय बधंक वाला भुगतान थोड़ा आसान हो जाना चाहिए, इससे ज्यादा कुछ नहीं।

लेकिन आसान हुआ यह कि पारम्परिक सारे सिद्धान्तों को एकदम से छोड़ दिया गया। ऐसा कुछ हद तक तो उन परिवारों के अतार्किक आभास के चलते भी हुआ जिन्हें लगता था कि मकान की कीमतें सदा बढ़ती ही जाएँगी तथा उन्हें भुगतान की ज्यादा परवाह किये बगैर मकान ले ही लेना चाहिए।

लेकिन इस अप्रत्याशित तेजी का इससे बड़ा कारण था उधार के धन्धे में आये बदलाव। मकान खरीदने वालों को अपनी तरफ से बहुत ही मामूली रकम लगाने या वह भी न लगाने पर भी मकान के लिए भरपूर ऋण उपलब्ध करा दिया गया। फिर उनके लिए जो मासिक किस्त बाँधी गयी पर उनकी आमदनी से मेल ही नहीं खाती थी। उसे चुका पाना उनके वश में न था। कई ऋण योजनाओं में शुरुआती महीनों या एकाध वर्ष तक कम ऋण लेने का दाँव रखा जाता है। अक्सर उधार लेने वाले इस दौर का तो पैसा लगा देते थे लेकिन जैसे ही वास्तविक दर या उधार लौटाने वाली किश्तों शुरू होती थीं, उनका बटुआ जवाब दे देता था। ऐसा सारा उधार 'सब प्राइम' श्रेणी का ही नहीं था लेकिन यह बहुत व्यापक थी। और ऐसा भी नहीं है कि अपनी क्षमता से ज्यादा ऋण लेने का चलन सिर्फ कम आय समूह के लोगों में था, बल्कि यह सभी समूहों में एक जैसा था।

पर उधार देने वालों ने अपने मानक क्यों नरम कर दिए थे? पहला कारण तो यह है कि वे भी मानने लगे थे कि मकान की कीमतें सदा चढ़ती ही जाएँगी और जब तक मकानों की कीमतें ऊपर दौड़ेंगी तब तक उधार लेने वाला अपना कर्ज लौटाता है या नहीं, इस बात से ज्यादा फर्क नहीं पड़ता। अगर मकान खरीदने वाले को भुगतान करने में ज्यादा किल्लत होती है तो वह मकान की बढ़ी कीमत के आधार पर नया कर्ज ले सकता है या बुरी-से-बुरी हालत में मकान को नीलाम करके कर्ज की रकम वापस हासिल की जा सकती है। दूसरे, उधार देने वालों ने कर्जदार की 'क्वालिटी' पर खास ध्यान नहीं दिया क्योंकि ज्यादातर मामलों में वे इस बंधक

और कर्ज को अपने पास रखने वाले नहीं थे। इसकी जगह उन्होंने इन्हें रीपैकेज करके निवेशकों को पकड़ा दिया, जिन्हें ठीक से यह भी पता नहीं था कि वे उन चीजों को ले रहे हैं उनके पीछे कितना ठोस आधार है।

आवास ऋण का प्रतिभूतिकरण अर्थात रेहन/बंधक पड़ी काफी सारी चीजों के दस्तावेज साथ करके उन्हें नया वित्तीय उपकरण बनाकर नए निवेशकों को बेच दिया जाता था जो उधार चुकाने वालों से वापस मिलने वाली रकम के रूप में अपनी पूँजी और मुनाफा पाते थे। यह कोई नया चलन न था। सरकार द्वारा प्रायोजित ऋणदाता एजेंसी फैनी माए ने 1930 के दशक में ही इस चलन की शुरुआत कर दी थी। लेकिन आवास का गुब्बारा फूलने के पहले तक प्रतिभूतिकरण मोटे तौर पर सिर्फ 'प्राइम' सम्बन्धों का ही होता था। ऐसी संपत्तियों के दस्तावेजों का, जिनके मालिकों के अच्छा-खासा पैसा देने के बाद बाकी बचे पैसे ही उधार लिए होते थे और जिनके पास अपनी बंधक पड़ी संपत्ति को पाने लायक पर्याप्त आमदनी का स्रोत था। बीमारी या नौकरी जाने जैसी स्थितियों में ऐसे लोग भी कर्ज वापसी में चूकते हैं लेकिन ऐसा काफी कम होता है और बंधक पड़ी जायदाद के आधार पर बनी प्रतिभूतियाँ लेने वालों को पता रहता था कि वे क्या खरीद रहे हैं।

सबप्राइम कर्ज की बंधक संपत्ति का भी प्रतिभूतिकरण जिस वित्तीय 'आविष्कार' से सम्भव हुआ उसे कोलेटराइज्ड डेट आब्लिगेशन-सीडीओ कहते हैं। सीडीओ बंधक पड़ी परिसंपत्तियों के समूह के शेयर देना है पर यहाँ सारे शेयर समान मूल्य के नहीं होते। इनकी जगह 'सीनियर' उनसे 'कम सीनियर' और फिर उनसे कम सीनियर शेयर होते जाते हैं। सीनियर शेयरों को बंधक से होने वाली आमदनी में सबसे पहला हक मिलता है। पहले उनका भुगतान हो जाता है। तभी उनसे कम सीनियर शेयरों का और बचा तो उनसे भी कम सीनियर शेयरों का नम्बर आता है। सिद्धान्त रूप में सीनियर शेयरों में निवेश करना तो काफी सुरक्षित हो जाता है। अगर बंधक पड़ी परिसंपत्तियों में से कुछ का भुगतान न आ पाता तब भी उनका बोनस और भुगतान तो हो ही जाता है (असल में तो उनको भी भुगतान मिलने में दिक्कत हुई, पर शुरू में ऐसा ही माना जाता था)। सो सीनियर शेयरों को रेटिंग एजेंसियाँ 'ट्रिपल ए' जैसी रेटिंग देने लगीं, भले ही उनके लिए बंधक पड़ी परिसंपत्तियां काफी संदिग्ध थीं। इससे सब प्राइम कर्ज के लिए काफी धन उपलब्ध होने लगा क्योंकि पेंशन फंड जैसे अनेक संस्थागत निवेशक थे जो 'ट्रिपल-ए' रेट से कम वाली प्रतिभूतियों में धन नहीं लगाते थे। ट्रिपल-ए वाली परिसंपत्तियों में वे

खुशी-खुशी धन लगाते थे क्योंकि इनसे सामान्य बांडों की तुलना में काफी ऊँची कमाई हो जाती थी।

जब तक मकानों की कीमतें बढ़ती रहीं, सब कुछ मजे-मजे में चलता रहा और नए खरीददार और पूँजी लगाने वाले आने से बाजार का गुब्बारा फूलता रहा। बंधको के आधार पर बनी प्रतिभूतियाँ अच्छी कमाई करती रहीं। बहुत कम लोग कर्ज लौटाने में चूकते थे और विभिन्न निवेश फंड बाजार में अधिक-से-अधिक पैसा उतारते रहे। कई अर्थशास्त्रियों ने ज़िसमें यह लेखक भी है, यह चेतावनी दी कि आवास बाजार एक गुब्बारे में बदल रहा है और अगर यह फूटा तो पूरी अर्थव्यवस्था के लिए संकट खड़ा करेगा, लेकिन आधिकारिक जगहों पर बैठे लोग यह मानने को तैयार न थे और दो गुने उत्साह से बात कर रहे थे। खासतौर से, एलन ग्रीनस्पैन ने घोषणा भी की ''मकानों की कीमतों में ज्यादा कमी आने की कोई संभावना नहीं है।'' उन्होंने कहा कि जहाँ-तहाँ स्थानीय स्तर पर मकानों की कीमतें भले ही कुछ ज्यादा तेजी से बढ़ी है पर राष्ट्रीय स्तर पर हाउसिंग का कोई गुब्बारा नहीं फूल रहा है।

लेकिन ऐसा था और यह गुब्बारा 2006 में फूटना शुरू भी हो गया। शुरू में धीरे-धीरे पर बाद में एकदम धड़ाम से। लेकिन तब तक ग्रीनस्पैन फेडरल रिजर्व के प्रमुख पद से जा चुके थे और उनकी जगह बेन बेर्नान्के ने ले ली थी। लेकिन अभी भी ग्रीनस्पैन का प्रभाव कम नहीं हुआ था। फेडरल रिजर्व (और बुश प्रशासन) आवास बाजार की गिरावट के असर को संभाल लिया जाएगा और ग्रीनस्पैन की तरह ही बेर्नान्के अमेरिकी अर्थव्यवस्था के 'नियुक्त' चालक की तरह उस आगे ले जाएँगे।

लेकिन गुब्बारे से हवा निकलना शुरू होने के समय के अनुभवों से ही सचेत हो जाना चाहिए था कि यह अति आत्मविश्वास गलत है।

जब गुब्बारा फूटा

1990 के दशक में पूरे शेयर बाजार के गुब्बारे वाली कहानी आमतौर पर कुछ इस तरह कही जाती है : शेयर बाजार का गुब्बारा फूटने के बाद अमेरिकी अर्थव्यवस्था मन्दी का शिकार हो गयी लेकिन ग्रीनस्पैन ने तेजी से सूद की दरें घटाईं और जल्दी ही स्थिति पर काबू पा लिया। मन्दी का यह दौर छोटा था। सिर्फ आठ महीने का रहा और जी डी पी पर इसका ज्यादा बड़ा और बुरा प्रभाव न पड़ा।

पर असली कहानी यह है आधिकारिक रूप से मन्दी का दौर छोटा था लेकिन रोजगार बाजार मन्दी की समाप्ति की आधिकारिक घोषणा के काफी समय बाद तक परेशानी झेलता रहा। पृ. प. पृ. 143 पर दिए चार्ट में यह बात देख सकते हैं। आधिकारिक आर्थिक गिरावट के दौरान बेरोजगारी की दर में तेजी से वृद्धि हुई जो छाया वाले स्तंभों में दिखाया गया है। लेकिन उसके बाद के कई महीनों तक बढ़ता ही रहा। रोजगार में कमी का यह दौर असल में ढाई साल चला, आठ महीने नहीं।

आप कह सकते है कि इस अवसर पर मन्दी समाप्त होने की घोषणा में इतनी जल्दबाजी क्यों दिखाई गयी? यह ठीक है कि अमेरिकी में मन्दी की शुरुआत और समाप्ति की तिथि का निर्धारण नेशनल ब्यूरो ऑफ इकॉनामिक रिसर्च से जुड़े अर्थशास्त्रियों की एक स्वतंत्र कमेटी करती है। कमेटी कई संकेतकों पर गौर करती है—रोजगार, औद्योगिक उत्पादन, उपभोक्ता खर्च, जी डी पी वगैरह अगर इन सबमें गिरावट दिख रही हो तो तो मन्दी की घोषणा कर दी जाती है। अगर इनमें से कई में गिरावट न हो और उनका चढ़ना शुरू हो जाए तो मन्दी की समाप्ति घोषित हो जाती है। 2001 के अंतिम दिनों में औद्योगिक उत्पादन और जी डी पी में वृद्धि हो रही थी। भले ही रफ्तार कम हो, सो आधिकारिक रूप से मन्दी की समाप्ति घोषित कर दी गयी। लेकिन जैसा कि हमने देखा है, रोजगार का बाजार बिगड़ता ही गया था।

और फेडरल रिजर्व रोजगार बाजार की कमजोरी को लेकर काफी चिंतित भी था। उसे अर्थव्यवस्था की सामान्य सुस्ती को लेकर भी चिंता थी क्योंकि ये दोनों ही चीजें 1990 के दशक के जापान की स्थिति याद करा देती थीं। बाद में ग्रीनस्पैन ने भी लिखा कि उन्हें तब से ''संक्षारक अफस्फीति' का अंदेशा लगाने लगा था। अर्थव्यवस्था के सिकुड़कर जंग लगने वाली अवस्था का यह पारिभाषिक नाम है। इसलिए उन्होंने सूद की दरें घटाने का क्रम जारी रखा और फेडरल फंडों की सूद की दर सिर्फ एक फीसदी पर ला दी।

इस मौद्रिक नीति को हाउसिंग बाजार ने ही कर्षण दिया—आगे खींचा। ग्रीनस्पैन के आलोचक कहते हैं कि इतना सारा कुछ करके ग्रीनस्पैन ने सिर्फ यही उपलब्धि हासिल की कि शेयर बाजार के गुब्बारे की जगह हाउसिंग का गुब्बारा फूलने लगा। उनकी बातें कई मामलों में सही हैं। जो सवाल सभी को पूछना चाहिए था (और शायद ही किसी ने पूछा) वह था कि अब अगर हाउसिंग का गुब्बारा फूटा तो क्या होगा? फेडरल रिजर्व बड़ी मुश्किल में शेयर बाजार का गुब्बारा फूटने के बाद अर्थव्यवस्था को मन्दी से बाहर ले आया था और उसके सौभाग्य से तभी उभर

रहे एक और गुब्बारे ने उसको काफी मदद की। क्या फेडरल रिजर्व फिर से ऐसा कोई चमत्कार कर देगा?

लेकिन जब हाउसिंग का गुब्बारा फूटा तो परिणाम सबकी कल्पना से बदतर आये। क्यों? क्योंकि वित्तीय प्रणाली ने अपने तौर-तरीके इतने बदल लिए कि उनका ठीक-ठीक अंदाजा किसी को नहीं हुआ था।

8

मायावी बैंकिंग

बैंक बड़ी अद्भुत चीज हैं, पर तभी जब काम करते हैं। और आम तौर पर वे काम करते ही हैं। पर जब वे नहीं काम करते तो सचमुच का बवाल उठ खड़ा होता है- ठीक वैसा ही जैसा कि पिछले साल भर से अमेरिका और दुनिया के अधिकांश हिस्से में आया हुआ है।

लेकिन क्या बैंकिंग के संकट वाले युग को सत्तर वर्ष पहले समाप्त नहीं मान लिया गया था? क्या बैंकों को कानूनों में बाँधा नहीं गया था? उनका बीमा नहीं हुआ था? क्या वहाँ रखे धन की गारण्टी नहीं थी? इन सवालों का जवाब हाँ भी है और नहीं भी। पारम्परिक बैंकों के लिए तो इन सभी सवालों का जवाब हाँ ही है लेकिन आधुनिक और व्यवहार में काम करने वाली बैंकिंग व्यवस्था के ज्यादातर हिस्से पर यह लागू नहीं होता।

बैंकिंग और बैंकों संबंधी कानूनों की थोड़ी चर्चा से समस्या को समझने में मदद मिलती है।

बैंकिंग का संक्षिप्त इतिहास

माना जाता है कि आधुनिक बैंकों का उद्भव सोनारों ने किया जिनका मुख्य काम तो गहने बनाना था या दूसरों के पैसों और सिक्कों को संभाल कर रखना साथ-साथ

चल सकने वाला एक और लाभदायक धंधा था। उनके पास सोने-चाँदी रखने की जो तिजोरी था वह बिछावन के नीचे या बटुए में नकदी रखने की तुलना में काफी सुरक्षित थी।

फिर इन सोनारों में से कुछ को लगा कि उनके पास जो इतना पैसा यूँ ही पड़ा रहता है उसका कुछ हिस्सा सूद पर चलाकर वे ज्यादा कमाई कर सकते हैं। आप सोच सकते हैं कि ऐसा करने से उनको तब मुश्किल आती होगी जब पैसा रखने वाले वापस माँगने आ जाते होंगे। पर सोनारों ने हिसाब लगाकर देख लिया था कि सारे जमाकर्ता एक ही दिन पैसा मांगने नहीं आ सकते। कुछ पैसे मांगने आ सकते हैं या ज्यादातर नहीं आयेंगे। इसलिए रोज की जरूरत के हिसाब में कुछ पैसे पास रख लो। बाकी पैसों को उधार दिया जा सकता है या उत्पादक कामों में लगाया जा सकता है। इस प्रकार बैंकिंग का जन्म हुआ।

पर कभी कभार चीजें नियंत्रण से बाहर भी जाया करती थीं। यह अफवाह उड़ती थी—जिसमें कई बार सच्चाई भी रहती थी कि बैंक ने जो पैसे उधार दिए हैं या बाजार में लगाए है, वे डूब गये या फलां बैंक के पास अपने जमाकर्ताओं का पैसा लौटाने लायक धन नहीं रह गया है। इन अफवाहों में बैंक के सारे जमाकर्त्ता अपना-अपना पैसा वापस लेने पहुँच जाते थे। उन्हें लगता था कि देर होने पर या अभी न मांगने पर बैंक उनका पैसा लौटा पाने की हालत में ही नहीं रह जाएगा। और अक्सर ऐसी अफवाहें बैंक को बैठा ही देती थीं। भले ही उनमें सच्चाई अंश मात्र भी न हो, जमकर्त्ताओं का धन लौटाने के लिए जरूरी नकदी जुटाने के लिए बैंक अपनी परिसंपत्तियों को औने-पौने दाम कर बेचने को मजबूर होते थे और ऐसी कीमतों से सबका पैसा लौटा पाना भी संभव नहीं रह जाता था। चूँकि अच्छे-अच्छे बैंक भी अफवाहों के चलते धराशायी हो सकते थे इसलिए बैंकिंग का धंधा इस खतरे से मुक्त न था। उधर यह स्थिति भी आ ही सकती थी कि बैंक का दिया उधार वापस न मिले और उसके निवेश नुकसान दे जाएँ। और फिर अफवाहों का डर तो था ही।

ऐसी अफवाहें इसलिए जोर पकड़ती थीं और और विश्वसनीय लगती थीं कि कुछ बैंक कंगाल हो चुके थे। महामन्दी के पहले का अमेरिकी वित्तीय व्यवस्था का इतिहास 'पैनिक' (अफरा-तफरी) के उदाहरणों में भरा है। 1873 का पैनिक, 1907 का पैनिक वगैरह-वगैरह इन सारे 'पैनिक' के दौरान एक के बाद एक बैंक ध्वस्त हुए। और इनमें अफवाहों तथा एक दूसरे के ध्वस्त होने का असर पर्याप्त रहा। इस

दौरान वित्तीय संस्थान ताश के पत्तों से बने महल की तरह ध्वस्त हुए।

इन ब्यौरे और 1990 के दशक के आखिरी दिनों में एशिया में आये संकट में बीच की समानता मात्र संयोग भर नहीं है। सारे वित्तीय संकटों में कुछ बुनियादी समानता है और यह इस धंधे से जुड़ी है और काफी कुछ 'खानदानी' रोग की तरह का मामला है।

पर बैंकिंग उद्योग जिस तरह से इन 'पैनिक' वाले दौर से परेशान हुआ उसके बाद उनके समाधान की तलाश भी तेज हुई। गृह युद्ध और प्रथम विश्व युद्ध के बीच अमेरिका में कोई केन्द्रीय बैंक न था। फेडरल रिजर्व की स्थापना 1913 में हुई लेकिन राष्ट्रीय बैंकों की एक प्रणाली विकसित होने लगी थी जो कुछ स्पष्ट कायदे-कानून के तहत काम करते थे। साथ ही, कई जगहों पर वहाँ काम करने वाले बैंकरों के 'क्लियरिंग हाऊस' बनाए थे जो सभी सदस्य बैंकों की जवाबदेही की गारण्टी लेता था, खासकर अफरा-तफरी की स्थिति में। कुछ प्रांतीय सरकारें अपने बैंकों के जमा पर जमा बीमा की पेशकश करने लगी थीं।

लेकिन 1907 में 'पैनिक' के दौरान इन व्यवस्थाओं की सीमा दिख गयी (और हमारे मौजूदा संकट की झलक भी इसमें दिखती है)। यह सकंट न्यूयार्क में उन संस्थानों से शुरू हुआ जिन्हें 'ट्रस्ट' रहा जाता था। बैंक की तरह वाली में संस्थाएँ समृद्ध ग्राहकों की जायदाद और वंशानुगत संपत्ति की देख-रेख के लिए ही बनाई गयी थीं। चूँकि उनके यहाँ ज्यादा जोखिम वाला धंधा नहीं होता था, इसलिए उनके लिए कम सख्त कायदे-कानून थे। उनको राष्ट्रीय बैंकों की तुलना में कम आरक्षित नकदी भी रखने की अनुमति थी। और उनको आरक्षित नकदी भी कम जरूरत भी होती थी। लेकिन बीसवीं सदी के पहले दशक में जब अर्थव्यवस्था तेजी से फलने-फूलने लगी तो ट्रस्टों ने शेयर बाजार और जायदाद के कारोबार में सट्टेबाजी शुरू की जबकि इन क्षेत्रों में राष्ट्रीय बैंकों के उतरने पर मनाही थी। चूँकि ये ट्रस्ट राष्ट्रीय बैंकों की तुलना में कायदे-कानून से काफी आजाद थे इसलिए वे अपने ग्राहकों को अधिक लाभ देते थे। इस बीच ट्रस्टों के मजबूत और भरोसेमंद होने की बैंकों की छवि का लाभ मिला और जमाकर्त्ता उन्हें भी बैंकों की तरह सुरक्षित मानते थे। परिणाम यह हुआ कि ट्रस्टों का विकास तेजी से हुआ। 1907 तक न्यू यार्क सिटी के ट्रस्टों की जायदादों का मूल्य राष्ट्रीय बैंकों के बराबर हो गया था। इस बीच ट्रस्टों ने 'न्यू यार्क क्लियरिंग हाउस' का सदस्य बनने से इंकार कर दिया था। न्यू यार्क के बैंकरों द्वारा गठित यह संस्था उन सभी की स्थिति भरोसेमंद होने की गांरटी

देती थी जबकि ज्यादा आरक्षित नकदी रखने और इस चलते अपना मुनाफा कम होने में डर से ट्रस्ट इससे दूर ही रहे।

1907 का 'पैनिक' तब शुरू हुआ जब न्यू यार्क सिटी एक बड़ा ट्रस्ट 'निकरबोकर ट्रस्ट' शेयर बाजार की एक बड़ी सट्टेबाजी में फंस गया और जरूरी भुगतान करने से चूक गया। तत्काल न्यू यार्क के दूसरे ट्रस्ट भी दबाव में आ गये और डरे हुए जमाकर्ता अपना-अपना पैसा वापस करने के लिए उनके दरवाजों के आगे पाँत लगाकर खड़े हो गये। 'न्यू यार्क क्लियरिंग हाउस' ने इस संकट में समय ट्रस्टों की मदद करने से इंकार किया। उसके फैसले के बाद तो खूब मजबूत माने जाने वाले ट्रस्टों पर भी खतरा मंडराने लगा। दो दिनों के अंदर ही दर्जन भर प्रमुख ट्रस्ट ध्वस्त हो गये, ऋण बाजार का धन्धा रुक गया और शेयर व्यापारी सौदों के निपटान के लिए बाजार से पैसे नहीं जुटा पाए।

सौभाग्य से न्यू यार्क के सबसे अमीर व्यक्ति, जो स्वयं बैंकर थे, जे. पी. मोर्गन इस संकट के समय सामने आये और अफरा-तफरी रोकने के लिए अपना खजाना खोल दिया। इस समझ के साथ कि यह संकट फैलता जा रहा है और जल्दी ही ट्रस्ट और बैंक समेत सभी स्वस्थ संस्थाओं को भी निगल लेगा उन्होंने अन्य अमीर दोस्त जान डी राकफेलर और अमेरिकी वित्त मंत्री के साथ प्रयास किये और बैंकों तथा ट्रस्टों को इतना आरक्षित धन जुटाने में मदद की जिससे वे अपना पैसा मांगने आने वालों का धन वापस कर सकें और बाजार की अफरा-तफरी समाप्त हो। जब लोगों को यह भरोसा हो गया कि उनके बैंकों और ट्रस्ट के पास पर्याप्त पैसा है और वे जरूरत के समय अपना धन वापस कर सकते हैं तब बाजार की अफरा-तफरी भी कम होती गयी। यह संकट वैसे तो हफ्ते भर से थोड़ा ही ज्यादा समय तक चला लेकिन इसने और शेयर बाजारों की गिरावट ने अर्थव्यवस्था को भारी नुकसान पहुँचा दिया। अर्थव्यवस्था चार साल की मन्दी के दौर में चली गयी। उत्पादन में 11 फीसदी की गिरावट आयी ओर बेरोजगारी की दर 3 से 8 फीसदी पहुँच गयी।

एक बड़ा संकट तो किसी तरह टल गया लेकिन आगे कभी फिर संकट आये तो उसके लिए जे. पी. मॉर्गन के भरोसे बैठे रहा जाए यह बात तब भी किसी को जँची नहीं जबकि तब वित्तीय बाजार एकदम अलग दौर में था। इसलिए 1907 की 'पैनिक' के बाद बैंकिंग सुधार हुए। 1913 में राष्ट्रीय बैंकिंग प्रणाली समाप्त करके उसकी जगह फेडरल रिजर्व प्रणाली लाई गयी। इसमें जमा लेने वाली सभी संस्थाओं को पर्याप्त आरक्षित नकदी रखने और अपने खातों की विनियामकों द्वारा जाँच

कराने के लिए तैयार रहने का प्रावधान किया गया था। मानक तय हुआ, उसको केंद्रीकृत किया गया लेकिन इसमें भी बैंकों के दिवालिया होने की अफवाह से पैदा अफरा-तफरी की गुंजाइश छूटी ही रह गयी थी। इसी चलते बैंकिंग व्यवस्था के सबसे गंभीर संकट के उदाहरण हम 1930 के दशक में ही देखते है। जब अर्थव्यवस्था में गिरावट आयी और वस्तुओं की कीमतें गिरीं कर्ज में डूबे अमेरिकी किसानों की हालत एकदम खराब हो गयी और वे बैंकों की उधारी लौटाने में असमर्थ हो गये। इससे बैंकों के डूबने की चर्चा जोर पकड़ती रही और 1930, 1931 और 1933 में लोग बैंकों से अपना-अपना जमा निकालने उमड़ पड़े। मध्य पश्चिम के बैंकों से बार-बार शुरू हुआ यह संकट पूरे देश में फैला और आज अर्थशास्त्रियों में इस बात पर लगभग आम सहमति है कि बैंकिंग संकट ने ही मन्दी को महामन्दी में तब्दील कर दिया।

इसके जवाब में जो नई व्यवस्था बनी उसमें सुरक्षा के अनेक उपाय किये गये थे। ग्लास स्टीगल कानून तभी आया जिसमें बैंकों को दो श्रेणियों—इंवेस्टमेंट बैंक और कमर्शियल बैंक में बाँटा। सिर्फ कमर्शियल बैंकों को ही लोगों से जमा लेने का अधिकार रखा गया था पर उनको किसी भी किस्म के जोखिम लेने से मना कर दिया गया। इसके एवज में उनको फेडरल रिजर्व से उधार लेने की सुविधा (जिसे डिस्कांउट काउण्टर भी कहा जाता है) दी गयी। पर इन्हें सबसे बड़ी सुविधा मिली करदाताओं के पैसे से अपनी जमा का बीमा हो जाने की। इंवेस्टमेंट बैंकों के लिए ज्यादा सख्त कानून नहीं बनाए गये। चूँकि वे लोगों से सिर्फ जमा नहीं लेते, इसलिए माना गया कि वहाँ से उसका पैसा वापस लेते ही मारा-मारी नहीं मचेगी।

इस नई व्यवस्था ने लगभग सत्तर वर्षों तक अर्थव्यवस्था को वित्तीय संकटों से बचाए रखा। कई बार इसके अन्दर गड़बड़ियाँ आईं—जिनमें सबसे प्रमुख था। 1980 के दशक में खराब नीति के चलते बचत और ऋण जमा के अनेक मामलों में बड़ी असफलताएँ मिलना। पर इनसे खास तरह की बैंकिंग व्यवस्था भी विकसित हुई जो आवास ऋण उपलब्ध कराने का प्रमुख स्रोत बनी। चूँकि आवास संबंधी बचत और ऋण जमा का सरकारी बीमा रहता है इसलिए इन असफलताओं का बोझ करदाताओं के ऊपर गया और जीडीपी का करीब 3 फीसदी इस पर खर्च हुआ (आज के हिसाब से करीब 700 अरब डॉलर)। बचत और ऋण जमाओं में थोड़े समय के लिए कमी से ऋण की तंगी हुई जो 1990-91 की मन्दी का बड़ा कारण बनी। यह चीज पृष्ठ-143 पर दिए आंकड़ों से स्पष्ट होती है लेकिन वह जितना

बुरा था, उतना दिखा, भुगता गया। उसके आगे-पीछे ज्यादा कुछ नहीं हुआ था और हमें बताया गया कि बैंकिंग संकट का युग अब बीत गया है।

पर असल में ऐसा हुआ नहीं था।

आभासी या मायावी बैंकिंग प्रणाली

बैंक क्या है?

यह कुछ मूर्खतापूर्ण सवाल लग सकता है। हमें मालूम है कि बैंक कैसा दिखता है। अक्सर यह चमकदार और शानदार भवनों वाला होता है। संभव है, आजकल यह शॉपिंग माल के सबसे आगे के हिस्से में ही हो,कैश लेते-देते टैलरों के साथ। संभव है, इसकी किसी खिड़की पर 'एफडीआई सी इंश्योर्ड' की तख्ती भी लगी हो।

लेकिन अर्थशास्त्री के हिसाब से बैंक का मतलब उसकी इमारत, उसकी चमक दमक, उसमें लगी तख्तियाँ नहीं हैं। वह कैसा लगता है कि जगह, क्या करता है, अर्थशास्त्रियों के मतलब की चीज है। सोनारों द्वारा इन व्यवसाय को शुरू करने से लेकर आज तक बैंकिंग का मतलब है कि यह अपने यहाँ धन जमा करने वालों से क्या वायदे करता है, कैसे निभाता है, कितना भरोसा दिलाता है और ज्यादा-से-ज्यादा धन को बाजार में लगाने के बावजूद इसका हिसाब रखता है कि कोई ग्राहक अपना पैसा वापिस मांगे तो उसे वापस खाली हाथ न लौटाया जाए। कोई भी संस्थान या व्यवस्था अगर यह सब कर देती है तो वही बैंक है भले ही वह बड़े और चमक-दमक वाली इमारत में चलती हो या नहीं।

जैसे 'ऑक्शन रेट सिक्योरिटी' (नीलाम कर सकने वाली प्रतिभूतियाँ) वाली व्यवस्था को ही देखें जिसका आविष्कार 1984 में लेहमैन ब्रदर्स ने किया और जो जल्दी ही पोर्ट अथारिटी ऑफ न्यू यार्क एंड न्यू जर्सी से लेकर न्यू मार्क्स मेट्रोपाल्टिन म्यूजियम ऑफ आर्ट जैसी अनेक संस्थाओं के लिए धन जुटाने का पसंदीदा तरीका बन गयी। इस व्यवस्था में काम कुछ इस तरह होता था लोग पैसा जमा मांगने वाली संस्थाओं को लंबी अवधि के लिए पैसा उधार देते थे। यह अवधि 30 वर्ष तक की भी हो सकती थी और तब तक उनका पैसा उसी संस्था के पास पड़ा रह सकता था पर एक नियमित अंतराल पर हफ्ते में एक दिन संस्था एक छोटी नीलामी आयोजित करती थी जिसमें पैसा निकालने के इच्छुक लोगों के राइट्स को नया निवेश करने वालो के बीच बोली लगाकर बेचा जाता था। इस तरह की नीलामी

से सूद की जो दर निर्धारित होती थी वह अगली-नीलामी तक संस्था में जमा पूरी पूँजी पर लागू होती थी। अगर नीलामी फेल हो गयी अर्थात् अपना हिस्सा बेचने वालों की तुलना में खरीदने वाले या जमा निवेश करने वाले कम आये तो सूद की दर बढ़कर जुर्माने की दर में बदल जाती थी। यह 15 फीसदी तक जा सकती थी लेकिन उम्मीद की जाती थी कि ऐसा न हो। 'ऑक्शन-रेट सिक्योरिटी' के पीछे यह सोच थी उधार लेने वाला लंबे समय के लिए पैसा पाएगा और उधार देने वाली संस्था की प्रसिद्धि और यश पर भरोसा करने के साथ-साथ अपने निवेश को सुरक्षित माने और जरूरत के समय धन वापस पाने के प्रति आश्वस्त रहे।

लेकिन बैंक भी तो ठीक यही काम करते थे।

फिर भी 'ऑक्शन-रेट सिक्योरिटी' सभी को पारम्परिक बैंकों की तुलना में बेहतर सौदा लगते थे। निवेशकों को बैंकों की तुलना में ज्यादा सूद मिलता था जबकि बीमा करने वालों को दीर्घकालिक बैंक उधार की तुलना में कम दर पर भुगतान करना पड़ता था। पर कोई भी चीज मुफ्त नहीं मिलती, जैसा कि मिल्टन फ्रेडमैन ने हमें कहा था। पर 'ऑक्शन-रेट सिक्योरिटी' में यही होता लग रहा था। यह चीज होती कैसे थी?

जबाब ढूंढ़ना मुश्किल नहीं है, खासकर पुरानी चीजों के अनुभव के आधार पर : बैंकों का काम-काज बहुत सारे कायदे-कानूनों से बंधा होता है; उनके पास निश्चित अनुपात में आरक्षित तरल मुद्रा होनी चाहिए अर्थात कैश रखना चाहिए। कुछ पूँजी बनाकर रखनी होती है और जमा बीमा प्रणाली के लिए भुगतान करना होता है। ऑक्शन-रेट प्रतिभूतियों के माध्यम से पैसा उठाकर पैसे जमा लेने वाला इन सब कायदे-कानूनों और बाध्यकताओं से बच सकता है और उन पर होने वाला खर्च भी बचा लेता है। लेकिन इसका यह मतलब भी है कि ऑक्शन-रेट प्रतिभूतियों को बैंकिंग वाली सुरक्षा का लाभ नहीं मिलता है।

यही कारण है कि इन प्रतिभूतियों का कारोबार 2008 के शुरू में एकदम बैठ गया जबकि अपने धंधे के असली दिनों में इनमें 400 अरब डॉलर आ गये थे। एक के बाद एक नीलामियाँ फेल होने लगीं क्योंकि पुराने निवेशकों की पूँजी चुकाने लायक नए निवेशक आये ही नहीं। यहाँ पूँजी लगाने वाले जो लोग सोचते थे कि वे जब चाहे अपनी प्रतिभूति निकाल कर नकदी पा सकते हैं, उन्होंने पाया कि उनकी पूँजी तो प्रतिभूतियों तो बुनियादी शर्त के अनुसार एक-दो और कई बार तीन-तीन दशकों में लिए फंसी पड़ी है। और जब एक के बाद एक नीलामी गिरती गयी हो तो कौन आदमी

इस अति चालाकी वाली निवेश योजना में अपनी पूँजी फँसाना चाहता?

और नीलामी की जा सकने वाली प्रतिभूतियों के मामले में जो कुछ हुआ, उसे भले ही अलग नाम दिया जाए लेकिन यह काफी कुछ बैंकों के कंगाल होने जैसा मामला ही था।

इसकी तुलना 1907 में 'पैनिक' से करने से चीजें और स्पष्ट होंगी। उन्नीसवीं सदी के शुरुआती वर्षों में बैंक जैसी संस्था, ट्रस्टों से ज्यादा अच्छा सूद मिलता था क्योंकि वे कायदे-कानून के दायरे से बाहर काम करते थे, तेजी से बढ़ रहे थे, पर वही वित्तीय संकट की जड़ बन गये। एक सदी बाद यही चीज इस प्रतिभूतियों को लेकर हुई।

आज ऐसी संस्थाओं और व्यवस्थाओं को समांतर या आभासी या मायावी बैंकिंग व्यवस्था कहा जाता है जो 'नॉन बैंक बैंकिंग' के धंधे में है। मुझे लगता है कि आभासी या मायावी शब्द में 'बैंकिंग' की इस श्रेणी वाली संस्थाओं के चरित्र की ज्यादा स्पष्ट तस्वीर सामने आती है। पारंपरिक बैंक लोगों से जमा लेते हैं, उधार देते हैं और अपने नए कारोबार फेडरल रिजर्व की देख-रेख में खुली रोशनी में चलाते हैं। उनका सारा हिसाब-किताब साफ होता है और विनियामक संस्था के लोग जब चाहें आकर उन्हें देख सकते हैं। इसके उलट जमा न लेने वाली उन संस्थाओं का काम-काज, जो बैंक की तरह ही ऋण बांटने का और अन्य काम करती है, काफी कुछ वादों से घिरा होता है, मायवी लगता है। लेकिन इस बार का संकट आने के पहले तक शायद ही कुछ लोगों को अंदाजा था कि यह आभासी या मायावी बैंकिंग व्यवस्था कितनी बड़ी और महत्त्वपूर्ण हो चुकी है।

जून 2008 में न्यू यार्क फेडरल रिजर्व बैंक के प्रमुख टिमोथी गेइथनर ने इकोनामिक क्लब ऑफ न्यू यार्क में एक व्याख्यान दिया जिसमें उन्होंने यह बताने की कोशिश की कि हाउसिंग व्यवसाय का गुब्बारा फूटने से कितनी और कैसा वित्तीय नुकसान हुआ है (गेइथनर को तब भी अंदाजा नहीं था कि अभी और तबाही आने को है)। गेइथनर का व्याख्यान बैंकरों वाली भारी-भरकम शब्दावली से भरा था लेकिन इसमें इस बात पर हैरानी जगाई गयी थी कि कैसे पूरी व्यवस्था नियंत्रण से बाहर चली गयी :

"आर्थिक उफान के दौरान वित्तीय व्यवस्था का पूरा ढाँचा मौलिक रूप से बदल गया और पारंपरिक बैंकिंग प्रणाली से बाहर वाली परिसंपत्तियों में नाटकीय रूप से वृद्धि हुई। नॉन बैंकिंग वित्तीय व्यवस्था, मुद्रा और फंड बाजार समेत सारे

क्षेत्रों में बहुत बड़ा आकार ले चुकी है। 2007 के शुरुआत तक जायदाद से जुड़े व्यावसायिक साख पत्र, ऑक्शन रेट वाली प्रतिभूतियों, टेण्डर ऑप्शन बांड, स्टक्चर्ड इंवेस्टमेंट पेपर और वैरिएबल डिमांड नोट्स का मिला-जुला धंधा करीब 25 खरब डॉलर का हो चुका था। हेज फंडों की परिसंपत्तियाँ भी करीब 18 खरब डॉलर की थीं जबकि तक के सबसे बड़े नॉन इंवेस्टमेंट बैंकों का कुल कारोबार 40 खरब डॉलर का था।

इनकी तुलना में अमेरिका की पाँच सबसे बड़ी बैंक होल्डिंग कंपनियों की कुल परिसंपत्ति सिर्फ 60 खरब डॉलर और पूरी बैंकिंग प्रणाली की परिसंपत्ति करीब 100 खरब डॉलर की थी।''

गेइथनर ने इसके बाद सिर्फ नीलामी वाली प्रतिभूतियों की जगह नॉन-बैंकिंग प्रणाली की सभी तरह की वित्तीय व्यवस्थाओं की चर्चा की। ऐसी सारी चीजें जो बैंकिंग के कायदे-कानून के दायरे बाहर थीं पर जो बैंकिंग वाले काम ही कर रही हैं। इसके आगे उन्होंने बताया कि यह पूरी नई व्यवस्था किस तरह कमजोर और एक-एक करके में चकनाचूर हो जाने वाली हैं :

''इस समांतर वित्तीय व्यवस्था की संस्थाओं और वाहनों के जिस पैमाने पर दीर्घकालिक जोखिम वाली और अपेक्षाकृत तरल परिसंपत्तियों के लिए अल्पकालिक देनदारियों से पैसा उपलब्ध कराया है उससे यह कमजोर और जोखिम वाली अवस्था में आ गया है। और बैंकों के कंगाल होने पर जो स्थिति बनती है, इसने उसके लिए खुद को तैयार कर लिया है। पर बैंकों को तो जमा कर बीमा जैसी सुविधाएँ भी होती है जो यहाँ नहीं है और इसका, जोखिम और ज्यादा है''

उन्होंने जिन-जिन क्षेत्रों की चर्चा की थी उनमें से कई तो अभी तक धराशायी हो चुके हैं : नीलामी लायक प्रतिभूतियाँ गायब हो गयी हैं; जायदाद से जुड़े व्यावसायिक साख पत्र (बंधक वाली प्रतिभूतियों समेत दीर्घकालिक परिसंपत्तियों में निवेश करने वाले फण्डों द्वारा जारी अल्प-मासिक ऋण) भी बिखर चुके हैं; पाँच में से दो सबसे बड़े इंवेस्टमेंट बैंक फेल हो गये है जबकि तीसरे ने व्यावसायिक बैंक में विलय कर लिया। इस तरह के और भी बदलाव हो चुके हैं। और जैसे-तैसे घटनाएँ आगे बढ़ीं यह भी साफ हो गया कि गेइथनर जोखिम और कमजोरी के जिन-जिन बिन्दुओं की चर्चा कर रहे थे चीजें उससे बदतर थीं। और खुद वे भी कई चीजों की चर्चा करने से चूक गये थे। अमेरिकी सरकार को 'एआईजी' जो दुनिया की सबसे बड़ी बीमा कंपनी है, का राष्ट्रीयकरण करना पड़ा। गेइथनर ने

जिस 'कैरी ट्रेड' की चर्चा नहीं की उसका शीरजा उस वक्त बिखर रहा है जब यह किताब लिखी जा रही है। जापान और कम सूद वाले देशों से धन उधार लेकर ज्यादा सूद वाले देशों में लगाने के कारोबार को 'कैरी ट्रेड' कहते हैं।

लेकिन आइए, अब इस संकट वाली चर्चा को अगले अध्याय तक के लिए थोड़ा छोड़ दें और कुछ अप्रिय सवालों पर गौर करें। जब यह विस्फोटक और जोखिम वाली स्थिति बनी और बढ़ती जा रही थी तब पूरी व्यवस्था हाथ-पर-हाथ धरे क्यों बैठी रही?

जानलेवा उपेक्षा

वित्तीय संकट आने के बाद तो यह होना ही था और अब इसके खलनायकों की तलाश शुरू हो गयी है।

कुछ आरोप तो एकदम बेमतलब और निराधार हैं जैसे 'कम्युनिटी री-इंवेस्टमेंट एक्ट को सारी समस्याओं का जड़ बताना। 1977 में बने इस कानून में प्रावधान दिया गया था कि जिसमें मकान खरीदने वालों को ऋण देने में बैंकों को कुछ ढील दी गयी थी और कहा जाता है कि उसी दबाव ने उनको ऋण देने के लिए मजबूर किया और जब ऋण लेने वाला कर्ज नहीं लौटा पाया तथा उसकी बंधक पड़ी समिति से ऋण की भरपाई संभव न रही तो संकट खड़ा हुआ। यह कानून तीन दशकों तक काम करता रहा था लेकिन उससे ज्यादा गड़बड़ नहीं हुई। दूसरे, यह कानून सिर्फ जमा लेने वाले बैंकों के लिए ही था जिनका आवास ऋण के बाजार में बहुत छोटा हिस्सा ही है।

अन्य आरोपों में कुछ सच्चाई है, पर उनमें जितनी सच्चाई है उससे ज्यादा गड़बड़ी है। काफी सारे लोग सरकार द्वारा प्रायोजित कर्जदाता फैनी मे और फ्रेडी मैक को हाउसिंग गुब्बारा चढ़ाने के लिए मुख्य दोषी बताते है जिन्हें परिसंपत्तियों के प्रतिभूतिकार का अगुवा माना जाता है। कहा जाता है कि वित्तीय व्यवस्था उनके काम काज से ही संकट में आयी। इस आरोप में मात्र इतनी ही सच्चाई है कि 1990 से 2003 के बीच तेजी से बढ़ने वाली इन कंपनियों फैनी और फ्रेडी ने बचत और ऋण योजनाओं की असफलता से खाली जगह को भरा। कुछ असावधानी वाले निवेश भी किये, कुछ ज्यादा जोखिम-लिया और उनके लेखा जोखा में भी गड़बड़ियाँ पकड़ी गई पर इन बातों के जाहिर हो जाने के बाद फैनी और फ्रेडी 2004 से 2006 के दौरान बाजार की असली गहमागहमी से बाहर ही रहे जबकि हाउसिंग व्यवसाय का सबसे उधार इसी अवधि में था। सो इनको खराब कर्ज देने के मामले में बड़ा

दाषी नहीं बताया जा सका।

वामपंथी जमात इस संकट के लिए कानूनों को जिम्मेदार बताता है—खासकर 1999 में ग्लास-स्टीगल कानून को उठा लेने के फैसले को। इस फैसले के बाद व्यावसायिक बैंकों के लिए इन्वेस्टमेंट बैंकिंग के बाजार में आने और ज्यादा जोखिम लेने का रास्ता खुल गया। अब सब चीजों पर गौर करने पर लगता है कि हर कदम निश्चित रूप से गलत दिशा में उठा था और संभव है कि इसने भुगतान से इस संकट को पैदा करने में भी योगदान दिया हो। जैसे अर्थव्यवस्था के उफान वाले दौर में जो कुछ जोखिम वाले वित्तीय इन्तजाम किये गये वे व्यावसायिक बैंकों के काम-काज के बैलेंस शीट से बाहर के धन्धे गिने गये थे। फिर भी यह संकट भुगतान कायदे-कानूनों के क्षेत्र से नहीं आया था। कानून से मुक्त हुई संस्थाओं द्वारा जोखिम लेकर पैसा बांटने वाले मामले काफी कम सामने आये है। इससे ठीक उलट, यह संकट वे संस्थान ले आये जो कभी कायदे-कानून के दायरे में आये ही नहीं थे।

और मेरा कहना है कि समस्या की जड़ यही चीज थी। इस आभासी या मायावी बैंकिंग व्यवस्था का आकार-प्रकार और महत्त्व जब पारंपरिक बैंकिंग व्यवस्था के बराबर या उससे बड़ा हो गया तभी राजनेताओं और अधिकारियों को चेत जाना चाहिए था कि यह व्यवस्था फिर से उसी दयनीयता और कमजोरी की स्थिति को वापस जा रही है जिसने महामन्दी लगा दी थी। उन्हें नई संस्थाओं को कायदे-कानून तथा इसके साथ ही बीमा जैसी सुरक्षा व्यवस्था के दायरे में लाने का प्रयास भी करना चाहिए था। प्रभावी लोगों को इस सीधे, सरल सिद्धान्त पर अमल करना चाहिए था : जो कोई भी बैंकों जैसा काम करे, जिसे संकट के समय बैंकों को बचाने जैसा जतन करने की जरूरत हो उसे बैंकों जैसे कायदे-कानून से ही चलाना चाहिए।

दरअसल दीर्घकालिक पूँजी प्रबंधक संकट, जिसकी चर्चा अध्याय-6 में की गयी है, से ही इस आभासी बैंकिंग व्यवस्था द्वारा पैदा खतरे का अंदाजा कर लिया जाना चाहिए था। निश्चित रूप से काफी सारे लोगों को आभास था कि व्यवस्था एकदम बैठ जाने के कितने पास आ चुकी है।

लेकिन इन चेतावनियों को अनसुना कर दिया गया। बल्कि तब का शोर और नजरिया एकदम उल्टा था कि हर तरह के कायदे-कानून को हटा दिया जाए। बुश प्रशासन का दर्शन यही था। 2003 में जब सभी संस्थाओं के लोगों ने बेड़ियाँ काटने वाला प्रसिद्ध आयोजन किया तो वह तब की ज्यादा सही तस्वीर बताता है बल्कि बुश प्रशासन ने तो जाने कहाँ से ढूँढ-ढूँढ कर ऐसे संघीय कानूनों का सहारा लिया

तो कुछ प्रांतीय सरकारों द्वारा सब प्राइम कर्ज पर किसी किस्म का अंकुश लगाने के प्रयासों को भी दरकिनार कर् सकते थे।

इस बीच जिन लोगों को इस व्यवस्था की कमजोरियों और जोखिमों पर चिंता करनी चाहिए थी वे तो 'वित्तीय चमत्कार' और नए आविष्कारों का गुणगान करते नहीं थकते थे। 2004 में एलन ग्रीनस्पैन ने घोषणा की, ''वैयक्तिक वित्तीय संस्थान न सिर्फ जोखिमों के मामले में कमजोर या दयनीय स्थिति में है बल्कि कुल मिलाकर वित्तीय व्यवस्था ज्यादा ऊर्जावान और गतिशील हुई है।''

इस प्रकार वित्तीय व्यवस्था और पूरी अर्थव्यवस्था में संकट लाने वाले जोखिम न सिर्फ बढ़ते रहे बल्कि उनकी परवाह न की गयी या उनको खारिज कर दिया गया। और फिर संकट आ धमका।

9

असली डर

19 जुलाई 2007 को डाउ जोन्स इंडस्ट्रियल एवरेज पहली बार 14000 को पार कर गया। दो हफ्ते बाद व्हाइट हाउस ने बुश प्रशासन के आर्थिक काम-काज के कसीदे पढ़ने वाला 'फैक्स शीट' जारी किया, जिसमें कहा गया था, (राष्ट्रपति बुश की विकासोन्मुख नीतियाँ) हमारी अर्थव्यवस्था को मजबूत गतिशील और अनाग्रही बना रही हैं। पर निर्माण क्षेत्र खासकर आवासीय मकानों और 'सबप्राइम' ऋण वाले संकट का तो इसमें जिक्र ही नहीं था, जो तब तक स्पष्ट दिखने लगे थे। पेइचिंग में दिए 1 अगस्त के अपने भाषण में वित्तीय मंत्री हेनरी पॉल्सन ने कहा, "इन पर अंकुश लगा दिया गया है।"

9 अगस्त को फ्रांसीसी बैंक बीएनवी परीबास ने अपने तीन फंडों से धन वापसी पर रोक लगा दी। और 21वीं सदी का पहला बड़ा वित्तीय संकट शुरू हो गया।

और मुझे यह कहने का लोभ हो रहा है कि यह ऐसा संकट था जैसा हम लोगों ने पहले कभी नहीं देखा था। शायद यह कहना ज्यादा ठीक होगा कि यह संयुक्त रूप से उन सभी संकटों जैसा था जिन्हें हमने पहले देखा था। अमेरिका का तेजी से फलता-फूलता जायदाद बाजार 1980 के दशक में जापान में आयी गिरावट की तरह धड़ाम से गिरा; बैंकों की दनादन बर्बादी के किस्से उसी तरह उजागर हुए जैसा कि 1930 के दशक में हुआ था। (इतना जरूर हुआ कि इस बार संकट व्यावसायिक बैंकों की जगह आभासी या मायावी बैंकिंग व्यवस्था में दिखा) ; जापान की तरह ही अमेरिका में भी मौद्रिक तरलता गायब हो गयी; और अभी हाल में अंतर्राष्ट्रीय पूँजी के प्रवाह में गिरावट तथा मुद्राओं का जो संकट आया है वह हमें 1990 के दशक के आखिर में एशिया में

आयी गिरावट की याद दिलाता है।

आइए, अब पूरी कथा जानें

मकानों का बाजार चौपट

अमेरिका में आवासीय मकानों का उफनते गुब्बारे के 2005 के आखिरी दिनों में ही छेद हो गया था पर अधिकांश लोगों को इसका एहसास होने में वक्त लगा। कीमतें इस स्तर तक आ गईं कि काफी सारे अमेरिकी लोगों के लिए मकान खरीद पाना संभव नहीं रहा। उधार पर और सूद की शरारती दरों का ऋण उपलब्ध होने के बावजूद बिक्री धीमी होने लगी। जैसा कि तब मैंने लिखा था कि गुब्बारे में सुराख से पैदा 'फुस्स' जैसी आवाज भी स्पष्ट थी।

फिर भी, मकानों की कीमत कुछ समय तक बढ़ती रही। यह अनापेक्षित भी नहीं था। मकान कोई शेयर नहीं होते जो एक ही बाजार से संचालित होते हों और वहाँ भी हर मिनट रेट बदल जाते हैं। हर मकान विशिष्ट और अलग होता है और बेचने वाला सही ग्राहक की तलाश में थोड़ा समय इंतजार भी करता है। ऐसे में कीमतों का निर्धारण काफी कुछ उस मकान से पहले बिके मकान की कीमत से होता है; बेचने वाले को कोई बहुत तात्कालिक जरूरत न हो या पिछली कीमत मिलने का भरोसा हो न हो तभी वह कम कीमत पर मकान निकालता है। लगातार कीमतें बढ़ती रहने के चलते सन 2005 में भी विक्रेता अपने मकानों की कीमतों पहले से बढ़ाकर ही माँगते रहे, इसलिए भले ही बिक्री कम हुई हो पर 2005 में भी कीमतें बढ़ती रहीं।

लेकिन 2006 के मध्य से पहले ही बाजार की गिरावट की बात सबके मन में उतरने लगीं। फिर कीमतें भी गिरने लगीं। शुरू में धीमे पर बाद में बहुत तेजी से 2007 की दूसरी तिमाही तक केस-शिलर होम प्राइज इंडेक्स (जो आमतौर पर प्रयोग होता है) के अनुसार कीमतों में साल भर पहले की तुलना में 3 फीसदी कमी आ चुकी थी। इसके बाद के साल में कीमतों में 15 फीसदी से ज्यादा गिरावट आयी। जिन इलाकों से ज्यादा गिरावट आयी, जिन इलाकों जैसे तटीय फ्लोरिडा, में कीमतों में बहुत ज्यादा उछाल आया था वहाँ उनमें और अधिक गिरावट आयी।

लेकिन मकान की कीमतों में शुरू में आयी धीमी गिरावट उस धारणा को गलत ही बताती है जिस पर सब प्राइज कर्ज बांटने का उफान टिका हुआ था। तब यह तर्क दिया जाता था कि जब तक मकानों की कीमतें बढ़ती जा रही हैं तब तक

कर्ज देने वाले को इस बात से ज्यादा फर्क नहीं पड़ता कि कर्ज लेने वाला उसे लौटाने में मुश्किल महसूस कर रहा है क्योंकि उसके पास अपने मकान के लिए नया कर्ज लेने या गिरवी मकान बेचकर कर्ज चुकाने की सूरत बची रहती है। पर जब मकानों की कीमतें बढ़ने की जगह गिरने लगीं तो मकानों को उसकी कीमतों पर बेचना मुश्किल होने लगा और कर्ज अदा न करने वालों की संख्या तथा अनुपात बढ़ने लगा ठीक उसी समय यह कड़वा सच भी उजागर हुआ। पूर्व बंधन सिर्फ मकान खरीदने वालों के लिए ही त्रासद नहीं है, यह कर्ज देने वाले को भी उलझा देता है। बंधक वाले मकान को बाजार में नीलाम करने की स्थिति तक लाने की कानूनी औपचारिकताएँ, खर्चे और खाली पड़े मकान की बदहाली से उसके मूल्यह्रास के चलते ऋण देने वाले को भी ऐसे मकानों से अपने कर्ज की कम ही रकम, जैसे आधी, ही मिल पाती है।

आप यह सवाल पूछ सकते हैं कि ऐसी स्थिति में ऋणदाता मकान के मौजूदा मालिक से ही सौदा क्यों नहीं करते कि वे कुछ कम धन लौटाएँ या ऋण वापसी के लिए ज्यादा समय लें जिससे कि प्रतिबंधित संपत्ति में होने वाले नुकसान को कम किया जा सके? यह सही है पर ऐसा करने में भी खर्च होता है और इसके लिए भी स्टॉफ की जरूरत होती है। और सब प्राइम कर्ज का तो कोई सही हिसाब भी न था। आमतौर पर ऐसा कर्ज देने वाले बैंक या संस्था ने कर्ज को वित्तीय संस्थानों के हाथ बेच दिया था जिन्होंने भी इसे कोलेटराइज्ड डेट आब्लिगेशन (सीडीओ) में बदल कर टुकड़े-टुकड़े में निवेशकों को बेच दिया था। ऋणों का वास्तविक प्रबंधन, अर्थात् किस्तों और जुर्माने की वसूली, किस्त का नोटिस देना और पैसा न मिलने पर कार्यवाही करना तो सेवा प्रदाता कम्पनियों या ठेकेदारों को दे दिया गया था जिनके पास न तो ऋण को नया स्वरूप देने वाले संसाधन थे और न ही ऐसा करने से उनको कोई लाभ होने वाला था। एक और बात, सब प्राइम कर्ज देने की वित्तीय इंजीनियरिंग भी बहुत ही जटिल थी। इसमें बंधक पड़ी परिसंपत्तियों की मिल्यिकत टुकड़ों-टुकड़ों में इतनी जगह पड़ी थी और कर्ज माफी या विभाजन वाली चीज इस जटिलता के प्रतिकूल थी। बल्कि इतनी जटिलता इसी बात के लिए बनाई गयी थी कि कर्जदारों को कोई राहत न दो और निवेश करने वालों को समय से निश्चित भुगतान (लाभ समेत) होता रहे।

ऐसे में जब कर्ज वापसी को रियायतों के आधार पर नया स्वरूप देना संभव न था तो प्रतिबंधन ही उपाय था जो मंहगा भी था और पूरी रकम वापस न दिला सकने वाला भी। और इसका मतलब यह भी था कि जैसे ही मकान और निर्माण क्षेत्र

की तेजी थमी, सब प्राइम कर्ज के बंधक पड़े मकान खराब कर्ज में तब्दील हो गये।

और इस सच्चाई का साबका 2007 के शुरू में हुआ जब सब प्राइम कर्ज से जुड़ी समस्या पहली बार उजागर हुई। याद कीजिए कि किस तरह कोलेटराइज्ड डेट आब्लिगेशन (सीडीओ) शेयरों के मामले में अपने मालिकों को वरिष्ठता दे देता है अधिक सीनियर शेयरों, जिन्हें मान लें कि किसी रेटिंग एजेंसी के 'ट्रिपल ए' [AAA] की रेटिंग दी है, को कमाई में पहले भुगतान का हक मिलता है। जिन शेयरों की रेटिंग कम होती जाती है उनके सीनियर शेयर होल्डरों को उनके हिस्से का भुगतान करने के बाद ही भुगतान मिलता है। फरवरी 2007 के आस-पास यह महसूस किया जाने लगा कि कम रेटिंग वाले शेयर संभवतः भारी नुकसान उठाने जा रहे हैं। इस एहसास के बाद ऐसे शेयरों की कीमतें तेजी से गिरीं। इस चीज ने सब प्राइम कर्ज के धंधे को कमोबेश रोक ही दिया क्योंकि जब कोई जूनियर शेयर खरीदेगा ही नहीं तो सब प्राइम कर्ज को 'रीपैकेज' करना और बेचना संभव ही न था। इसके लिए धन आना एकदम रुक गया। मकानों की मांग बनाए रखने के सब प्राइम की बड़ी भूमिका थी। उसका धंधा बंद होते ही मकानों की माँग में और गिरावट आयी और स्थिति ज्यादा खराब हो गयी।

फिर भी, दीर्घकालिक निवेशकों को भरोसा था कि उन 'सीडीओ' वाले सीनियर शेयर पर्याप्त सुरक्षित हैं क्योंकि उनको अच्छी रेटिंग मिली हुई है। अक्टूबर 2007 तक सब प्राइम के रेहन के आधार वाले 'ट्रिपल ए' शेयर अपने प्रत्यक्ष मूल्य के आस-पास ही बिक रहे थे। पर आखिरकार यह स्पष्ट हो गया कि हाउसिंग क्षेत्र से जुड़ी कोई भी चीज सुरक्षित नहीं है—न तो सीनियर शेयर, न ही अच्छी क्रेडिट रेटिंग वाले ऐसे कर्जदार को दिए गये कर्ज जिसने मकान लेते वक्त अपनी ओर से भी काफी भुगतान किया हो और कीमत का एक हिस्सा ही उधार लिया हो। क्यों? क्योंकि निर्माण क्षेत्र का गुब्बारा इतना बड़ा और तेजी से बढ़ा था कि उसमें ऐसी चीजों के टिक पाने का भरोसा न था। माना जाता है कि अमेरिका में राष्ट्रीय स्तर पर हाउसिंग को 2006 की गर्मियों में उसके वास्तविक मूल्य में 30 फीसदी ऊपर पहुँचा दिया गया था। इसका मतलब था कि अगर कीमतें वास्तविक स्तर तक भी आईं तो उनमें एक तिहाई की कमी तो होगी ही। कुछ बड़े शहरों में अतिमूल्यांकन और ज्यादा हुई थी जैसे मियामी में मकानों की कीमत वास्तविक आधार से दो गुनी ऊँची लगीं। इसलिए कुछ इलाकों में कीमतों में 50 फीसदी या उससे भी ज्यादा गिरावट आ सकती है।

इसका मतलब था कि कीमतें जब अपने चरम पर थीं तब जिस किसी ने भी मकान खरीदा, उसने भले ही उसकी जेब से 20 फीसदी तक राशि उसी वक्त दे दी हो लेकिन उसको भी घाटा ही होना था। उसकी रेहन पड़ी जायदाद उसके कर्ज से कम में ही बिक जाती। इस पुस्तक के प्रेस में जाते समय तक अमेरिका में ऐसे मकान मालिकों की संख्या संभवतः 1.2 करोड़ है जिनके मकानों की कीमत उनके लिए किये गये मूल्य से कम हो चुकी है। जिनके मकानों की कीमत क्रय मूल्य से नीचे आ चुकी है। उनकी आर्थिक प्रष्ठभूमि चाहे जो हो, वे सभी डिफॉल्टर होने अर्थात भुगतान से चूकने और प्रतिबंधन का शिकार होने का उम्मीदवार है। ऐसा माना जाता है कि इनमें से थोड़े से लोग सीधे-सीधे हाथ झाड़कर चल देंगे क्योंकि उनको लगेगा कि मकान गंवाकर भी वे वित्तीय रूप से कम नुकसान उठाएँगे। मकान छोड़कर चल देना क्या सचमुच फायदेमंद रहता है और कैसे यह हिसाब लगता है, यह चीज कभी स्पष्ट नहीं हुई है। पर भुगतान से चूकने या हाथ खींचने के अनेक दूसरे तरीके भी हैं। नौकरी छूटने, बीमारी, तलाक जैसी स्थितियाँ किसी को भी अपने मकान की किस्तें चूकने का कारण बन सकती हैं। और अगर मकान की तब की कीमत लिए गये ऋण से कम हो तो फिर सारा भुगतान करने का क्या लाभ है?

जब आवास क्षेत्र में उफान का गुब्बारा फूटने और उसके नुकसान का एहसास होते ही यह स्पष्ट होने लगा कि कर्ज देने वालों को भारी नुकसान होने जा रहा है—मकान खरीदने वालों का तो सबसे ज्यादा नुकसान होना ही था लेकिन हम मकान खरीदने वालों की जगह कर्ज देने वालों के लिए क्यों हाय-तौबा मचाएँ? जब हाउसिंग का यह गुब्बारा पूरी तरह बिखर जाएगा तो संभवतः अपने साथ 80 अरब डॉलर (4000 अरब रुपये) की रकम भी ले डूबेगा। इसमें 70 अरब डॉलर तो मकान खरीदने वालों के डूबेंगे और 10 अरब डॉलर निवेशकों के। फिर हम इन्हीं 10 अरब डॉलरों की इतनी ज्यादा परवाह क्यों कर रहे हैं?

इसका जवाब है कि यही धन की पूरी की पूरी आभासी या मायावी बैंकिंग व्यवस्था के बैठ जाने का कारण बना।

नॉन बैंकिंग का संकट

जैसा हमने देखा है 2009 के प्रथमार्द्ध में भी कुछ गंभीर वित्तीय झटके लगे थे लेकिन सरकारी तौर पर यही कहा और बताया गया कि हाउसिंग क्षेत्र की गिरावट और

सब प्राइम कर्ज वाली समस्याओं को सँभाल लिया गया है। और शेयर बाजार भी जिस मजबूरी से काम करते रहे उससे लगा कि वे भी सरकारी नजरिए से सहमति रखते हैं। और अब इन सब पर बहुत चर्चा करने का कोई खास मतलब नहीं है, पर अचानक इसके बाद हाहाकार मच गया। तो फिर हुआ क्या?

अध्याय 8 में मैंने न्यू यार्क फेडरल रिजर्व बैंक के टिम गेथनर का कथन उद्धृत किया था कि आभासी या मायावी बैंकिंग व्यवस्था के उभार से कितना जोखिम पैदा हो गया था। उनका कहना था, "समानांतर वित्तीय व्यवस्था की अनेक संस्थाओं और वाहनों के माध्यम से जिस पैमाने पर दीर्घकालिक जोखिम और अपेक्षाकृत मुश्किल परिसंपत्तियों को कर्ज उपलब्ध करा दिया गया था वह पूँजी बाजार में हाहाकार मचवाने का सारा सामान जुटा चुका था। फिर इनको बैंकिंग प्रणाली द्वारा उपलब्ध कराए जाने वाले जमा बीमे की सुरक्षा भी नहीं थी जो ऐसे जोखिम को कम करती।" जून 2008 में दिए अपने उसी भाषण में उन्होंने इस गिरावट और हाहाकार का पूरा ब्यौरा भी ऐसी दिलचस्प भाषा में दिया जो किसी सेंट्रल बैंकर द्वारा दिया गया हो ऐसा नहीं लगता था। इससे काफी सारे लोग हैरान हुए। इसकी शुरुआत सब प्राइम से जुड़े नुकसान के ब्यौरों से हुई जिसने आभासी बैंकिंग व्यवस्था के विश्वास को डिगा दिया और इसके बाद एक पर एक गिरावट और ताश के पत्तों की तरह एक-दूसरे को गिराते जाने का दुश्चक्र शुरू हुआ :

"इन वित्तीय व्यवस्थाओं के निवेशकों ने—जिनमें अनेक पारंपरिक ढंग से चलने वाले मनी फंड थे; जब पैसा वापस लिया या पैसा निकालने की धमकी दी तब यह पूरी व्यवस्था जबरन और जल्दी में अपनी परिसंपत्तियों को निकालने में लग गयी जिसने बाजार की बेचैनी और बढ़ाई तथा इन परिसंपत्तियों के दाम तेजी से नीचे किए जबाब में जो कोशिशें हुईं उनमें ज्यादा पड़ता (मार्जिन) देना पड़ा या कुछ ग्राहकों ने अपना पूरा पैसा वापस ले लिया। जाहिर तौर पर इसका और बुरा असर हुआ और 'लीवरेज' गायब होते गये। अपनी वास्तविक हैसियत से ऊपर की पोजीशन लेना लीवरेज कहलाता है। पर चीजें वास्तविक स्तर से नीचे आने लगीं। और परिसंपत्तियों की घटिया क्वालिटी ने अफरा-तफरी और बढ़ा दी-खासतौर से बंधक पड़ी परिसंपत्तियाँ। इस आभासी बैंकिंग व्यवस्था में ऐसी परिसंपत्तियाँ ही ज्यादा थीं। इसी चीज से स्पष्ट होता है कि जोखिम वाली अपेक्षाकृत कम परिसंपत्तियों ने किस तरह निवेशकों और बाजार में आए लोगों के विश्वास को समाप्त किया।"

गेइथनर जिस तरह से परिसंपत्तियों के मूल्य में आयी गिरावट से बैलेंसशीट बिगड़ने और ज्यादा परिसंपत्तियों बेचने का दबाव बनाने की स्थिति पर ज्यादा जोर देते है, वह गौर करने लायक चीज है। बुनियादी रूप से यह वही तर्क है जो 1997 और 1998 में एशिया में आये वित्तीय संकट के बारे में दिया जाता है। तब भी कहा गया था। कि बाजार के 'लीवरेज' को कम करने के चक्कर में ही तब का वित्तीय संकट आया था। इसकी चर्चा इस अध्याय में विस्तार से कर चुके हैं। आर्थिक व्यवस्था में जो खिलाड़ी ज्यादा लीवरेज लेकर बाजार में आये थे, उनको नुकसान हुआ। फिर उन्होंने इसकी भरमाई के लिए हड़बड़ी में जो काम लिए उसमें उन्हें और ज्यादा नुकसान हुआ और सबका नुकसान बढ़ता गया तथा अर्थव्यवस्था में गिरावट आ गयी। यहाँ नुकसान इण्डोनेशिया और अर्जेन्टीना की तरह घरेलू मुद्रा की कीमत में गिरावट आने की जगह जोखिम वाली वित्तीय परिसंपत्तियों की कीमत में गिरावट आने में हुआ लेकिन कहानी बुनियादी रूप से एक ही थी।

और खुद में स्थिति सुधारने की हड़बड़ी वाली इस प्रक्रिया का परिणाम बैंकों की बदहाली से उसी रूप में जो अपने रंग-रूप और प्रभाव में 1930 के दशक में पारंपरिक बैंकिंग व्यवस्था को झेलनी पड़ी थी। नीलामी वाली प्रतिभूतियाँ, जो प्रभावी रूप से बैंकिंग व्यवस्था को 330 अरब डॉलर उपलब्ध कराती हैं, अचानक अदृश्य दो गईं। बैंकिंग व्यवस्था के साथ ही चलने वाले परिसंपत्ति आधारित व्यावसायिक शेयरों (साख पत्त वगैरह) का मूल्य भी 1200 अरब डॉलर ऋण उपलब्ध कराने से गिरकर 700 अरब डॉलर पर आ गया और अन्य चीजों का मूल्यहृास भी ऐसे ही हुआ।

वित्तीय बाजार में अजीब-अजीब चीजें होने लगीं। अमेरिकी सरकार की प्रतिभूतियों पर—जो सरकार द्वारा कम समय के लिए किये जाने वाले उधार के बदले जारी होती हैं—सूद की दर शून्य के आस-पास पहुँच गयी। ऐसा निवेशकों द्वारा सुरक्षित निवेश को ही सर्वोच्च प्राथमिकता देने के चलते हुआ और यह मजाक में कहा जाता था कि अमेरिकी सरकार की प्रतिभूतियाँ (जिन्हें इस पृथ्वी पर सबसे सुरक्षित ऋण माना जाता है) और बोतलबंद पानी, यही दो चीजें सुरक्षित रह गयी हैं। कुछ मौकों पर तो सूद की दर ऋणात्मक भी हो गयी अर्थात इन सरकारी प्रतिभूतियों का सौदा हल्के डिस्काउंट पर होने लगा। बाजार की जो हालत थी उस अफरा-तफरी में वित्तीय सौदों में अकेले इन्हीं सरकारी कागजातों को रेहन स्वीकार किया जा रहा था और इनकी आपूर्ति कम होने से यह स्थिति पैदा हुई थी।

कुछ उधारकर्त्ताओं ने आभासी बैंकिंग व्यवस्था की गिरावट से हुए नुकसान की भरपाई व्यावसायिक बैंकों से ऋण लेकर को। इस संकट का यह एक अज्ञात पक्ष है कि इस दौरान बैंकों के ऋण का आधार बढ़ा। यह चीज कुछ आर्थिक पंडितों को हैरान करने वाली भी थी। उनको लगता था कि ऋण की ऐसी तंगी कहाँ है जो व्यावसायिक बैंकों के ऋण का आधार व्यापक हुआ जा रहा है। पर पारंपरिक बैंकों के पैसों और आधार का विस्तार उस भारी नुकसान की कहीं से भी भरपाई करने वाला नहीं था जो आभासी बैंकिंग व्यवस्था के धराशायी होने से हुआ।

उपभोक्ता ऋण बाजार परमार सबसे आखिर में पड़ी लेकिन अक्टूबर 2008 तक यह स्पष्ट होने लगा कि क्रेडिट कार्ड का धन्धा भी मुश्किल में आ रहा है। क्रेडिट की सीमा कम होने लगी। नए आवेदकों में काफी सारे के निवेदन नहीं माने जाते थे और अमेरिका उपभोक्ताओं की क्रय क्षमता का संशय, सभी चीजें इसके संकट का इशारा कर रही थीं।

पूरी अर्थव्यवस्था की बात की जाए तो कुछ व्यवसायों और व्यक्तियों को ऋण उपलब्ध होने में दिक्कतें आने लगीं तो कुछ के लिए ऋण की देनदारियाँ बढ़ गईं जबकि इस पूरी अवधि में फेडरल रिजर्व लगातार इसी कोशिश में लगा रहा कि ऋण की दरें घटें और उपलब्धता बढ़े। और यह चीज अमेरिकी मौद्रिक नीति में जापान जैसे फंदे से उभरने का संकेत देती है।

फेड बैंक का जोर कर्षण घटा

जब वित्तीय संकट आया उस समय तक एलन ग्रीनस्पैन फेडरल रिजर्व के प्रमुख पद से सेवानिवृत्त हो चुके थे। उनकी जगह प्रिंस्टन विश्वविद्यालय में अर्थशास्त्र के प्रोफेसर रहे बेर्नान्के आ गये थे जिन पर इस चौतरफा तबाही को संभालने की जिम्मेवारी आ गयी थी। (बेर्नान्के प्रिस्टन के अर्थशास्त्र विभाग में प्रमुख थे और उन्होंने ही मुझे एमआईटी से प्रिस्टन बुलाया था)

इस संकट के दौरान फेडरल रिजर्व का प्रमुख होने की काबलियत अगर किसी एक व्यक्ति में है तो वह बेर्नान्के ही हैं। वे महामन्दी के विशेषज्ञ अर्थशास्त्री हैं। बैंकिंग के संकट ने महामन्दी को कैसे और बढ़ा दिया, इसी पर उनका शोध है। इसी शोध के आधार पर उन्होंने ऋण की उपलब्धता और बैलेंस शीट की समस्याओं की भूमिका को ध्यान में रखते हुए मौद्रिक अर्थव्यवस्था में जो प्रमुख सैद्धान्तिक योगदान दिया है, उसी से उनको ख्याति मिली थी (आर्थिक संकट की चर्चा करने वाले

अर्थशास्त्रियों के बीच आये 'बेर्नान्के-गेल्टलर' नाम लीजिए और वे निश्चित रूप से हामी भरते हुए फिर सिर हिलाएँगे) उन्होंने 1990 के दशक में आये जापानी संकट पर भी व्यापक शोध किया है। बौद्धिक रूप से इस संकट से निपटने के लिए उनसे ज्यादा तैयारी किसी अन्य व्यक्ति की नहीं है।

फिर भी संकट आया और वित्तीय बाजार पर पूरी अर्थव्यवस्था पर किसी तरह का अपना अंकुश बनाए रखने में बेर्नान्के के नेतृत्व वाले फेड बैंक को काफी मशक्कत करनी पड़ी है।

फेडरल रिजर्व बैंक की स्थापना मुख्यतः दो उद्देश्यों के लिए हुई है : सूद की दरों का कुशल प्रबंधन और जरूरत के समय बैंकों को नकदी उपलब्ध कराना। यह बैंकों में सरकारी प्रतिभूतियाँ खरीदकर और बेचकर उनके नकदी के स्तर को एक खास स्तर तक बनाए रखता है। कई बार यह बैंकों को सीधे नकदी देकर उनका काम-काज आसान बनाता है। और जब से संकट उभरा है उसने अपने काम के इन दोनों मोर्चों पर काफी सक्रियता दिखाई है। बल्कि उसकी चौकसी न होती तो स्थितियाँ और खराब होतीं। फेडरल रिजर्व के फेडरल फंड रेट, जिस दर पर बैंक एक-दूसरे को उधारी देते हैं और यह मौद्रिक नीति का सबसे सामान्य उपकरण है—को 5.25 फीसदी से कम करते-करते मात्र एक फीसदी पर पहुँचा दिया था। प्रत्यक्ष उधार के लिए फेडरल रिजर्व में जमा उपकरणों की कुछ उधारी संकट के पहले के लगभग शून्य के स्तर से बढ़कर 400 अरब डॉलर के उपर पहुँच गयी।

स्थिति सामान्य होती तो इन कदमों से बाजार में ऋण की उपलब्धता बाढ़ जैसी हो जाती। फेडरल फंड के रेट कम होने का व्यावहारिक गतलब सभी तरह के ऋणों पर सूद की दरें कम होना होता है। व्यावसायिक ऋण सस्ते हो जाते हैं, कार्पोरेट कर्ज सस्ता होता है, जायदाद रेहन रखने की दर कम हो जाती है। बैंकों को धन उपलब्ध कराने से वित्तीय व्यवस्था में मौद्रिक तरलता की समस्या समाप्त होती है। यह बात ऐतिहासिक रूप से सही है लेकिन अभी चल रहा वक्त सामान्य नहीं है और इस पर पुराने अनुभव दोहराए नहीं गये हैं।

जब जोखिम पूँजी की उधारी की बात आती है तब फेडरल रिजर्व का जोर न होना सबसे स्पष्ट ढंग से उजागर होता है। यह बात स्पष्ट है कि आज किसी को सब प्राइम कर्ज नहीं दिया जा रहा है जिससे मकानों के संभावित खरीददारों के एक पूरे वर्ग के लिए कर्ज का बाजार खत्म हो गया है। जिन व्यवसायों के लोगों ने संकट से पहले बिना ऊँची रेटिंग वाले ऋण लिए थे वे अब सूद की ज्यादा ऊँची दरों का

भुगतान कर रहे हैं जबकि फेडरल रिजर्व के नियंत्रण वाली सूद की दरों में चार फीसदी तक की गिरावट आयी है। बी डबल ए [BAA] की रेटिंग वाले कार्पोरेट बांड पर अभी 9 फीसदी से ज्यादा दर से सूद लिया जा रहा है जबकि संकट शुरू होने के पूर्व यह करीब 6.5 फीसदी था। और आगे की स्थिति में खर्च या निवेश के लिए उठाए जाने वाले ऋण पर सूद की दरें ज्यादा ली जा रही हैं या उनमें कोई कमी नही आ रही है—जबकि फेडरल रिजर्व लगातार सूद की दरें घटाने का जतन करता गया है।

लंबे समय तक परिसंपत्तियों को बंधक रखकर उठाए जाने वाले ऋण की स्थिति में भी सुधार नहीं है। 30 साल के बंधक वाला रेट अभी भी 2007 की गर्मियों जितना ही बना हुआ है। इसका कारण यह है कि वित्तीय संकट ने प्राइवेट कर्जदाताओं को बाजार से कमोबेश बाहर ही कर दिया है। और अब सभी सरकार द्वारा प्रायोजित ऋणदाताओं फैनी माय और फ्रेडी मैक के आसरे रह गये हैं। और फैनी और फ्रेडी भी संकट में फंस गये। उन्होंने निजी कर्जदाताओं की तरह बहुत ज्यादा जोखिम वाला ऋण तो नहीं दिया था। लेकिन उनके भी कुछ कर्ज गड़बड़ी वाले थे, फिर उनमें पूँजी का आधार भी बहुत बड़ा नहीं था। सितम्बर 2008 में अमेरिकी सरकार ने फैनी और फ्रेडो को अपने हाथ में ले लिया। कायदे में उससे उनके कर्ज के बारे में चिंता कम होनी चाहिए थी और सूद की दरों में भी कमी होनी चाहिए थी। लेकिन बुश प्रशासन ने यह बहुत स्पष्ट कर दिया कि फैनी/फ्रेड के सारे कर्जों पर अमेरिका सरकार को न तो पूरा भरोसा है और न वह उसका जिम्मा लेती है। इसलिए इन दोनों कम्पनियों को अभी भी फंड जुटाने में मुश्किल आ रही है।

पर फेडरल रिजर्व ने बैंकों को जो कर्ज उपलब्ध कराए उनकी स्थिति क्या है? संभवतः उससे मदद मिली है पर उतनी नहीं, जितनी सोची गयी थी क्योंकि पारंपरिक बैंकों को लेकर ज्यादा समस्या नहीं है और वे समस्या की जड़ में नहीं हैं। जैसे, पारंपरिक बैंकिंग प्रणाली में नीलामी वाली प्रतिभूतियों वाली व्यवस्था होती है जिससे अगर नीलामी में ज्यादा निजी निवेशक नहीं आये तो प्रतिभूतियों को जारी करने वालों के पास फेडरल रिजर्व के पास जाने का रास्ता बचा था। परिणाम यह होता कि इससे न तो नीलामी फेल होती और न ही पूरी व्यवस्था धराशायी होती। चूँकि वे सभी पारंपरिक बैंकिंग व्यवस्था का हिस्सा न थे और नीलामी फेल हुई तथा यह क्षेत्र धराशायी हुआ। ऐसे में फेडरल रिजर्व में सिटी बैंक और बैंक ऑफ अमेरिका को चाहे जितना ऋण दिया गया इनकी गिरावट नहीं रुकी।

फेडरल रिजर्व और क्या कर सकता था? 2004 में प्रकाशित अपने

विद्धतापूर्ण आलेख में बेर्नान्के ने कहा था कि अगर कोई 'केन्द्रीय बैंक के बैलेंसशीट की बनावट' में बदलाव करने को तैयार हो तो तरलता के संकट वाले दिनों में भी मौद्रिक नीति प्रभावी हो सकती है। सिर्फ सरकारी प्रतिभूतियाँ और बिल रखने तथा पारंपरिक बैंकों को धन उपलब्ध कराने की जगह फेडरल रिजर्व इंवेस्टमेंट बैंकों, मनी-मार्केट फंडों और गैर वित्तीय व्यवसाय को भी ऋण दे सकता है। और 2003 में फेडरल रिजर्व ने विशेष ऋण सुविधा योजना के तहत ठीक यही किया भी। उसने टीएसएलएफ, पीडीसीएफ वगैरह को ऋण उपलब्ध कराए। अक्टूबर 2008 में फेडरल रिजर्व ने कमर्शियल पेपर भी खरीदने की घोषणा की जिसका मतलब यह है कि निजी वित्तीय संस्थान जो काम नहीं करते या कर सकते हैं, वह भी फेड करने को तैयार है।

यह पुस्तक लिखते समय तक इस बात की संभावना बनी हुई लगती है कि इन योजनाओं का लाभ आखिरकार मिलेगा। लेकिन अभी तो यही कहा जा सकता है कि उनका प्रभाव निराशाजनक रहा है। ऐसा क्यों हुआ है? मेरा कहना है मामला मात्रा और विकल्पों से गलती करने का है। जब फेडरल रिजर्व बैंकों से रिजर्व फंड को बढ़ाने के लिए कदम उठाता है तो वह ऐसा काम करता है जो कोई और संस्था नहीं कर सकती। सिर्फ फेडरल रिजर्व ही मौद्रिक आधार तैयार करता है जो बैंकों के रिजर्व के तौर पर रह सकता है या सामान्य लेन-देन में जा सकता है। फिर परिसंपत्तियों के वर्ग की अपेक्षा इसका काम-काज बड़ा दिखता है क्योंकि मौद्रिक आधार 'सिर्फ' 300 अरब डॉलर का है। जब फेडरल रिजर्व ऋण बाजार को अधिक व्यापक रूप से मदद करना चाहता है, वह ठीक वही काम कर रहा होता है जो निजी क्षेत्र करता है। इसका मतलब यह है कि वह पूरी व्यवस्था में जितनी रकम ऋण के रूप में उतारता है वह निजी क्षेत्र द्वारा निकाले गये धन की कुछ हद तक भरपाई करता है—पर इसके साथ ही वह एक विशाल जीव-50000 अरब डॉलर के ऋण बाजार को भी मद्धिम करने का जतन करता है।

बेर्नान्के के नेतृत्व वाला फेडरल रिजर्व लगातार इस समस्या से भी जूझ रहा है कि वह नुकसान होने के बाद और उससे कम आकार की मदद उपलब्ध करा रहा है। वित्तीय संकट नए-नए पक्ष खोल रहा है जिसे बहुत कम ही लोग—जिनमें फेडरल रिजर्व में बैठे काफी स्मार्ट लोग भी शामिल हैं—ही देख पा रहे हैं, जिसका अंदाजा लगा पा रहे हैं। और यही चीज हमें इस संकट के अंतर्राष्ट्रीय पहलू पर विचार करने की ओर ले जाती है।

सारे मौद्रिक संकटों में बड़ा

1979 और 1998 में वित्तीय संकटों के बाद प्रभावित देशों की सरकारों ने इस बात का प्रयास किया कि ऐसे संकट फिर से न आ जाएँ। उन्होंने विदेशी उधार लेने से बचने का प्रयास किया क्योंकि संकट के समय यह पैसा वापस मांगने लगता है और स्थिति ज्यादा बिगड़ जाती है। उन्होंने डॉलर और यूरो जैसी विदेशी मुद्राओं का भण्डार जमा किया। उनका मानना था कि भविष्य में कभी संकट पड़ा तो यह धन काम में आयेगा। और पुराने हिसाब की सोच यह थी कि ब्राजील, रूस, भारत, चीन और 1997 को वित्तीय संकट झेलने वाले अनेक पूर्व एशियाई देशों ने अपने आपको अमेरिका से थोड़ा अलग कर लिया है जिसके चलते अमेरिका में इतना बड़ा संकट होने के बावजूद उनका विकास जारी है। मार्च 2009 के अपने अंक में 'द इकॉनामिस्ट' ने अपने पाठकों से कहा, ''यह अलगाव कोई काल्पनिक बात नहीं है। संभव है, इसी के चलते अभी की विश्व अर्थव्यवस्था बच जाए।''

दुर्भाग्य से ऐसा होता नहीं दिखाई देता। इसके उलट, मोर्गन स्टेनली के चीफ करेंसी स्ट्रेटेजिस्ट स्टीफन जेन कहते है कि उभरती अर्थव्यवस्थाओं द्वारा खुद को अलग रखने का प्रयास उन्हें वैश्विक संकट का दूसरा केन्द्र बना सकता है (अमेरिकी वित्तीय बाजार तो पहला केन्द्र थे ही)।

हुआ क्या था? वित्तीय व्यवस्था में आभासी बैंकिंग प्रणाली के विकास के साथ-साथ उसके चरित्र में पिछले पन्द्रह वर्षों में एक और बदलाव आया था। और इसका बदलाव का काम मुख्यतः एशियाई देशों के वित्तीय संकट के बाद हुआ है। यह बदलाव है वित्तीय भूमण्डलीयकरण का जिसमें हर देश का काफी सारा पैसा दूसरे देशों में लगा है, एशियाई संकट के ठीक पहले, 1996 तक अमेरिका की जितनी पूँजी बाहर लगी थी। उसमें पैदा परिसंपत्तियों उसके सकल घरेलू उत्पादन (जीडीसी) का 52 फीसदी थीं तो देनदारियाँ जीडीपी का 57 फीसदी थीं। 2007 तक परिसंपत्तियाँ जीडीपी के 125 फीसदी हो गईं तो देनदारियाँ 145 फीसदी। अमेरिका की कुछ कर्जदार वाली हैसियत और ज्यादा गहरा गयी थी या कर्ज या देनदारी बढ़ने वाला अनुपात जितना बड़ा है, उससे कहीं बड़ी है कुल निवेश और लेन-देन में हुई वृद्धि।

पिछले एक या दो दशक में जो कुछ बदलाव हुआ है उसने काम-काज जितना बढ़ा दिया हो, पर उसी अनुपात में जोखिम कम भी कर दिया है। आज अमेरिकी निवेशकों का काफी धन विदेशों में लगा है जो अमेरिका में आयी बर्बादी से काफी

हद तक अछूता है। और अमेरिका में विदेशी निवेशकों का काफी धन लगा है जो अपने यहाँ की स्थिति ठीक रहने तथा बाहर ही गड़बड़ होने से किसी किस्म की बेचैनी में नहीं है। लेकिन वित्तीय भूमण्डलीकरण में आयी रकम का बड़ा हिस्सा बहुत अधिक 'लीवरेज' वाली वित्तीय संस्थाओं के माध्यम से आया है जो दूसरे-दूसरे देशों में काफी जोखिम वाले सौदे करती रही हैं। और जब अमेरिका में स्थितियाँ खराब हुईं तो इसी तरह का 'सीमा पार' वाला निवेश समस्या को विश्वव्यापी बनाने का उपकरण बन गया। अमेरिका में हाउसिंग संकट से शुरू हुई तबाही को ऐसे वित्तीय भूमण्डलीकरण ने ही वैश्विक बनाया है। एक फ्रांसीसी बैंक से जुड़े हेज फंडों को ही आमतौर पर इस संकट की शुरुआत को जाहिर करने वाला माना जाता है। और असर यह हुआ कि फ्लोरिडा से शुरू हुई हाउसिंग कर्ज की समस्या ने आइसलैंड की बैंकिंग व्यवस्था को ध्वस्त कर दिया।

उभरते बाजारों की सुभेद्यता का उतार-चढ़ाव का शिकार होने की कमजोरी एक अलग और बड़ा मुद्दा है और यह चीज 'कैरी ट्रेड' से आती है। इस धंधे में सूद की कम दर मूल्यों से धन उठाकर (जैसे जापान) अधिक सूद और कमाई वाले बाजारों में पैसा लगाया जाता है (जैसे ब्राजील और रूस)। जब तक कोई बड़ी गड़बड़ नहीं हुई थी यह बहुत मुनाफे का धंधा था। यहाँ से पैसा उठाओ, वहाँ लगाओ और बीच में मोटी कमाई कर लो। पर जैसे हो कुछ बड़ा हुआ, इस धंधे में हाहाकार मच गया।

और जिस चीज से इसकी शुरुआत हुई वह थी इंवेस्टमेंट बैंक लेहबैन ब्रदर्स का 15 सितंबर 2008 को धराशायी हो जाना। पाँच बड़े और शुरुआती इंवेस्टमेंट बैंकों में गिना जाने वाला बियर स्टर्न जब मार्च 2008 में संकट में फंसा था तो फेडरल रिजर्व और अमेरिकी सरकार दोनों ही इसे बचाने की जगह इसकी 'काउंटरपार्टिज' अर्थात जिन्हें इस बैंक ने पैसा दिया था और जिनके यहाँ निवेश किया था, को बचाने के लिए सामने आये थे। बैंक तो सीधे-सीधे बिला गया। यह उम्मीद की जा रही थी कि सरकार और फेडरल रिजर्व लेहमैन ब्रदर्स के मामले में भी यही रवैया अपनाएँगे लेकिन अमेरिकी वित्त मंत्रालय ने माना कि लेहमैन की असफलता के परिणाम उतने व्यापक नहीं होते और उसने इसकी 'काउंटरपार्टिज' को किसी तरह का संरक्षण देने की बजाय इसे अपने हाल पर छोड़ दिया।

लेकिन दो-चार दिनों में ही यह स्पष्ट हो गया कि यह भारी नुकसान पहुँचाने वाला रवैया था : बाजार का भरोसा और हिल गया। परिसंपत्तियों की कीमतें और

गिरीं तथा ऋण के जीवित बचे कुछेक रास्ते भी सूख गये। कुछेक दिन बाद ही बीमा की विशाल कम्पनी 'एआईजी', के प्रभावी राष्ट्रीयकरण से भी बाजार में बैठा आतंक नहीं मिटा।

अफरा-तफरी के नवीनतम दौर का सबसे बड़ा शिकार 'कैरी ट्रेड' हुआ। जापान और सूद की कम दर वाले देशों से धन आने का रास्ता कट जाने के बाद जिसे जो मन में आया, करने लगा। और बाजार पर कुछ वैसा ही प्रभाव पड़ा जैसा 1997 के संकट के समय आया था। चूँकि जापान में पूँजी बाहर नहीं जा रही थी, इसलिए येन की कीमतें बढ़ती गयीं। चूँकि उभरते बाजारों में पूँजी नहीं आ रही थी, वहाँ की मुद्राओं की कीमतें तेजी से गिरी। ऐसे में जिस किसी ने भी एक देश के धन उधार लेकर दूसरे देश में लगाया था उसे भारी पूँजीगत नुकसान उठाना पड़ा। कुछ मामलों में—हेज फंड और हेज फंड का वह व्यवसाय तेजी से सिकुड़ने लगा जिस पर लेहमैन- ब्रदर्स के धराशायी होने पर भी वैसा बुरा असर दिखाई नहीं दे रहा था जिसकी आशंका थी। उभरते बाजारों की जिन कंपनियों ने बाहर से सस्ती दर पर पैसा उठाया था, उनको अचानक बड़ा नुकसान झेलना पड़ा।

और आखिर में जाकर इन उभरते बाजारों/देशों की सरकारों के सिर पर यह बोझ आ गया कि वे खुद को एक और संकट से बचाने का जतन करें। निजी क्षेत्र से जितना बेमतलब जोखिम मोल लिया था, उतना उठा पाना उसके वश का नहीं था और सरकारों की मजबूरी थी कि वे दखल दें। जैसे, रूस में बैंकों और निगमों को रूबल रेट की तुलना में बाहर कम दर पर पैसा मिलने पर वहाँ से काफी धन उधार लिया था। इसलिए जब रूस के सरकारी भण्डार में 560 अरब डॉलर की विदेशी मुद्रा थी तब रूसी कंपनियों और बैंकों के बाहर से 460 अरब डॉलर का उधार ले रखा था। फिर अचानक इन बैंकों और कंपनियों ने पाया कि उनको ऋण उपलब्ध कराने वाला रास्ता अचानक से बंद हो गया और उनके उधार का रूबल में मूल्य बढ़ने लगा और कोई भी सुरक्षित न था। जैसे ब्राजील के प्रमुख बैंकों ने बड़ा विदेशी उधार लेने से परहेज किया था वे भी संकट में फंसे क्योंकि उनके देसी ग्राहकों ने उतनी सावधानी नहीं बरती थी।

इस सबमें हमें पिछले मुद्रा संकटों—इण्डोनेशिया 1997, अर्जेंटीना 2000—की काफी झलक दिखाई देती है। लेकिन इस बार यह संकट उनमें बहुत बड़ा था। निश्चित रूप से यह सभी मुद्रा संकटों से बड़ा है और यह वैश्विक वित्तीय व्यवस्था के लिए एक नया संकट है।

वैश्विक गिरावट

इस अध्याय के अधिकांश हिस्से में संकट के वित्तीय पक्ष की चर्चा की गयी है। 'वास्तविक अर्थव्यवस्था' के लिए इसका क्या मतलब है—रोजगार के लिए, वेतन, कमाई के लिए, उत्पादन के लिए। किसी के लिए भी अच्छा नहीं।

अमेरिका, ब्रिटेन, स्पेन और अनेक दूसरे देशों को आर्थिक गिरावट का सामना करना पड़ा होगा जब उनका हाउसिंग का गुब्बारा फूट पड़ा। भले ही उनकी वित्तीय प्रणाली चरमरा कर नहीं गिरी हो, मकानों की गिरती कीमतों का रोजगार या सीधा असर हुआ क्योंकि निर्माण समेत हर काम कम हो गया। इससे उपभोक्ता खर्च में भी कमी आती है क्योंकि जब उपभोक्ता खुद को कमजोर पाता है तो खर्च कम करता है और वह घर के लिए कर्ज लेने/पाने की स्थिति में नहीं होता। इन अपशकुनों से गिरते रोजगार पर कई तरह का असर होता है और उपभोक्ता खर्च में और कमी आती है। यह कहने के बाद भी यह बताना होगा कि हाउसिंग का गुब्बारा फूटने के बाद भी पहले दौर में अमेरिकी अर्थव्यवस्था ने अच्छा प्रदर्शन किया क्योंकि डॉलर कमजोर होने से निर्यात बढ़ाने में मदद मिली और निर्माण उद्योग में गिरावट से जो नुकसान हुआ था उसकी भरपाई हो गयी।

लेकिन वित्तीय संकट ने उस आर्थिक गिरावट की शुरुआत कर दी जो मन्दी ला सकती है। 2007 में अंत से अमेरिका में रोजगार की दरों में गिरावट आने लगी थी लेकिन सितंम्बर 2007 तक इसकी रफ्तार काफी कम थी। लेहमैन ब्रदर्स के धराशायी लेने के बाद ऋण का संकट जितना गहराया, उभरते बाजारों में अचानक जैसा संकट खड़ा हुआ, उपभोक्ताओं का भरोसा जैसा डगमगाया, ये सभी चीजें इसी बात का संकेत कर रही हैं कि अमेरिका अपने सबसे भयावह मन्दी की ओर बढ़ रहा है और दुनिया भी जिस संकट को देखने जा रही है, वैसा कुछ 1980 के दशक के शुरुआत के बाद से नहीं हुआ है। और अनेक अर्थशास्त्री तब राहत ही महसूस करेंगे जब यह संकट उसी स्तर तक जाकर रुक जाए।

लेकिन असली चिन्ता नीतियों की दिशा को लेकर है। 1981-82 की मन्दी के समय बेरोजगारी की दर 10 फीसदी तक पहुँच गयी थी लेकिन वह स्थिति कमोबेश वांछित भी थी, सोच-समझकर लाई गयी थी। फेडरल रिजर्व ने मुद्रास्फीति पर अंकुश के लिए मौद्रिक नीति को सख्त किया था और जैसे ही फेडरल रिजर्व के प्रमुख पाल वोल्कर को लगा कि अर्थव्यवस्था को काफी नुकसान हो गया है तो उन्होंने मौद्रिक आपूर्ति बढ़ाकर को सामान्य कर लिया। अर्थव्यवस्था वापस तेजी

से फलने-फूलने लगी। आर्थिक बर्बादी अमेरिका के लिए नई सुबह ले आयी।

उससे उलट इस बार नीति निर्माताओं के बार-बार प्रयत्न करने के बावजूद अर्थव्यवस्था पस्त पड़ी है। नीतियों के स्तर पर हो रहे प्रयासों की यह असफलता 1990 के जमा की संकट जैसी ही है। यह 1930 के दशक की भी याद दिलाता है। पर अभी हम मन्दी की गिरफ्त में नहीं आये है। और सारे अच्छे-बुरे संकेत देखकर भी मुझे नहीं लगता कि हम मन्दी की ओर बढ़ रहे है (लेकिन मुझे भरोसा नहीं है कि मेरी इच्छा के अनुसार ही चीजें होंगी) लेकिन हम आर्थिक गिरावट की चपेट में तो आ ही गये हैं।

10

मन्दी की वापसी

विश्व अर्थव्यवस्था मन्दी की चपेट में नहीं है, और मौजूदा संकट के बावजूद सम्भवतः यह मन्दी में फँसेगी भी नहीं। (वैसे मैं चाहता तो यही हूँ कि इसके बारे में पक्के तौर से कह सकूँ, पर कह नहीं सकता) लेकिन भले ही मन्दी स्वयं नहीं आयी हो पर मन्दी की अर्थव्यवस्था–विश्व-अर्थव्यवस्था को 1930 के दशक में जिन समस्याओं का सामना करना पड़ा था और जो उसके बाद में नहीं दिखी थीं, ने जोरदार ढंग से वापसी की है। पन्द्रह वर्ष पहले तक शायद ही कोई सोच सकता था कि आधुनिक देशों को मुद्रा के सटोरियों के डर से हाड़ तोड़ने वाली मन्दी का सामना करना होगा और प्रमुख विकसित देशों के पास खर्च करने लायक इतने साधान भी न होंगे जो उनके मजदूरों और औद्योगिक कामगारों को काम में बनाए रख सकें। विश्व अर्थव्यवस्था हम सबकी कल्पना से भी ज्यादा भयावह हो चुकी है।

यह दुनिया इतनी डरावनी कैसे हो गयी? इससे भी ज्यादा महत्त्वपूर्ण सवाल यह है कि हम मौजूदा संकट से कैसे निकलें और ऐसे संकट को आने से रोकने के लिए क्या करें? इस किताब में मैंने अनेक कहानियाँ बताई हैं। अब उनसे मिलने वाली सीखों की चर्चा करने का वक्त है।

मंदी की अर्थव्यवस्था क्या है?

मन्दी की अर्थव्यवस्था वापस आ गयी है, यह कहने का क्या मतलब है? इसका

असली मतलब है कि दो पीढ़ियों के दौरान यह साफ दिख रहा है कि अर्थव्यवस्था का माँग वाला पक्ष–उपलब्ध उत्पादक क्षमता का उपयोग कर सकने लायक पर्याप्त निजी खर्च का न जुट पाना–भी असफल हुआ है और इससे दुनिया के नामी बड़े हिस्से की समृद्धि के लिए सीमा रेखा खिंच गयी है।

हम लोग–इससे मेरा मतलब किसी अर्थशास्त्री से न होकर नीति निर्माता और जानकार लोग, सभी से है–इसके लिए तैयार न थे। 'अर्थव्यवस्था का आपूर्ति वाला पक्ष' नाम से चर्चित मूर्खतापूर्ण विचारों का जत्था और कुछ नहीं, कोरी बकवास है और अगर अमीर लोगों और सम्पादकों का पूर्वाग्रह न होता तो इसका शायद ही कोई प्रभाव पड़ता। यह पिछले कुछ दशकों में आर्थिक चिन्तन में अर्थव्यवस्था के माँग पक्ष की जगह आपूर्ति वाले पक्ष की तरफ ज्यादा ध्यान देने की प्रवृत्ति दिख रही है।

यह बदलाव आंशिक रूप से तो अर्थशास्त्रियों के बीच के मतभेद से–जो अक्सर उभरता ही रहता है–निकला और फिर इसने एक व्यापक विमर्श का रूप ले लिया। सैद्धान्तिक विवाद की जड़ में यही मुद्दा था कि अगर बेरोजगारी के मामले में अगर मजदूरी और कीमतों में तेज गिरावट हो तो कुल माँग में आने वाली कमी का समाधान स्वयं हो जाएगा। बच्चों की देख-रेख के लिए बनाई गयी सहकारी समिति वाली कहानी में समस्या का समाधान करने का एक तरीका यह हो सकता था कि बच्चों की प्रति घण्टे देख-रेख के लिए दिए जाने वाले कूपन की कीमत कम हो जाती तो वर्तमान में मौजूदा कूपनों की क्रय शक्ति बढ़ जाती और सहकारी समिति प्रबन्धन द्वारा बिना कोई एक्शन लिये फिर से 'पूर्ण रोजगार' वाली अवस्था में आ जाती। वास्तविकता में मन्दी की स्थिति में कीमतें एकदम से नहीं गिरतीं लेकिन अर्थशास्त्री इसके कारणों को लेकर एकदम सहमत नहीं होते। परिणाम यह हुआ कि मन्दी और उसके कारणों को लेकर इतनी तीखी अकादमिक बहसें हुई हैं कि अब बहुत कम ही अर्थशास्त्री इस बहस में उतरना चाहते हैं और लोगों ने यह निष्कर्ष निकाल लिया है कि या तो अर्थशास्त्री मन्दी को नहीं समझते या कि माँग पक्ष वाले समाधानों पर गौर ही नहीं किया गया है। सच्चाई यह है कि माँग वाले पक्ष पर ध्यान देने वाला पुराना बृहद् अर्थशास्त्र के पास मौजूदा मामले पर कहने-बताने को काफी कुछ है, पर इसके पक्षधरों में असली बात पूरे दम से रखने का हौसला नहीं है जबकि इसके आलोचकों में जुनून भरा हुआ है।

विरोधाभास यह है कि माँग वाले पक्ष की अर्थव्यवस्था की सैद्धान्तिक कमजोरियाँ अगर हमें मन्दी जैसे मुद्दों की वापसी तक पहुँचाने का एक कारण हैं तो इसकी व्यावहारिक सफलता भी इसका एक कारण है। जिन दशकों में अर्थशास्त्री यह बहस किया करते थे कि मौद्रिक नीतियों के सहारे अर्थव्यवस्था को मन्दी से बाहर लाया जा सकता है या नहीं, उस समय केन्द्रीय बैंक बार-बार यही रास्ता अपनाते रहे थे और यह काम इतने प्रभावी ढंग से हुआ कि अपर्याप्त माँग के चलते लम्बी आर्थिक मन्दी वाला खयाल भी लोगों के मन से निकलने लगा था। निश्चित रूप से फेडरल रिजर्व और अन्य देशों के केन्द्रीय बैंक खर्च के स्तर को ऊँचा रखने के लिए सदा सूद की दरें घटाने का विकल्प अपना सकते थे; पर बहुत छोटे समय की बात छोड़ दें तो असल में यह कामचलाऊ व्यवस्था ही थी। असल में तो अर्थव्यवस्था को अपना काम-काज सुलझाकर ही इस स्थिति से उबरना था अर्थात् आपूर्ति वाले पक्ष से ही समाधान होना था।

अभी भी अनेक अर्थशास्त्री मन्दी को एक छोटा मुद्दा मानते हैं और ये इस विषय पर पढ़ाई भी उसी अन्दाज में करते हैं। राबर्ट लुकास के अध्यक्षीय भाषण में जिसका जिक्र मैंने पहले अध्याय में किया है, इस बात पर खास जोर दिया गया कि अब व्यवसाय चक्र कोई महत्त्वपूर्ण विषय नहीं रह गया है। उन्होंने यह भी कहा कि अर्थशास्त्रियों को अब तकनीकी विकास और दीर्घकालिक विकास पर गौर करना चाहिए। ये बारीक और महत्त्वपूर्ण मुद्दे हैं और दीर्घकाल में उनका ही महत्त्व रह जाता है लेकिन जैसाकि कीन्स ने बताया था, इतने दीर्घकाल में तो हम सब दम तोड़ चुके होंगे।

इस बीच दुनिया एक के बाद एक संकट में फँसती है और सबमें पर्याप्त माँग पैदा करने वाली समस्या महत्त्वपूर्ण रहती है। 1990 के दशक के शुरू में जापान, 1995 में मैक्सिको, फिर 1997 में मैक्सिको, थाईलैण्ड, मलेशिया, इण्डोनेशिया और रोमानिया, 2002 में अर्जेंटीना और 2008 में तो सभी ही इसकी चपेट में आ गये—एक के बाद एक देश ने ऐसी मन्दी का स्वाद चखा जिसने अस्थायी रूप से ही सही, पर वर्षों की आर्थिक प्रगति को धो दिया। साथ ही, इस बार यह भी स्पष्ट हो गया कि मन्दी से निपटने के जो सामान्य नीतिगत उपकरण हैं वे काम नहीं कर रहे हैं। अर्थव्यवस्था की क्षमता का उपयोग करने के लिए किस तरह पर्याप्त माँग पैदा की जाए, यह सवाल महत्त्वपूर्ण हो गया है। मन्दी की अर्थव्यवस्था पधार चुकी है।

क्या-क्या करें : आपात स्थिति से निपटने के उपाय

अभी दुनिया को राहत और बचाव अभियान की जरूरत है। मैं जब यह पुस्तक लिख रहा हूँ तब वैश्विक ऋण प्रणाली लकवाग्रस्त अवस्था में लगती है और वैश्विक गिरावट की आँधी जोर पकड़ती दिखती है। जिन कमजोरियों से यह स्थिति बनी है उनमें सुधार जरूरी है लेकिन ये चीजें कुछ समय बाद भी की जा सकती हैं। सबसे पहले हमें स्पष्ट और मौजूद खतरों से निपटने की जरूरत है। यह करने के लिए दुनिया भर के नीति निर्माताओं को दो चीजें तुरन्त करनी होंगी; ऋण का प्रवाह फिर से तेज करना होगा और खर्च बढ़ाना होगा।

इन दोनों में पहला काम ज्यादा मुश्किल है लेकिन इसे करना ही होगा और वह भी जल्दी में। आज शायद ही कोई दिन बीतता होगा जब ऋण की अनुपलब्धता या रोक के चलते किसी-न-किसी और चीज के धराशायी होने और संकट के गहराने की खबर न आती हो। मेरे यह लिखते समय भी खबर आ रही है कि विश्व-व्यापार में लेन-देन और भुगतान की एक प्रमुख व्यवस्था—लेटर्स ऑफ क्रेडिट धराशायी हो गयी है। इसके बाद अनाज के आयात करने वाले, खासतौर में विकासशील देश, अपने सौदों को पूरा नहीं कर सकते और जहाज रुके पड़े हैं। खरीदारी की लागत को मापने के लिए बड़े स्तर पर प्रयोग होने वाले बाल्टिक ड्राई इंडेक्स में एक वर्ष में 89 फीसदी की गिरावट आ चुकी है।

ऋण की इस तंगी के पीछे वित्तीय संस्थाओं पर भरोसे में कमी और फँसी पूँजी कारण है। लोग और संस्थाएँ जिनमें वित्तीय संस्थाएँ भी शामिल हैं, जब तक किसी के पास वायदे पूरे करने लायक पर्याप्त पूँजी न हो तो उसके साथ डील नहीं करना चाहतीं। फिर भी इस संकट में काफी पूँजी फँसी है, उड़न छू हो गयी है।

ऐसे में साफ दिखने वाला समाधान तो यही है कि व्यवस्था में और पूँजी डाली जाए। दरअसल वित्तीय संकट के समय का मानक तरीका या समाधान यही है। 1933 में रूजवेल्ट प्रशासन ने बैंकों के प्रीफर्ड शेयरों को 'रीकंस्ट्रक्शन फाइनेंशियल कार्पोरेशन' के माध्यम से खरीद कर संकट में पड़े बैंकों को पूँजी उपलब्ध कराई थी। ऐसे विशेष शेयरों को मुनाफे में सामान्य शेयरों की तुलना में पहले हिस्सा मिलता है। 1990 के दशक के शुरू में जब स्वीडन में वित्तीय संकट पैदा हुआ तो सरकार ने दखल दिया और बैंकों को देश के जीडीपी, सकल घरेलू उत्पादन के 4 फीसदी के बराबर अतिरिक्त पूँजी उपलब्ध कराई। यह रकम करीब 600 अरब डॉलर थी और बदले में सरकार ने इन वित्तीय संस्थाओं की आंशिक मिल्कियत ले ली। 1998

में जब जापान ने अपने बैंकों को बचाने का प्रयास किया तो उसने बैंकों के 500 अरब डॉलर के प्रीफर्ड शेयर खरीद लिए—यह अनुमान में अमेरिका के जीडीपी के हिसाब से करीब 2000 अरब डॉलर हुआ और हर बार नया पैसा आने से बैंकों की उधार देने की क्षमता बढ़ी और ऋण बाजार का काम-काज पटरी पर लौटा।

अमेरिका और अन्य विकसित देशों अर्थव्यवस्थाओं (देशों) में इसी तरह के वित्तीय पैकेज दिए जा रहे हैं, हालाँकि ऐसे कदम थोड़ी देर से उठाए गये हैं। इसके लिए बुश प्रशासन के दौरान हुए वैचारिक बदलाव भी जिम्मेदार हैं। सबसे पहले लीमैन ब्रदर्स के धराशायी होने के बाद अमेरिकी वित्त मन्त्रालय ने बैंकों और वित्तीय संस्थाओं की फँसी पड़ी 700 अरब डॉलर की जायदाद खरीदने की पेशकश की, पर यह कभी भी स्पष्ट नहीं हुआ कि इससे स्थिति सुधरने में किस तरह से मदद मिलेगी। (अगर वित्त मन्त्रालय इन सम्पत्तियों को बाजार मूल्य पर ही खरीदता तो फिर बैंकों की वित्तीय स्थिति का क्या फर्क होता, और अगर वह बाजार से ज्यादा कीमत देता तो उस पर करदाताओं का पैसा लुटाने के आरोप लगते)। खैर; तीन हफ्तों के असमंजस के बाद अमेरिका ने ब्रिटेन द्वारा दिखाये रास्ते का अनुकरण किया। इसी तरीके को ब्रिटेन के बाद अनेक यूरोपीय देशों ने भी अपनाया था। अमेरिका ने अपनी योजना को पुनर्पूंजीकरण योजना का रूप दिया।

पर यह सन्देह बना रहा कि क्या स्थिति को बदल पाने के लिए पर्याप्त है। इस सन्देह के तीन कारण थे—पहला, अगर पूँजी 700 अरब डॉलर का उपयोग पुनर्पूंजीकरण के लिए हो (अभी तक इस रकम के बहुत छोटे हिस्से को ही दिया गया है) तो भी यह बहुत कम है। जापान ने अपनी जीडीपी के जिस अनुपात में पूँजी उतारी थी, यह रकम उससे काफी कम है। उधर, यह भी तथ्य है कि अमेरिका और यूरोप का मौजूदा वित्तीय संकट जापान के उस संकट के उस संकट से कहीं ज्यादा गहरा है। दूसरे, यह अभी स्पष्ट नहीं है कि इस बेलआउट पैकेज का कितना बड़ा हिस्सा उस छाया बैंकिंग व्यवस्था में चला जाएगा जो समस्या की जड़ में है। तीसरे, क्या पैसा पाकर भी बैंक ऋण देना शुरू करेंगे या उसे लेकर बैठ जाएँगे (पचहत्तर साल पहले के 'न्यू डील' में ऐसी ही समस्या सामने आयी थी)।

मेरा अन्दाजा है कि अमेरिकी में पुनर्पूंजीकरण को बड़ा और व्यापक बनाना हो, तथा इसके साथ ही सरकारी नियन्त्रण की बागडोर भी कसी जाएगी। प्रमाण में यह वित्तीय प्रणाली के महत्त्वपूर्ण हिस्से का लगभग पूर्ण और तात्कालिक राष्ट्रीयकरण करने जैसा ही होगा। पर यह स्पष्ट करना चाहिए कि यह कोई दीर्घकालिक लक्ष्य नहीं

है : वित्तीय प्रणाली के सुरक्षित होते ही उसका वापस निजीकरण करना चाहिए। स्वीडन ने नब्बे के दशक में अपने बैंकों को बचाने के लिए किये सरकारी प्रयास के बाद ऐसा ही किया था। पर अभी के लिए तो सबसे जरूरी है कि हर हाल में ऋण की उपलब्धता बढ़े और हम बहुत ज्यादा वैचारिक झमेलों न फँसें। हम वित्तीय व्यवस्था को बचाने के लिए जो कदम उठाएँगे वह 'समाजवादी' हो जाएगा। इस लेबल के डर से हम काम न करें तो इससे बुरा कुछ और नहीं हो सकता।

ऋण के अकाल को दूर करने के अन्य नजरिए के साथ भी यही बात जुड़ी है; सीधे फेडरल रिजर्व अस्थायी रूप से ही, गैर-वित्तीय क्षेत्रों को उधार देने के काम में उतरे। फेडरल रिजर्व ने व्यावसायिक यंत्रों को खरीदने की इच्छा जताकर इस दिशा में काम करने का संकेत दिया है लेकिन सम्भवतः इस मामले में और काफी कुछ करने की जरूरत है।

इन सारी कार्रवाइयों को अन्य विकसित देशों के साथ संयोजित ढंग से चलाना चाहिए। इसका कारण वित्तीय व्यवस्था का वैश्विक रूप ले लेना है जिसकी चर्चा अध्याय 9 में की गयी है। आज अमेरिकी बचाव पैकेज का कुछ हिस्सा अगर यूरोप में ऋण की उपलब्धता सुगम बनाने में मददगार होता है तो यूरोप के बचाव पैकेज का कुछ हिस्सा अमेरिकी बाजार में ऋण के अकाल को दूर करने में मदद दे सकता है। इसलिए हर आदमी को कमोबेश एक ही काम करना होगा; हम इस मामले में एक हैं।

एक और बात : उभरते अर्थ बाजारों तक वित्तीय संकट का फैलाव यही बताता है कि विकासशील देशों को भी वैश्विक बचाव कार्यक्रम में भागीदार बनाना चाहिए जैसाकि पुनर्पूंजीकरण के मामले में है। इस दिशा में कुछ कदम तो तभी उठ रहे थे जब यह किताब लिखी जा रही है; अन्तर्राष्ट्रीय मुद्रा कोष उक्रेन जैसी संकटग्रस्त अर्थव्यवस्थाओं को बहुत आसान शर्तों और नसीहतों के साथ ऋण उपलब्ध करा रहा है। 1990 के दशक के एशियाई संकट के समय बैंक ने ऋण दिए थे पर पैसा खर्च करने के तरीकों पर अंकुश रखने और काफी सारी नसीहतें भी साथ लगा दी थीं। इस बीच अमेरिकी फेडरल रिजर्व ने अनेक उभरते बाजारों के केन्द्रीय बैंकों के लिए 'स्क्रैप लाइनें' उपलब्ध करा ई हैं जिससे वे जरूरत पड़ने पर डॉलर उधार ले सकते हैं। पुनर्पूंजीकरण की तरह अभी तक इस संकट के समय उठाए गये कदम वैसे तो सही दिशा में लगते हैं लेकिन वे काफी कम हैं तथा इनमें वृद्धि किये जाने की जरूरत है।

अगर बचाव पैकेजों से वित्तीय व्यवस्था ऋण बाजार को पटरी पर लाने में

सफल होती है तब भी हमें वैश्विक गिरावट का मुकाबला करना ही होगा जो दिन-ब-दिन जोर पकड़ती जा रही है। तो इस बारे में क्या किया जाना चाहिए? इसका जवाब लगभग निश्चित रूप से कीन्स के पुराने तरीके में ही देना होगा—वित्तीय प्रयासों में बढ़ावा देकर।

अब, जबकि अमेरिका ने 2008 के शुरू में ऐसा प्रयास किया तो बुश प्रशासन और संसद के डेमोक्रेट सदस्यों ने इसे 'हड़बड़ी में लगायी छलाँग' बताया। इसके अच्छे परिणाम भी नहीं आये। उसके दो ठोस कारण थे। पहला, यह पैकेज बहुत ही छोटा था, जीडीपी के लगभग एक फीसदी के बराबर। अगला पैकेज इससे काफी बड़ा होना चाहिए; जैसे जीडीपी के लगभग 2 फीसदी तक का। दूसरे, पहले पैकेज की अधिकांश रकम करों में छूट के रूप में थी जिसका व्यावहारिक मतलब पैसा खर्च करना न होकर पैसा बचा लेना ही था। अगली योजना सरकारी खर्च को बढ़ाने और उसके स्तर को बनाए रखने वाली होनी चाहिए। इसके लिए प्रान्तीय और स्थानीय सरकारों को ज्यादा मदद देनी होगी। साथ ही, सड़कों, पुलों और संरचना क्षेत्र के अन्य कामों पर खर्च बढ़ाना होगा।

सार्वजनिक खर्च के लिए आमतौर पर यह कहकर आपत्ति की जाती है कि इस निवेश पर लाभ बहुत देर से आता है। जब तक परिणाम आने शुरू होते हैं तब तक गिरावट स्वयं कम हो चुकी होती है, लेकिन अभी यह कोई बड़ा मुद्दा नहीं लगता है। अभी अगर हाउसिंग के गुब्बारे की तरह कोई और क्षेत्र अचानक तेजी से कुलांचें भरने लगे, तब और बात है वरना हाल-फिलहाल अर्थव्यवस्था के पटरी पर आने की सम्भावना नहीं लगती। ('द ओपिनियन' अखबार का व्यंग्यात्मक शीर्षक 'रिसेशन प्लेग्ड नेशन डिमांड्स न्यू बबल टू इंवेस्ट इन' में इस बात को बड़े कायदे से उभारता है)। जब तक सार्वजनिक खर्च में पर्याप्त रफ़्तार से बढ़ोतरी होगी तो यह भी काफी अच्छे ढंग से फल-फूल देगा—और करों में छूट देने की तुलना में इसमें दो बड़े लाभ भी हैं। एक तो पैसा सचमुच में खर्च होगा और दूसरे इससे कुछ मूल्यवान-लाभदायक (अब पुल रातों-रात न तो गिरता है, न बिला जाता है) चीज पैदा की जा सकेगी।

कुछ पाठक कह सकते हैं कि सार्वजनिक कार्य पर खर्च वाला वित्तीय पैकेज तो 1990 के दशक में जापान भी ले आया था और यह सही भी है। पर जापान में भी सम्भवतः इसी खर्च ने कमजोर अर्थव्यवस्था को वास्तविक मन्दी की गिरफ्त में जाने से बचा लिया। इतना ही नहीं, इस बात के ठोस कारण भी दिखते हैं कि

सार्वजनिक खर्च के माध्यम वाला पैकेज अमेरिका में ज्यादा बेहतर फायदा देगा। अगर यह काम तत्परता से हो तो जापान की तुलना में ज्यादा लाभदायक साबित हो सकता है क्योंकि अमेरिका अभी भी गिरावट वाली मानसिकता के फंदे में नहीं फँसा है जबकि जापान में ऐसा हो गया था। जापान में इससे पहले वर्षों से दमदार सार्वजनिक नीतियाँ नहीं आयी थीं। फिर जापान ने अपनी बैंकिंग प्रणाली में लगाई गयी पूँजी को वापस लेने (पुनर्पूंजीकरण) में कुछ ज्यादा समय का इन्तजार भी किया था और उम्मीद है कि हम इस गलती को नहीं दोहराएँगे।

यह सब कहने-बताने का सिर्फ इतना ही मतलब है कि हम वर्तमान संकट को इस नजरिए से लें कि चाहे जो कुछ करना पड़े, हम स्थिति पलटने के लिए करेंगे ही। अगर अब तक किये गये उपायों और अनुभवों से काम नहीं चलता तो और ज्यादा कुछ, और नया कुछ कीजिए और जब ऋण बाजार सामान्य प्रवाह पर आये तथा वास्तविक अर्थव्यवस्था सुधरने लगे, तभी दम लीजिए।

और जब वापसी की प्रक्रिया शुरू होकर जम जाए तो बीमारी को वापस न आने देने वाले कदम उठाने होंगे। पूरी व्यवस्था में ऐसे सुधार करने होंगे कि ऐसी स्थिति वापस न आये।

वित्तीय सुधार

महामन्दी की शुरुआत में जॉन मेनार्ड ने कहा था, 'वी हैव मैग्नेटो ट्रबल—हमारे सामने कुछ चुम्बकीय समस्या है। आर्थिक इंजन का अधिकांश हिस्सा तो ठीक काम कर रहा है लेकिन इसका महत्त्वपूर्ण पुर्जा वित्तीय व्यवस्था, काम नहीं कर रहा है। साथ ही, उन्होंने कहा कि हमने अपने आपको भारी मुश्किल में फँसा दिया है। हमने एक ऐसी जटिल मशीन के नियन्त्रण में गलती कर दी है जिसका काम-काज हम नहीं जानते हैं। ये दोनों कथन तब जितने सही थे, आज भी उतने ही खरे हैं।

फिर यह दूसरी भारी मुश्किल कैसे आ गयी है? महामन्दी के बाद हमने अपनी मशीन को नया रूप दिया कि हमने इसे समझ लिया है और आगे किसी भी तरह की मुश्किल आने वाली हो तो उससे बच सकें। 1930 के दशक में आर्थिक व्यवस्था के जिस पुर्ज़े, बैंकों ने सबसे खराब काम किया उन्हें कड़े कायदे-कानून में जकड़ा गया और उनके लिए सुरक्षा का इन्तजाम किया गया। इस बीच पूँजी का अन्तर्राष्ट्रीय प्रवाह जिसने 1930 के दशक में नुकसानदेह भूमिका निभाई थी, भी कम हो गया। वित्तीय व्यवस्था अब थोड़ी जटिल और उबाऊ जरूर हो गयी लेकिन

काफी सुरक्षित भी हो गयी थी।

लेकिन फिर चीजें मजेदार रोमांचक और फिर खतरनाक होती गईं। पूँजी के अन्तर्राष्ट्रीय प्रवाह में हुई वृद्धि ने पहले 1990 के दशक में मुद्रा संकट पैदा किया और फिर 2008 में वैश्विक वित्तीय संकट ही आ गया। आभासी या छद्म बैंकिंग व्यवस्था का विकास तेजी से हुआ और इसमें न तो सामान्य बैंकिंग जैसे समग्र और कड़े कायदे-कानून बने, न ही सुरक्षा का इन्तजाम। परिणाम हुआ कि ये बैंक भी, जिनमें आपसी लेन-देन सामान्य तिथि से आगे होता था, बहुत बड़े पैमाने पर फैलते गये। और इनका काम-काज नोट, थैली, लॉकर की जगह कम्प्यूटर के माउस को क्लिक करने से ही ज्यादा चलता है। पर नुकसान पहुँचाने में ये कहीं ज्यादा घातक हैं।

ऐसे में हमें क्या करना है कि उस महामन्दी में हमारे बाप-दादाओं ने जो सबक सीखे थे उन्हें फिर से याद कर लिया जाए। मैं नये कायदे-कानूनों या सख्ती के सारे ब्यौरे देने—गिनवाने की कोशिश नहीं करूँगा लेकिन बुनियादी सिद्धान्त एकदम स्पष्ट होने चाहिए। इस वित्तीय संकट में वित्तीय व्यवस्था में जिस किसी भी चीज की महत्त्वपूर्ण भूमिका देखते हुए उसे बचाया जाता है तो उसे स्पष्ट कायदे-कानून से चलाने का इन्तजाम होना चाहिए। चाहे संकट हो या न हों उनको ज्यादा जोखिम लेकर काम करने की इजाजत नहीं होनी चाहिए। 1930 के दशक के बाद से व्यावसायिक बैंकों के लिए पर्याप्त पूँजी रखना, ऐसी तरल परिसम्पत्तियाँ रखना जिनको जल्दी से नकदी में बदला जा सके, और अपने सारे निवेश के तरीकों को सीमित रखने के स्पष्ट नियम मानने होते हैं और बदले में फेडरल रिजर्व संकट के समय उनकी मदद करने की गारण्टी देता है। अब हमने देखा है कि तरह-तरह की गैर-बैंकिंग संस्थाओं ने बैंकिंग व्यवस्था के लिए कितने भारी और किस-किस तरह के संकट खड़े कर दिए हैं तो जाहिर तौर पर उन संस्थाओं को भी इन कायदे-कानून और शक्ति के दायरे में लाना होगा।

फिर हमें वित्तीय भूमण्डलीकरण के बारे में भी गम्भीरता से सोचना होगा। 1990 के दशक के एशियाई संकट के बाद अन्तर्राष्ट्रीय वित्तीय प्रवाह पर कुछ दीर्घकालिक पाबंदियाँ लगाने की माँग उठी थी। तब कहा गया था कि संकट के समय अस्थायी पाबंदियाँ लगाने भर से समस्या नहीं सुलझेगी। लेकिन विदेशी मुद्रा का बड़ा भंडार बनाने के चक्कर में इन सुझावों को प्रायः भुला ही दिया गया। यही माना और कहा गया कि अगर विदेशी मुद्रा का बड़ा भण्डार रहा तो भविष्य में संकट ही नहीं आयेगा। अब लगता है कि यह तरीका कारगर नहीं रहा। ब्राजील और कोरिया जैसे देशों के लिए तो यह किसी दुःस्वप्न से कम नहीं होगा। उन बेचारों को तो 1990

के दशक वाले संकट के बाद दोबारा वैसी ही स्थिति से दो-चार होना पड़ा है। आगे हम क्या-क्या कदम उठाएँ उस बारे में कोई बहुत स्पष्ट नहीं है, पर इतना साफ है कि वित्तीय भूमण्डलीकरण को लेकर जिस तरह की आशंकाएँ थीं, यह उससे ज्यादा खतरनाक साबित हुआ है।

विचारों की शक्ति

मुझे लगता है कि अब तक हमारे पाठकों को यह स्पष्ट हो गया होगा कि हम मन्दी वाली अर्थव्यवस्था के नए दौर में जी रहे हैं और आज वही जॉन मेनार्ड कीन्स हमारे लिए ज्यादा प्रासंगिक हो गये हैं जिन्होंने एक अर्थशास्त्री के तौर पर महामन्दी की नई व्याख्या की थी, उससे उबरने के रास्ते सुझाए थे। अपनी किताब 'जनरल थ्योरी ऑफ इंप्लाइमेंट इंटरेस्ट, एंड मनी' में कीन्स ने निष्कर्ष दिया है आर्थिक विचारों का कैसा महत्त्व होता है। 'आज न कल न्यस्त स्वार्थों की जगह विचार ही अच्छाई या बुराई के लिए खतरा बनते हैं।'

हम यह तर्क कर सकते हैं कि क्या यह बात सदा लागू होती है, लेकिन आज जैसी स्थिति में तो यह निश्चित लागू होती है। सदैव महत्त्व का बना रहने वाला उनका आर्थिक वाक्य है, 'देयर इज नो फ्री लंच—कोई भी चीज मुफ्त नहीं आती।' इसके पीछे साफ तर्क है कि संसाधन सीमित हैं और अगर आप एक चीज ज्यादा लेते हैं तो दूसरी कम लेनी ही होगी। अर्थात् कष्ट सहे बिना सुख नहीं मिलता है। लेकिन मन्दी की अर्थव्यवस्था ऐसी स्थितियों का अध्ययन है जिसमें सचमुच 'मुफ्त का लंच' मिलना है। हमें सिर्फ यह समझना है कि हम स्थिति को कैसे सँभालें क्योंकि इस स्थिति में संसाधन बेकार होते हैं और उन सबका उपयोग कर लेना ही मन्दी को भगा देना है। कीन्स की दुनिया में—और हमारी दुनिया में भी असली संकट संसाधनों या बुद्धिमानी का नहीं है, असली संकट है समझ का।

जब तक हम अपनी समस्याओं के बारे में स्पष्ट ढंग से नहीं सोचेंगे और उन विचारों के अनुरूप आगे नहीं बढ़ेंगे, हम जरूरी समझदारी विकसित नहीं कर पाएँगे। कुछ लोग कहते हैं कि हमारी आर्थिक मुश्किलें संरचनात्मक हैं और इनके लिए जल्दी लाभ करने वाले समाधान उपलब्ध नहीं हैं; लेकिन मेरा मानना है कि वैश्विक समृद्धि के रास्ते में एकमात्र महत्त्वपूर्ण संरचनात्मक बाधा वे पुराने खयालात हैं जो लोगों के दिमाग में जालों की तरह जम गये हैं।

❑❑❑